고품격 한국어:

사자성어·상용속담

고품격 한국어: 사자성어·상용속담

발행일 | 2024년 3월 3일 제1판 1쇄 발행
        2024년 3월 21일 제1판 2쇄 발행
엮은이 | 전광진
발행인 | 이숙자
교정인 | 정소나
디자인 | design54
인쇄사 | 신도인쇄사
제책사 | 가원문화사
발행처 | (주)속뜻사전교육출판사
등   록 | 263-86-02753
소재지 | 경기도 하남시 덕풍북로 110, 103-F/R101
        Tel (031) 794-2096
        Fax (031) 793-2096
        www.LBHedu.com
        lbhedu@lbhedu.com
ISBN 978-89-93858-01-3
잘못 만들어진 책은 바꾸어 드립니다.
값 25,000원

차례

머리말

머리말

해외 K-문화 열풍을 타고 한국어 학습 열기가 열풍에서 태풍으로 고조되고 있습니다. 같은 한국어도 어떻게 말하느냐에 따라 품격이 달라집니다. "서로 실력이 비슷하여 우열을 가리기 힘든 형세입니다."라는 장황한 표현 대신에 "백중지세(伯仲之勢)입니다"라고 하면 간단명료할 뿐만 아니라, 말의 품격이 높아집니다. "늘 좋기만 한 것이 아니라 어려울 때도 있듯이, 세상사는 늘 돌고 돕니다." 대신 속담을 활용하여 "양지가 음지 되고, 음지가 양지 됩니다."라고 한다면 말의 품위가 달라집니다. 그렇게 하자면 사자성어(四字成語)와 상용속담(常用俗談)을 많이 알아야 합니다. 그래서 우리나라 최초로 성어와 속담을 중심으로《고품격 한국어》란 책을 엮게 됐습니다.

이 책은 국내외 학생들의 수요에 부응하는 것을 목적으로 삼았습니다. 그래서 모든 풀이를 한국어와 영어로 했습니다. 이렇게 이중언어 설명 방식을 취하게 된 것은, 한국 학생에게는 고품격 한국어와 영어를 동시에 학습할 수 있도록 하고, 외국 학생에게는 고품격 한국어를 영어로 익히는 효과를 누리도록 하기 위함입니다.

품격이 높은 한국어를 습득하기 위해서는 국내외 학생 모두 한자라는 관문을 돌파해야 합니다. 이것은 그 누구도 피해 갈 수 없습니다. 한자는 사자성어를 통하여 익히는 것이 매우 효과적입니다. 사자성어를 익히다 보면 한자 실력도 저절로 늘어나기 마련입니다.

익히 아시다시피, 전통《천자문》(千字文)은 사자성어 250개로 구성되어 있습니다. 이러한 사실은 사자성어로 한자를 익히는 것이 효과적임을 예전 사람들도 이미 잘 알고 있었다는 방증입니다. 하지만 천자문은 같은 한자의 중복 출현을 피하다 보니 실제로 쓰이지 않는 사자성어가 많습니다. 그래서 현실성이 떨어지는 문제가 있습니다. 현대 문장에 널리 쓰이고 그 빈도가 높은 사자성어 424개를 수준별로 배열한 이 책은 전통 천자문보다 훨씬 효과적입니다. '생각의 도구'라는 한자를 쉽고 재미있게, 그리고 효과적으로 익히는 데 도움이 되길 바랍니다.

이 책에 수록된 424개 사자성어는 《속뜻풀이 초등국어사전》, 《우리말 한자어 속뜻사전》, 《선생님 한자책》에 부록으로 실린 것을 모두 합쳐서 영어로도 설명한 것입니다. 240개 상용속담은 《속뜻풀이 초등국어사전》의 부록 〈속담 및 관용어〉(350)에서 속담 240개만 발췌하여 영어 설명을 덧붙인 것입니다. 이 책들은 모두 저의 졸작입니다.

영문 설명의 어설픈 초고가 여러 전문가의 도움으로 제모습을 갖추게 되어 그 고마움을 이에 표해 둡니다. 교육학 전공이지만 영어에도 밝은 세한대 김승호 교수의 알뜰한 교정을 거쳤으며, 영어 전문 번역회사의 이장주 대표와 원어민의 감수 덕분에 순조롭게 완성되었습니다. 영어 제목, 영문 문안 등에 대하여 몇몇 교수님의 조언을 받았습니다. 하버드대 박사로 캐나다 UBC 대학에 재직하는 로스 킹 교수와 김효신 교수, 그리고 성균관대 영문과 유만근 교수와 강용순 교수의 방명(芳名)을 이에 적어 감사의 뜻을 오래오래 전하고자 합니다.

끝으로, 보잘것없는 저의 소견과 노력이, 한국 학생들이 한국어·영어·한자를 한꺼번에 익히는 데 도움이 되길 바랍니다. 특히 논술 시험을 대비한 고품격 어휘력과 문해력, 문장력을 높이는 데 일조가 되기를 바랍니다. 그리고 초급 한국어 과정을 마친 외국 학생들이 한국어 실력을 더 높이고, 한자를 효과적으로 익히는 데 조금이라도 도움이 된다면 더없는 기쁨이겠습니다. 독자 여러분의 큰 성공을 빕니다.

2024년 1월 11일
엮은이 **전광진**

PREFACE

Riding the global K-culture wave, the enthusiasm for learning Korean is rising from a craze to a typhoon. The quality of the same Korean expression varies depending on how it is used. Instead of the long-winded expression, "It is difficult to determine superiority or inferiority because their skills are even to each other.", if you say, "It is Baekjungjise (伯仲之勢)", your expression become simple and clear. By using idioms, the quality of your speech is also improved. The sentence of "The world is always going round and round, just as things are not always good and there are times when things are difficult." can be expressed with using the proverb. If you say "A sunny place becomes a shaded place, and a shaded place becomes a sunny place.", then the dignity of your speech becomes noble. To enhance the quality of the Korean language, one must familiarize themselves with numerous four-character idioms and common proverbs. For the first time in Korea, I have compiled this book called "High-Quality Korean," which focuses on idioms and proverbs.

This book aims to meet the needs of students both at home and abroad. All explanations are written in Korean and English. The reason for adopting this bilingual explanation method is to enable Korean students to develop high-quality Korean and English at the same time, and for foreign students to enjoy the effect of learning high-quality Korean through English.

In order to acquire high-quality Korean, both domestic and foreign students must overcome the hurdle of *Hanja*(Chinese characters). No one can avoid this. It is very effective to learn *Hanja* through four-character idioms. Using idioms will naturally improve your knowledge of *Hanja*.

6

As you may know, the traditional *Cheonjamun*(Thousand Character Classic) is composed of 250 four-character idioms. This fact is proof that people in the past were already well aware of the effectiveness of learning *Hanja* through the use of four-character idioms. However, *Cheonjamun* avoids the repeated occurrence of the same *Hanja*, resulting in many useless idioms. It has the problem of being unrealistic. Meanwhile, this book must be the much more effective than traditional *Cheonjamun*. In this book, the 424 high-frequency idioms are widely used in modern Korean sentences, and they are systematically organized by level, therefore it is much more efficient than the traditional *Cheonjamun*. I hope this book will help you to learn the *Hanja*, which is recognized as a 'thinking tool', in an easy, fun, and effective way.

The 424 four-character idioms included in this book are explained in English by combining all those published as appendices in the *"The Multi-functional Korean Dictionary for Elementary Schoolers," "Sino-Korean Compound Dictionary: Focusing on Morphological Motivation"* and *"The Hanja Bible for Teachers."* The 240 common proverbs are extracted from Appendix 'Proverbs and Idioms'(350) of *"The Multi-functional Korean Dictionary for Elementary Schoolers"* and English explanations were added to the 240 proverbs. These books are all my own works.

It was thanks to the help of many people that my rough draft of the English explanation turned into something meaningful, so I would like to express my gratitude here. The thorough proofreading was provided by professor Seung-ho Kim of Sehan University, who majored in education but is also proficient in English. The translation work could be completed smoothly thanks to the supervision of Jang-ju Lee, CEO of an English translation company, and a native speaker with him. And I received many pieces of advice from several professors regarding the English title and feature description of this book. They are Professor Ross King and his wife Professor Hyo-shin Kim, who had PhDs from Harvard University and are currently working at the University of British Columbia in Canada, and Professor Man-geun Yoo and Professor Yong-soon Kang of the English Department of Sungkyunkwan University. I would like to write their names here and express my gratitude for a long time.

Lastly, I hope that my humble opinions and efforts will help Korean students learn high-quality Korean, English, and *Hanja* all at once. In particular, I hope it will help all students who are preparing essay writings by improving their high-quality vocabulary, literacy, and writing skills. And I would be extremely happy if I could be help to foreign students who have completed the beginner's Korean language course in enhancing their Korean language skills and acquiring Hanja proficiency effectively. I sincerely wish my readers great success.

Kwang-jin Jeon
January 11, 2024

1

사자성어 424
Four Character Idioms

일러두기
Introduction

1 한국어에 있어서 사자성어는 품위와 품격의 상징이다. 사자성어를 많이 아는 것이 고급 한국어로 통하는 지름길이고, 그 길로 오르는 사다리이다.

In Korean, four-character idioms are symbols of elegance and dignity. Knowing many four-character idioms is both a shortcut to advance Korean and a ladder to climb over that wall.

2 기초 한국어를 익힌 외국 학생은 기본적으로 한국 학생과 동일한 문제에 직면하게 된다. 한자라는 큰 산을 만나게 되기 때문이다. 한자가 걸림돌이 아니라 받침돌이 되도록하기 위하여 이 책을 엮었다.

Foreign students who have mastered basic Korean language face basically the same problems as Korean students. It is because they meet a big mountain called *Hanja*(Chinese characters). This book was compiled to make *Hanja* a stepping stone rather than an obstacle.

3 한국 학생의 경우, 고품격 어휘력을 높이고 아울러 한자와 영어를 동시에 익히는 데 도움이 되도록 하였다. 사자성어 학습이 한자는 물론 영어 학습에도 도움을 주도록 한 것은 이 책에서 처음 시도되었다.

For Korean students, this book was designed to help improve high-quality vocabulary and learn both *Hanja* and English at the same time. The first attempt to improve English and *Hanja* learning through studying four-character idioms was made in this book.

4 외국 학생의 경우, 기초 한국어를 익힌 외국 학생이 고급 한국어를 익히고 한자를 아울러 학습하는 데 도움이 되도록 하였다. 외국 학생이 사자성어 학습을 통하여, 한자와 한자어 그리고 한문의 기초를 터득하게 될 것이다.

For foreign students, this book was designed to help those who have already mastered basic Korean to learn advanced Korean and *Hanja*. Foreign students will be able to master the basics of *Hanja*, Sino-Korean words, and *Hanmun* by studying four-character idioms.

5 한국 학생이 고품격 어휘력을 높이고, 외국 학생이 고급 한국어를 입문하는 데 공통적으로 필요한 것이 바로 사자성어이다. 사자성어라는 공통 분모를 통하여 고품격 어휘력과 고급 한국어라는 두 마리 토끼를 잡게 될 것이다.

Four-character idioms are commonly necessary for Korean students to improve their high-quality vocabulary and for foreign students to achieve advanced Korean. With the common denominator of four-character idioms, they will catch two rabbits: high-quality vocabulary and advanced Korean language.

6 한국 학생과 외국 학생을 동시에 만족시키면서 한자를 배우지 아니한 학생이라도 쉽게 이해할 수 있도록 여러 가지 장치를 설정해 놓았다. 한국어, 영어, 한자를 삼위일체 형으로 익힐 수 있는 터전을 다져 놓았다.

In order to satisfy Korean and foreign students simultaneously, various devices were implemented in this book so that even students who have not learned *Hanja* can easily understand the content. This book has laid the groundwork for learning Korean, English, and *Hanja* in the trinity.

7 한자를 배우지 아니한 학생이라도 한자를 의미 힌트로 활용할 수 있다. 각 성어에 쓰인 각 한자에 대하여 속뜻을 미리 명시해 놓았기 때문이다.

Even students who have not learned *Hanja* can use it as a hint for understanding the meaning. This is because the inner meaning of each *Hanja* used in the idioms was specified in advance.

ex) **008 작심삼일** 作₆₂心₇₀三₈₀日₈₀ 지을 작, 마음 심, 석 삼, 날 일

8 "작심삼일(作心三日)은 '결심이 오래 가지 못함.'이란 뜻이다."라는 정의식 풀이가 지금까지 다른 책의 일반적인 관례였다. 이런 풀이가 틀린 것은 아니다. 그러나 그러한 뜻을 하필이면 왜 작심삼일(作心三日) 이라고 하는지를 이해하지 못한다. 그 이유를 모르기 때문에 이해력 부족으로 기억력이 작동되지 않는다.

The definitional explanation that jag-sim-sam-il(作心三日) means "Determination does not last long" has been a common practice in other books so far. This explanation is not wrong. However, students do not understand why such a meaning is expressed as 作心三日. Because students do not know the reason, their memory does not work due to a lack of understanding.

9 이 책에서는 사전적 정의에 앞서 각 글자의 속뜻을 최대한 자세하게 풀이해 놓았다. 즉, 축자 번역 방식을 최초로 도입하였다. 이렇게 하면 해당 한자가 왜 쓰였는지를 알 수 있을 뿐만 아니라 기억을 잘할 수 있는 장점이 있다.

In this book, the inner meaning of each character is explained prior to the dictionary definition as elaborately as possible. That is, word-for-word translation was introduced for the first time. This method has the advantage of not only enabling students to know why the corresponding *Hanja* was used, but also helping them remember it better.

10 속뜻 풀이와 사전적 정의는 다음과 같이 영어로도 설명하고 있다. 축자 번역 방식의 속뜻 풀이를 활용하면 한국어와 영어, 그리고 한자를 동시에 그리고 쉽게 학습할 수 있을 것이다.

The inner meanings and dictionary definitions are also explained in English as shown below. Using word-for-word translation to explain the inner meaning, students can be able to learn Korean, English, and *Hanja* simultaneously and easily.

ex) ❶ 속뜻 마음[心]으로 지은[作] 것이 삼일(三日) 밖에 못 감.

What someone's heart[心] determinded[作] only lasts

three[三] days[日].

❷ 결심이 오래 가지 못함.

Resolutions don't last long.

11 이 책에는 총 424개의 4자성어가 수록되어 있다. 이것은 한국어문 교육연구회가 선정하여 8급부터 2급까지 급수별로 배열한 것이다. 급수가 높을수록 쉬운 한자로 구성된 것이다.

This book contains a total of 424 four-character idioms. They were selected by the Korean Language Education Research Association and arranged by grade from level 8 to level 2. The higher the level, the easier the *Hanja* becomes.

12 각 성어에 쓰인 네 개의 한자에 대하여 해당 급수가 작은 숫자로 표시되어 있다. 6급은 60으로, 6급Ⅱ는 62로 표시하였다(다른 급수도 동일 방식). 이것은 급수별 배열을 위한 것이니 학습할 때 그냥 지나쳐도 아무런 문제가 없다.

For each of the four *Hanja* used in each idiom, the corresponding level is indicated by a small number. Level 6 is indicated by 60, and Level 6 II by 62 (the same method applies to other levels). Since the small numbers are presented only for arrangement by level, there will be no problem even if you skip the indications when studying.

13 어떤 성어가 이 책에 포함되어 있는지를 알아보기 편하도록 말미에 가나다순 색인을 실어 놓았으며, 일련번호를 통하여 쉽게 찾아볼 수 있도록 하였다.

In order to make it easy to find out which idioms are included in this book, an index was attached in Korean alphabetical order at the end of the book, and serial numbers were given to each idiom for easy reference.

한자 필순 5대 원칙
Five Principles of *Hanja* Stroke Order

한자를 멋있게 쓰자면 어떻게 해야 할까? 물론 많이 써보는 것이 최상의 방법이다. 그렇지만 무턱대고 많이 쓴다고 다 되는 것은 아니다. 수영을 잘하자면 물속에 많이 뛰어든다고 되는 것은 아니다. 헤엄을 잘 치자면 요령이 있어야 하듯이 한자를 잘 쓰자면 筆順(필순)에 익숙해야 한다.

What should you do if you want to write *Hanja* nicely? Of course, the best way is to write *Hanja* often. However, simply writing a lot does not guarantee that you will become proficient at writing. Simply jumping into the water frequently does not make you a good swimmer. Just as you need to know how to swim well to be good at swimming, you need to be familiar with the stroke order to write *Hanja* well.

한자의 필순은 점과 획을 어떤 순서로 쓰는지를 말하는 것인데, 전체적인 원칙은 '쓰기의 경제성'에 입각하여 자연스레 형성된 것이다. 어떻게 해야 빨리, 쉽게 그리고 자연스럽게 쓸 수 있을까? 이러한 측면에서 오랜 시간에 걸쳐 많은 사람들이 실제로 써오는 동안에 몇 가지 원칙이 발견됐다. 대체로 다음과 같은 5개 원칙으로 집약된다.

The stroke order of *Hanja* refers to the order in which dots and strokes are written, and the overall principles were naturally formed based on "economy of writing." How can we write *Hanja* quickly, easily, and naturally? In this respect, several principles were discovered while many people wrote Hanja over a long period of time. In general, the five main principles are summarized as follows:

1 上下(상·하) 구조 글자는 위에서부터 아래로 쓴다. (예: 석 삼)
Top-down structured ones are written from top to bottom. (e.g.) **three** 三

三　三　三

2 左右(좌·우) 구조 글자는 왼쪽에서부터 오른쪽으로 쓴다. (예: 수풀 림)
Left-right structured ones are written from left to right. (e.g.) **forest** 林

林　林　林　林　林　林　林　林

3 좌우 **對稱形**(대칭형) 글자는 가운데 획을 먼저, 좌우를 나중에 쓴다.
(예: 작을 소)
For left-right symmetrical structured ones, the middle stroke is written first,
and the left and right strokes are written later. (e.g.) **small** 小

小　小　小

4 內外(내·외) 구조 글자는 바깥을 먼저 쓰고 안을 나중에 쓴다. (예: 넉 사)
For internal-external structured ones, the outer strokes are written first,
and the inner strokes are written later. (e.g.) **four** 四

四　四　四　四　四

5 글자 전체를 관통하는 세로 획은 맨 나중에 쓴다. (예: 가운데 중)
The vertical stroke that runs through the entire letter is written last.
(e.g.) **center** 中.

中　中　中　中

이 다섯 가지 원칙에 따른 순서를 거꾸로 해보면 어떨까? 그렇게 써보면
원칙에 어긋난 방법은 자연스럽지 못할 뿐만 아니라 매우 불편하고 시간도
많이 걸리는 것을 알게 될 것이다. 따라서 이상의 다섯 가지만 습득해 두면
필순 문제는 비교적 쉽게 해결된다. 물론, 획수가 많은 것 가운데는 일부의
예외가 있을 수도 있겠으나 그리 큰 문제가 되지 않는다. 모든 한자의 필순이
100% 확정되어 있는 것은 아니기 때문이다. 필순을 반드시 외워 둘 필요는
없다. '쉽고도 빠른' 경제성 원칙에 따라 자주 쓰다보면 저절로 익혀지게
마련이다.

What if we reverse the order for following these five principles? If
you try to write *Hanja* this way, you will find that methods contrary

to the principles are not only unnatural, but also very inconvenient and time consuming. Therefore, by learning just the five principles mentioned above, the stroke order problem can be solved easily.

Of course, there may be some exceptions among those with a large number of strokes, but it is not a significant issue because the stroke order of all *Hanja* is not 100% fixed. It is not necessary to memorize the stroke order of each *Hanja*. If you write *Hanja* frequently according to the "easy and fast" economic principle, you will learn it automatically.

필순을 지나치게 강조하는 것이 한자 공부를 짜증스럽게 만들 수 있다. 한자 나고 필순 났지, 필순 나고 한자 난 것은 결코 아니다. 흐르는 물을 따라 내려가면서 헤엄을 배우면 얼마나 쉬운가! 하필이면 처음부터 냇물을 거슬러 올라가며 헤엄을 배울 필요가 있으랴! 앞에서 말한 다섯 가지 기본 원칙만 잘 알아두는 것만으로도 충분하다.

Excessive emphasis on stroke order can make studying *Hanja* annoying. The stroke order did not come before *Hanja*, but *Hanja* came before the stroke order. How easy it is to learn to swim by going down the flowing water! Why is it necessary to learn to swim by going up a stream from the beginning? Being familiar with the five basic principles mentioned above is enough.

| 보충 설명 |

제1부 사자성어 편 네모 칸에 한자가 희미하게 쓰여 있다. 그것을 덧칠하듯이 따라 써보자. 이때 앞에서 본 '한자 필순 5대 원칙'을 활용하면 쉽게 잘 쓸 수 있다. 그렇게 자주 쓰다 보면 금방 한자와 친해진다.

| Supplementary explanation |

In Part 1, Four Character Idioms, *Hanja* is faintly written in the squares. Just trace it as if you were painting over it. At this time, you can use it easily by using the 'Five Principles of Hanja Stroke Order' seen above. If you use it often, you will quickly become familiar with *Hanja*.

한-영 사자성어 풀이
Korean-English Four-Character Idioms Interpretation

001 십중팔구 十$_{80}$中$_{80}$八$_{80}$九$_{80}$ 열 십, 가운데 중, 여덟 팔, 아홉 구

❶ **속뜻** 열[十] 가운데[中] 여덟[八]이나 아홉[九] 정도.
About eight[八] or nine[九] out of[中] ten[十].
❷ 거의 대부분 또는 거의 틀림없음. ❶ 十常八九(십상팔구).
Almost all or almost certain.

002 동문서답 東$_{80}$問$_{70}$西$_{80}$答$_{70}$ 동녘 동, 물을 문, 서녘 서, 답할 답

❶ **속뜻** 동(東)쪽이 어디냐고 묻는데[問] 서(西)쪽을 가리키며 대답(對答)함. When asked[問] where the east[東] side is, one points to the west[西] side to answer[答].
❷ 묻는말에 대하여 아주 엉뚱하게 대답함.
Responding very irrelevantly to a question.

003 안심입명 安₇₂心₇₀立₇₂命₇₀ 편안할 안, 마음 심, 설 립, 목숨 명

❶ **속뜻** 마음[心]을 편안(便安)하게 하고 운명(運命)에 대한 믿음을 바로 세움[立]. Feeling[心] relieved[安] by realizing[立] providence[命].

❷ **불교** 자신의 불성(佛性)을 깨닫고 삶과 죽음을 초월함으로써 마음의 편안함을 얻음. Gaining peace of mind by realizing one's Buddha nature.

安	心	立	命	安	心	立	命

004 일일삼추 一₈₀日₈₀三₈₀秋₇₀ 한 일, 날 일, 석 삼, 가을 추

❶ **속뜻** 하루[一日]가 세[三] 번 가을[秋]을 맞이하는 것, 즉 3년 같음. Greeting three[三] autumns[秋] in one day[一日], that is, one day feels like three years.

❷ 매우 지루하거나 몹시 애태우며 기다림. Very bored or anxious waiting.

一	日	三	秋	一	日	三	秋

005 요산요수 樂₆₂山₈₀樂₆₂水₈₀ 좋아할 요, 메 산, 좋아할 요, 물 수

❶ **속뜻** 산(山)을 좋아하고[樂] 물[水]을 좋아함[樂]. Enjoying[樂] mountains[山] and enjoying[樂] water[水].

❷ 산이나 강 같은 자연을 즐기고 좋아함. Enjoying and being fond of nature, such as mountains and rivers.

樂	山	樂	水	樂	山	樂	水

006 백년대계 百₇₀年₈₀大₈₀計₆₂ 일백 백, 해 년, 큰 대, 꾀 계

❶ **속뜻** 백년(百年)을 내다보는 큰[大] 계획(計劃).
A great[大] plan[計] for a hundred[百] years[年].
❷ 먼 장래에 대한 장기 계획.
Long-term plans for the far future.

百	年	大	計	百	年	大	計

007 백면서생 白₈₀面₇₀書₆₂生₈₀ 흰 백, 낯 면, 글 서, 사람 생

❶ **속뜻** (밖에 나가지 않아서) 하얀[白] 얼굴[面]로 글[書]만 읽는 사람
[生]. A person[生] who only reads[書] with a white[白] face[面].
❷ 세상일에 경험이 없는 사람. A person who has no experience in
worldly affairs.

白	面	書	生	白	面	書	生

008 작심삼일 作₆₂心₇₀三₈₀日₈₀ 지을 작, 마음 심, 석 삼, 날 일

❶ **속뜻** 마음[心]으로 지은[作] 것이 삼일(三日) 밖에 못 감.
What someone's heart[心] determined[作] only lasts three[三]
days[日].
❷ 결심이 오래 가지 못함. Resolutions don't last long.

作	心	三	日	作	心	三	日

009 구사일생 九₈₀死₆₀一₈₀生₈₀ 아홉 구, 죽을 사, 한 일, 날 생

❶ **속뜻** 아홉[九] 번 죽을[死] 고비를 넘기고 다시 한[一] 번 살아남[生].
Escaping from the throes of death[死] nine[九] times to
survive[生] once[一] again.

❷ 죽을 고비를 여러 차례 넘기고 겨우 살아남.
Surviving by escaping from the throes of death many times.

九	死	一	生	九	死	一	生

010 동고동락 同₇₀苦₆₀同₇₀樂₆₂ 함께 동, 쓸 고, 함께 동, 즐길 락

❶ **속뜻** 괴로움[苦]을 함께[同]하고 즐거움[樂]도 함께[同] 함.
Sharing[同] pain[苦] and joy[樂] together[同].

❷ 삶의 괴로움도 즐거움도 함께 함.
Sharing the bitters and sweets of life.

同	苦	同	樂	同	苦	同	樂

魚 물고기 어 fish

011 문전성시 門₈₀前₇₂成₆₂市₇₂ 대문 문, 앞 전, 이룰 성, 시장 시

❶ **속뜻** 대문[門] 앞[前]에 시장(市場)을 이룸[成].
Forming[成] a market[市] in front[前] of the gate[門].

❷ 집으로 찾아오는 사람이 많음. Many people visit the house.

故事 옛날 중국에 한 어린 황제가 등극했다. 그는 사치와 향락에 빠져
나랏일을 돌보지 않았다. 한 충신이 거듭 간언하다가 황제의 미움을 사고
말았다. 그 무렵 충신을 미워하던 간신 하나가 황제에게 "그의 집 문 앞에
시장이 생길 정도로 사람들이 많이 드나든다."는 말을 하여 그를 모함했다.
결국 그 충신은 옥에 갇히고 말았다.

Once upon a time in China, a young emperor ascended the throne.
He indulged in luxury and pleasure and did not take care of the
affairs of state. A loyal subject repeatedly remonstrated and ended
up earning the emperor's hatred. Around that time, a disloyal
subject who hated the loyal subject framed him by telling the
emperor, "So many people are visiting him to the extent that a
market has formed in front of his house". Eventually, the faithful
subject was imprisoned.

門 前 成 市 門 前 成 市

012 백전백승 百₇₀戰₆₂百₇₀勝₆₀ 일백 백, 싸울 전, 일백 백, 이길 승

❶ **속뜻** 백(百) 번 싸워[戰] 백(百) 번을 다 이김[勝].
Fight[戰] a hundred[百] times and win all the hundred[百]
fights[勝].

❷ 싸울 때마다 번번이 다 이김. Winning every fight.

百 戰 百 勝 百 戰 百 勝

013 불원천리 不72遠60千70里70 아니 불, 멀 원, 일천 천, 거리 리

❶ 속뜻 천리(千里) 길도 멀다고[遠] 여기지 아니함[不].
Not[不] considering that a thousand-mile(千里) road is too long[遠].
❷ 먼 길을 기꺼이 달려감. Willingly going a long way.

014 인명재천 人80命70在60天70 사람 인, 목숨 명, 있을 재, 하늘 천

❶ 속뜻 사람[人]의 목숨[命]은 하늘[天]에 달려 있음[在].
A person's[人] life[命] depends on[在] heaven[天].
❷ 사람이 오래 살거나 일찍 죽는 것은 다 하늘의 뜻이라는 말.
Long life and early death are all providential.

015 전광석화 電72光62石60火80 번개 전, 빛 광, 돌 석, 불 화

❶ 속뜻 번갯불[電光]이나 부싯돌[石]의 불[火]이 반짝이는 것처럼
몹시 짧은 시간. A very short time, like a flash of lightning[電光]
or flint[石] fire[火].
❷ '매우 재빠른 동작'을 비유하여 이르는 말.
It is a metaphor for 'very quick movements'.

016 팔방미인 八₈₀方₇₂美₆₀人₈₀ 여덟 팔, 모 방, 아름다울 미, 사람 인

❶ **속뜻** 모든 면[八方]에서 아름다운[美] 사람[人].
A beautiful[美] person[人] in every respect[八方].
❷ 여러 방면에 능통한 사람. A person who is proficient in many fields.
❸ 누구에게나 잘 보이도록 처세를 잘 하는 사람.
A person who behaves well to gain favor from everyone.
❹ '깊이는 없이 여러 방면에 조금씩 손대는 사람'을 조롱하여 이르는 말.
A word used to mock a person who dabbles a little bit in various
fields without depth.

| 八 | 方 | 美 | 人 | 八 | 方 | 美 | 人 |

亥 돼지 해 pig

017 화조월석 花₇₀朝₆₀月₈₀夕₇₀ 꽃 화, 아침 조, 달 월, 저녁 석

❶ **속뜻** 꽃[花]이 핀 아침[朝]과 달[月] 뜨는 저녁[夕]. The morning[朝]
when flowers[花] bloom and the evening[夕] when the moon[月]
rises.
❷ '경치가 좋은 시절'을 이르는 말.
A term that means 'the time with good scenery.' ⓑ 朝花月夕(조화월석).

| 花 | 朝 | 月 | 夕 | 花 | 朝 | 月 | 夕 |

018 견물생심 見₅₂物₇₂生₈₀心₇₀ 볼 견, 만물 물, 날 생, 마음 심

❶ **속뜻** 물건(物件)을 보면[見] 그것을 가지고 싶은 욕심(慾心)이 생김[生].
When a person sees[見] an object(物件), they come to have[生]
a desire(慾心) to possess it.
❷ 어떠한 실물을 보게 되면 그것을 가지고 싶은 욕심이 생김.
When anyone sees a valuable thing, they come to have a desire
to possess it.

見	物	生	心	見	物	生	心

019 경천애인 敬₅₂天₇₀愛₆₀人₈₀ 공경할 경, 하늘 천, 사랑 애, 사람 인

❶ **속뜻** 하늘[天]을 공경(恭敬)하고 사람[人]을 사랑함[愛].
Respect[敬] heaven[天] and love[愛] humans[人].
❷ 하늘이 내린 운명을 달게 받고 남들을 사랑하며 사이좋게 지냄.
Submit to the fate given by heaven willingly, love others, and get
along well with them.

敬	天	愛	人	敬	天	愛	人

020 다재다능 多₆₀才₆₂多₆₀能₅₂ 많을 다, 재주 재, 많을 다, 능할 능

❶ **속뜻** 많은[多] 재주[才]와 많은[多] 능력(能力).
Many[多] talents[才] and many[多] abilities[能].
❷ 재능이 많음. Having many talents.

多	才	多	能	多	才	多	能

24

021 양약고구 良藥苦口 좋을 량, 약 약, 쓸 고, 입 구

❶ **속뜻** 몸에 좋은[良] 약(藥)은 입[口]에는 씀[苦].
Good[良] medicine[藥] is bitter[苦] to the taste[口].

❷ 먹기는 힘들지만 몸에는 좋음.
Something that is difficult to eat, but good for the body.

良	藥	苦	口	良	藥	苦	口

022 만고불변 萬古不變 일만 만, 옛 고, 아니 불, 변할 변

❶ **속뜻** 오랜 세월[萬古]이 지나도 변(變)하지 않음[不].
Not[不] changing[變] even after a very long time[萬古].

❷ 영원히 변하지 아니함. '진리'를 형용하는 말로 많이 쓰인다.
Not changing eternally. It is often used as an adjective for truth.
⑪ 萬代不變(만대불변), 萬世不變(만세불변).

萬	古	不	變	萬	古	不	變

023 무불통지 無不通知 없을 무, 아닐 불, 통할 통, 알 지

❶ **속뜻** 무엇이든지 다 통(通)하여 알지[知] 못하는[不] 것이 없음[無].
There is nothing[無] that the person does not[不] know[知] thoroughly[通].

❷ 무슨 일이든지 환히 잘 앎. Knowing about something very well.
⑪ 無不通達(무불통달).

無	不	通	知	無	不	通	知

024 문일지십 聞₆₂一₈₀知₅₂十₈₀ 들을 문, 한 일, 알 지, 열 십

❶ **속뜻** 한[一] 가지를 들으면[聞] 열[十] 가지를 미루어 앎[知].
After hearing[聞] one[一] thing, knowning[知] ten[十] things by
inference.

❷ 사고력과 추리력이 매우 빼어남. 또는 매우 총명한 사람.
A person with extremely excellent thinking skills and reasoning
power or a very intelligent person.

聞	一	知	十	聞	一	知	十

025 북창삼우 北₈₀窓₆₂三₈₀友₅₂ 북녘 북, 창문 창, 석 삼, 벗 우

❶ **속뜻** 서재의 북(北)쪽 창(窓)에 있는 세[三] 벗[友].
Three[三] friends[友] in the north[北] window[窓] of the study
room.

❷ '거문고, 술, 시(詩)'를 일컬음.
It refers to *geomungo*, alcohol, and poetry.

北	窓	三	友	北	窓	三	友

026 안분지족 安₇₂分₆₂知₅₂足₇₂ 편안할 안, 나눌 분, 알 지, 넉넉할 족

❶ **속뜻** 자기 분수(分數)를 편안(便安)하게 여기며 만족(滿足)할 줄 앎[知].
Feeling comfortable[便安] with one's status[分數] and knowing[知]
that it is satisfactory[滿足].

❷ 자기 분수에 맞게 살며 만족함.
Live according to one's status satisfactorily.

安	分	知	足	安	分	知	足

26

027 어불성설 語70不72成62說52 말씀 어, 아니 불, 이룰 성, 말씀 설

❶ **속뜻** 말[語]이 되지[成] 못하는[不] 말[說].
Words[語] that cannot[不] make[成] a theory[說].
❷ 말이 조금도 사리(事理)에 맞지 않음.
Words that are not logical at all.

語 不 成 說 語 不 成 說

028 우순풍조 雨52順52風62調52 비 우, 따를 순, 바람 풍, 고를 조

❶ **속뜻** 비[雨]와 바람[風]이 순조(順調)로움.
Rain[雨] and wind[風] are smooth[順調].
❷ 농사에 알맞게 기후가 순조로움.
The climate is favorable for farming.
  ㉨ 風調雨順(풍조우순).

雨 順 風 調 雨 順 風 調

029 유명무실 有70名70無50實52 있을 유, 이름 명, 없을 무, 실제 실

❶ **속뜻** 이름[名]만 있고[有] 실속[實]이 없음[無].
There is[有] only a name[名] without[無] any substance[實].
❷ 겉은 그럴듯하지만 실속은 없음.
Something that looks good on the outside, but has no substance.
  ㉨ 虛名無實(허명무실).

有 名 無 實 有 名 無 實

030 이심전심 以₅₂心₇₀傳₅₂心₇₀ 써 이, 마음 심, 전할 전, 마음 심

❶ **속뜻** 마음[心]으로[以] 마음[心]을 전(傳)함.
Communication[傳] from[以] heart[心] to heart[心].
❷ 서로 마음이 잘 통함.
Hearts that are in tune with each other.
⑪ 心心相印(심심상인).

以	心	傳	心	以	心	傳	心

031 주객일체 主₇₀客₅₂一₈₀體₆₂ 주인 주, 손 객, 한 일, 몸 체

❶ **속뜻** 주인(主人)과 손님[客]이 서로 한[一] 덩어리[體]가 됨.
The host[主] and the guest[客] become one[一] unit[體].
❷ 주체와 객체가 하나가 됨. 서로 손발이 잘 맞음.
Subject and object become one. Hands and feet fit well together.

主	客	一	體	主	客	一	體

032 격물치지 格₅₂物₇₂致₅₀知₅₂ 바로잡을 격, 만물 물, 이를 치, 알 지

❶ **속뜻** 사물(事物)의 이치를 바로잡아[格] 높은 지식(知識)에 이름[致].
Studying[格] things[物] to gain[致] high knowledge[知].
❷ 사물의 이치를 규명하여 자기의 지식을 확고하게 함.
Gaining knowledge by studying or investigating things.

格	物	致	知	格	物	致	知

033 교학상장 教学相長 가르칠 교, 배울 학, 서로 상, 자랄 장

❶ **속뜻** 가르치고[教] 배우는[學] 일이 서로[相] 자라게[長] 함.
Teaching[教] and learning[學] make each other[相] grow[長].

❷ 가르치고 배우는 것이 서로 도움이 됨.
Teaching and learning help each other.

❸ 가르치면서 배우고, 배우면서 가르친다.
One can learn by teaching and can teach while learning.

教	學	相	長	教	學	相	長

034 금시초문 今始初聞 이제 금, 비로소 시, 처음 초, 들을 문

❶ **속뜻** 바로 지금[今] 비로소[始] 처음[初] 들음[聞].
First[初] heard[聞] right now[今] only[始].

❷ 처음 들음.
Heard for the first time.

今	始	初	聞	今	始	初	聞

035 낙목한천 落木寒天 떨어질 락, 나무 목, 찰 한, 하늘 천

❶ **속뜻** 나무[木]의 잎이 다 떨어진[落] 뒤의 추운[寒] 날씨[天].
The cold[寒] weather[天] after the leaves of the tree[木] have fallen[落].

❷ 나뭇잎이 다 떨어지고 난 겨울의 춥고 쓸쓸한 풍경. 또는 그런 계절.
A cold and lonely landscape in winter after all the leaves have fallen or such a season.

落	木	寒	天	落	木	寒	天

036 낙화유수 落₅₀花₇₀流₅₂水₈₀ 떨어질 락, 꽃 화, 흐를 류, 물 수

❶ **속뜻** 떨어지는[落] 꽃[花]과 흐르는[流] 물[水].
Falling[落] flowers[花] and flowing[流] water[水].
❷ 가는 봄의 경치. Scenery at the end of spring.
❸ '살림이나 세력이 약해져 아주 보잘것없이 됨'을 비유하여 이르는 말.
A word that metaphorically refers to 'becoming very insignificant
because one's livelihood or power has been weakened'.

落	花	流	水	落	花	流	水

037 능소능대 能₅₂小₈₀能₅₂大₈₀ 능할 능, 작을 소, 능할 능, 큰 대

❶ **속뜻** 작은[小] 일에도 능(能)하고 큰[大] 일에도 능(能)함.
Be good[能] at small[小] things and good[能] at big[大] things.
❷ 작아질 수도 있고 커질 수도 있음.
Being able to become small or large.
❸ 모든 일에 두루 능함. Being proficient in all things.

能	小	能	大	能	小	能	大

038 마이동풍 馬₅₀耳₅₀東₈₀風₆₂ 말 마, 귀 이, 동녘 동, 바람 풍

❶ **속뜻** 말[馬]의 귀[耳]에 동풍(東風)이 불어도 아랑곳하지 아니함.
Like the east[東] wind[風] blowing in the ears[耳] of the
horse[馬], which does not care.
❷ 남의 말을 귀담아듣지 아니하고 지나쳐 흘려버림. Not listening to and
passing by what others are saying. ⑪ 牛耳讀經(우이독경).

馬	耳	東	風	馬	耳	東	風

039 백년하청 百70年80河50淸62 일백 백, 해 년, 물 하, 맑을 청

❶ **속뜻** 백년(百年)을 기다린들 황하(黃河) 물이 맑아질까[淸].
Will the water of the Yellow River[河] become clear[淸] after
waiting for 100 years[百年]?

❷ '아무리 바라고 기다려도 실현될 가망이 없음'을 비유하여 이르는 말.
It is a metaphor for 'something that cannot come true no matter
how long people hope and wait'.

百　年　河　淸　百　年　河　淸

040 불문가지 不72問70可50知52 아니 불, 물을 문, 가히 가, 알 지

❶ **속뜻** 묻지[問] 않아도[不] 가(可)히 알[知] 수 있음.
Something that can[可] be easily known[知] even without[不]
asking[問].

❷ 스스로 잘 알 수 있음.
Something that can be naturally known.

不　問　可　知　不　問　可　知

041 불문곡직 不72問70曲50直52 아니 불, 물을 문, 굽을 곡, 곧을 직

❶ **속뜻** 그름[曲]과 옳음[直]을 묻지[問] 아니함[不].
Without[不] asking[問] whether something is wrong[曲]
or right[直].

❷ 옳고 그름을 따지지 아니함.
Not caring about right or wrong.

不　問　曲　直　不　問　曲　直

042 유구무언 有₇₀口₇₀無₅₀言₆₀ 있을 유, 입 구, 없을 무, 말씀 언

❶ **속뜻** 입[口]은 있으나[有] 할 말[言]이 없음[無].
Someone has[有] a mouth[口] but has no[無] words[言] to speak.
❷ 변명이나 항변할 말이 없음.
No excuses and nothing to say in protest.

有	口	無	言	有	口	無	言

043 전무후무 前₇₂無₅₀後₇₂無₅₀ 앞 전, 없을 무, 뒤 후, 없을 무

❶ **속뜻** 이전(以前)에도 없었고[無] 이후(以後)에도 없음[無].
No existence[無] before[前] or[無] after[後].
❷ 지금까지 없었고 앞으로도 있을 수 없음.
Something that has never existed and will never exist hereafter.
ⓑ 空前絶後(공전절후).

前	無	後	無	前	無	後	無

044 조변석개 朝₆₀變₅₂夕₇₀改₅₀ 아침 조, 변할 변, 저녁 석, 고칠 개

❶ **속뜻** 아침[朝]에 변(變)한 것을 저녁[夕]에 다시 고침[改].
Changing[變] in the morning[朝] and revising[改] again in the evening[夕].
❷ 계획이나 결정 따위를 일관성 없이 자주 고침.
Frequent and inconsistent revisions of plans or decisions.
ⓑ 朝改暮變(조개모변), 朝變暮改(조변모개), 朝夕變改(조석변개).

朝	變	夕	改	朝	變	夕	改

045 추풍낙엽 秋70風62落50葉50 가을 추, 바람 풍, 떨어질 락, 잎 엽

❶ **속뜻** 가을[秋]바람[風]에 떨어지는[落] 잎[葉].
Falling[落] leaves[葉] in the autumn[秋] wind[風].

❷ '세력이나 형세가 갑자기 기울거나 시듦'을 비유하여 이르는 말.
A metaphor for 'a sudden decline or withering of power or situation'.

秋 風 落 葉 秋 風 落 葉

046 각자무치 角60者50無50齒42 뿔 각, 사람 자, 없을 무, 이 치

❶ **속뜻** 뿔[角]이 강한 짐승[者]은 이빨[齒]이 약함[無]. A beast[者] with strong horns[角] does not have[無] strong teeth[齒].

❷ 한 사람이 모든 재주나 복을 다 가질 수는 없음.
One person cannot have all talents or blessings.

❸ 누구나 장점과 단점이 있게 마련임.
Everyone has advantages and disadvantages.

角 者 無 齒 角 者 無 齒

047 강호연파 江72湖50煙42波42 강 강, 호수 호, 연기 연, 물결 파

❶ **속뜻** 강(江)이나 호수(湖水) 위에 연기(煙氣)처럼 뽀얗게 이는 잔물결[波].
Little and milky-white waves[波] that rise like smoke[煙] on a river[江] or lake[湖].

❷ 대자연의 아름다운 풍경.
Beautiful scenery of Mother Nature.

江 湖 煙 波 江 湖 煙 波

048 견리사의 見₅₂利₆₂思₅₀義₄₂ 볼 견, 이로울 리, 생각할 사, 옳을 의

❶ **속뜻** 눈앞의 이익(利益)을 보면[見] 의리(義理)를 먼저 생각함[思].
When a person sees[見] the profit[利] in front of their eyes, he
thinks[思] of righteousness[義] first.

❷ 의리를 중요하게 여김. Regarding righteousness as more important
than profits. ⓑ 見危授命(견위수명). ⓟ 見利忘義(견리망의).

見 利 思 義 見 利 思 義

049 결초보은 結₅₂草₇₀報₄₂恩₄₂ 맺을 결, 풀 초, 갚을 보, 은혜 은

❶ **속뜻** 풀[草]을 엮어서[結]라도 은혜[恩]를 갚음[報].
Tying[結] the grass[草] to repay[報] the favor[恩].

❷ 죽어 혼령이 되어도 은혜를 잊지 않고 갚음. Not forgetting grace and
repaying it even when the person died and became a spirit.

ⓑ 刻骨難忘(각골난망), 白骨難忘(백골난망).

故事 중국 춘추시대에 진(晉)나라 위무자(魏武子)의 아들 과(顆)의 이야기다.
그는 아버지가 세상을 떠나자 젊은 서모를 살려주어 다시 시집을 갈 수
있도록 하였다. 훗날 위과(魏顆)가 장수가 되어 전쟁에 나갔다. 그는
자신을 쫓던 적장이 탄 말이 어느 무덤의 풀에 걸려 넘어지는 바람에
적장을 사로잡아 큰 공을 세우게 되었다. 그날 밤 꿈에 서모 아버지의
혼령이 나타나 말하였다, 옛날의 은혜를 갚고자 풀을 엮어 놓았다고.

출처: 『左傳』

This is the story of Wigua, the son of Wimuja of the Jin dynasty
during the warring states period in China. When his father passed
away, he saved his young *Seomo* (his father's young wife) instead of
burying her together so that she could marry again. Later, Wigua
became a general and went to war. He made a great achievement
by capturing the enemy commander because the horse the enemy
commander was riding tripped over grass on a tomb. That night, in
a dream, the spirit of the *Seomo's* father appeared and said that he
had tied the grass to repay the old grace. Source: *Jwajeon*

結 草 報 恩 結 草 報 恩

050 경세제민 經世濟民 다스릴 경, 세상 세, 건질 제, 백성 민

❶ **속뜻** 세상(世上)을 다스리고[經] 백성[民]을 구제(救濟)함.
Ruling[經] the world[世] and saving[濟] the people[民].
❷ 백성의 살림을 잘 보살펴 줌.
Taking good care of people's livelihood. ㉛ 經濟.

經	世	濟	民	經	世	濟	民

051 공전절후 空前絶後 빌 공, 앞 전, 끊을 절, 뒤 후

❶ **속뜻** 이전(以前)에 없었고[空], 이후(以後)에도 없을 것임[絶].
Something that did not exist[空] before[前], and will not exist [絶] hereafter[後].
❷ 지금까지 없었고 앞으로 있을 수도 없음.
Something that has never existed and will never exist.
㉖ 前無後無(전무후무).

空	前	絶	後	空	前	絶	後

052 구우일모 九牛一毛 아홉 구, 소 우, 한 일, 털 모

❶ **속뜻** 아홉[九] 마리의 소[牛] 가운데 박힌 하나[一]의 털[毛].
One[一] strand of hair[毛] among nine cows[九牛].
❷ 대단히 많은 것 가운데 없어져도 아무 표시가 나지 않는 극히 적은 부분.
A very small part of so many things, that would not be noticed at all even if it disappears.

九	牛	一	毛	九	牛	一	毛

053 권모술수 權 32**謀** 32**術** 62**數** 70 권세 권, 꾀할 모, 꾀 술, 셀 수

❶ **속뜻** 권세(權勢)를 꾀하기[謀] 위한 꾀[術]나 셈[數].
A trick[術] or calculation[數] to seize[謀] power[權].

❷ 목적 달성을 위하여 수단과 방법을 가리지 아니하는 온갖 모략이나 술책.
Any scheme or tactic that would use any means or methods to
achieve a goal.

權	謀	術	數	權	謀	術	數

054 권불십년 權 42**不** 72**十** 80**年** 80 권세 권, 아닐 불, 열 십, 해 년

❶ **속뜻** 권세(權勢)는 십 년(十年)을 가지 못함[不].
Power[權] does not[不] last ten years[十年].

❷ 아무리 높은 권세라도 오래가지 못함.
No matter how strong a power is, it does not last long.
ⓑ 花無十日紅(화무십일홍), 勢不十年(세불십년).

權	不	十	年	權	不	十	年

055 극악무도 極 42**惡** 52**無** 50**道** 72 다할 극, 악할 악, 없을 무, 길 도

❶ **속뜻** 더없이[極] 악(惡)하고, 인간의 도리(道理)를 지키는 일이 없음[無].
Being extremely[極] evil[惡], and do not[無] follow human
morality[道].

❷ 대단히 악하게 굴고 함부로 막 함.
Behaving very badly and recklessly.

極	惡	無	道	極	惡	無	道

056 기사회생 起42死60回42生80 일어날 기, 죽을 사, 돌아올 회, 살 생

❶ 속뜻 죽을[死] 뻔 하다가 일어나[起] 다시[回] 살아남[生].
Being about to die[死] but getting up[起] again[回] alive[生].

❷ 죽다가 겨우 살아남.
Reviving from a near death.

起	死	回	生	起	死	回	生

057 난형난제 難42兄80難42弟80 어려울 난, 맏 형, 어려울 난, 아우 제

❶ 속뜻 형(兄)이 낫다고 하기도 어렵고[難], 아우[弟]가 낫다고 하기도
어려움[難]. Being difficult[難] to say that the elder brother[兄]
is better, and it is also difficult[難] to say that the younger
brother[弟] is better.

❷ '누가 더 낫다고 할 수 없을 정도로 둘이 서로 비슷함'을 비유하여 이르는 말.
It is a metaphor for 'two are so similar that it is hard to tell who is
better'.

🅑 莫上莫下(막상막하), 伯仲之間(백중지간).

難	兄	難	弟	難	兄	難	弟

馬 말 마 horse

058 노발대발 怒42發62大80發62 성낼 노, 일으킬 발, 큰 대, 일으킬 발

❶ 속뜻 성[怒]을 내며[發] 크게[大] 소리 지름[發].
  Being[發] enraged[怒] and being very furious[大發].
❷ 몹시 노하면서 성을 냄.
  Being extremely angry and losing one's temper.

怒	發	大	發	怒	發	大	發

059 논공행상 論42功62行60賞50 논할 론, 공로 공, 행할 행, 상줄 상

❶ 속뜻 공(功)을 잘 따져 보아[論] 알맞은 상(賞)을 내림[行].
  Estimating[論] the merits[功] to grant[行] appropriate rewards[賞].
❷ 공로에 따라 상을 줌.
  Distributing rewards according to merits.

論	功	行	賞	論	功	行	賞

060 다다익선 多60多60益42善50 많을 다, 많을 다, 더할 익, 좋을 선

❶ 속뜻 많으면[多] 많을수록[多] 더욱[益] 좋음[善].
  The more[多多] of something there is, the better[益善] it will be.
❷ 양적으로 많을수록 좋음.
  The more quantitatively, the better.

多	多	益	善	多	多	益	善

061 독불장군 獨₅₂不₇₂將₄₂軍₈₀ 홀로 독, 아닐 불, 장수 장, 군사 군

❶ **속뜻** 혼자서는[獨] 장군(將軍)이 되지 못함[不].
One alone[獨] cannot[不] become a general[將軍].

❷ 남과 의논하고 협조해야 함.
People must discuss and cooperate with others.

❸ '무슨 일이든 자기 혼자서 처리하는 사람'을 비유하여 이르는 말.
A metaphor for a person who handles everything by himself.

獨	不	將	軍	獨	不	將	軍

062 등하불명 燈₄₂下₇₂不₇₂明₆₂ 등불 등, 아래 하, 아닐 불, 밝을 명

❶ **속뜻** 등잔(燈盞) 밑은[下] 밝지[明] 아니함[不].
The area below[下] a lamp[燈] is not[不] bright[明].

❷ 가까이 있는 것을 도리어 알기 어려움.
It is rather difficult to know what is nearby.

燈	下	不	明	燈	下	不	明

063 등화가친 燈₄₂火₈₀可₅₀親₆₀ 등불 등, 불 화, 가히 가, 친할 친

❶ **속뜻** 등잔(燈盞)의 불[火]과 가히[可] 친(親)하게 지낼 만함.
It is worth[可] being close[親] to the light[火] of the lamp[燈].

❷ 가을밤이면 날씨가 서늘하여 등불을 밝혀 글 읽기에 알맞음. '가을'을 형용하는 말로 많이 쓰인다. In autumn when the weather is cool, it is suitable to read in the light of the lamp. It is often used to describe 'autumn'.

燈	火	可	親	燈	火	可	親

064 무소불위 無所不爲 없을 무, 것 소, 아닐 불, 할 위

❶ **속뜻** 못[不] 할[爲] 것[所]이 아무 것도 없음[無].
There is nothing[無所] that cannot[不] be done[爲].
❷ 하지 못하는 일이 없음.
There is nothing one cannot do.
㉒ 無所不能(무소불능).

無	所	不	爲	無	所	不	爲

065 박학다식 博學多識 넓을 박, 배울 학, 많을 다, 알 식

❶ **속뜻** 널리[博] 배우고[學] 많이[多] 앎[識].
Widely[博] learned[學] and having a great[多] breadth of
knowledge[識].
❷ 학문이 넓고 아는 것이 많음.
Having broad and deep knowledge.

博	學	多	識	博	學	多	識

066 백전노장 百戰老將 일백 백, 싸울 전, 늙을 노, 장수 장

❶ **속뜻** 수없이 많은[百] 싸움[戰]을 치른 노련(老鍊)한 장수(將帥).
A general[將] with a lot of experience[老] who has fought
countless[百] battles[戰].
❷ 세상 일을 많이 겪어서 여러 가지로 능란한 사람.
A person who is good at many things because he has
experienced a lot of worldly work. ㉒ 百戰老卒(백전노졸).

百	戰	老	將	百	戰	老	將

067 백중지세 伯仲之勢 맏 백, 버금 중, 어조사 지, 기세 세

❶ 속뜻 첫째[伯]와 둘째[仲]를 가리기 어려운 형세(形勢).
A situation[勢] where it is difficult to distinguish between the
first[伯] and the second[仲].

❷ 서로 실력이 비슷하여 우열을 가리기 힘든 형세.
The state of being difficult to determine which side is better
because the skills are similar to each other. 준 伯仲勢(백중세).

伯 仲 之 勢 伯 仲 之 勢

068 부귀재천 富貴在天 넉넉할 부, 귀할 귀, 있을 재, 하늘 천

❶ 속뜻 부유(富裕)함과 귀(貴)함은 하늘[天]의 뜻에 달려 있음[在].
Wealth[富] and preciousness[貴] depend on[在] the will of
heaven[天].

❷ 사람의 힘만으로는 부귀를 어찌할 수 없음.
Wealth and honor cannot be controlled only by human power.

富 貴 在 天 富 貴 在 天

069 부부유별 夫婦有別 남편 부, 아내 부, 있을 유, 나눌 별

❶ 속뜻 남편[夫]과 아내[婦]는 맡은 일의 구별(區別)이 있음[有].
A husband[夫] and wife[婦] have[有] distinctions[區別] in their
duties.

❷ 남편과 아내는 각기 해야 할 일이 다름.
Husbands and wives have different things to do.

夫 婦 有 別 夫 婦 有 別

070 비일비재 非₄₂一₈₀非₄₂再₅₀ 아닐 비, 한 일, 아닐 비, 두 재

❶ 속뜻 같은 현상이나 일이 한[一]두[再] 번이나 한둘이 아니고[非] 많음.
The same phenomenon or event has occurred not only[非]
once[一] or twice[再], but very many times.

❷ 매우 많이 있거나 흔함.
Being very frequent or common.

非	一	非	再	非	一	非	再

071 빈자일등 貧₄₂者₆₀一₈₀燈₄₂ 가난할 빈, 사람 자, 한 일, 등불 등

❶ 속뜻 가난한[貧] 사람[者]이 부처에게 바치는 등(燈) 하나[一].
A lamp[一燈] offered to Buddha by a poor[貧] person[者].

❷ 부자의 등 만 개보다도 더 공덕(功德)이 있음.
A lamp offered to Buddha by a poor person is more meritorious
than ten thousand lamps offered by a rich person.

❸ '참마음의 소중함'을 비유하여 이르는 말.
It is a metaphor for 'the preciousness of a true heart'.

貧	者	一	燈	貧	者	一	燈

象 코끼리 상 elephant

072 사생결단 死60生80決52斷42 죽을 사, 살 생, 결정할 결, 끊을 단

❶ **속뜻** 죽느냐[死] 사느냐[生]를 결단(決斷)내리려고 함.
　Trying to decide[決斷] whether to die[死] or live[生].
❷ 죽음을 무릅쓰고 끝장을 내려고 대듦.
　Risking death to put an end to something.

死	生	決	斷	死	生	決	斷

073 생불여사 生80不72如42死60 날 생, 아닐 불, 같을 여, 죽을 사

❶ **속뜻** 삶[生]이 죽음[死]만 같지[如] 못함[不].
　Living[生] is not[不] as good as[如] death[死].
❷ 몹시 곤란한 지경에 빠짐.
　Being in a severely difficult situation.

生	不	如	死	生	不	如	死

074 설왕설래 說52往42說來70 말씀 설, 갈 왕, 말씀 설, 올 래

❶ **속뜻** 말[說]을 주거니[往] 말[說]을 받거니[來] 함.
　Giving[往] or receiving[來] arguments[說] for and against
　something.
❷ 옳고 그름을 따지느라 옥신각신함.
　Arguing back and forth to determine right from wrong.
　Ⓑ 言去言來(언거언래), 言往說來(언왕설래).

說	往	說	來	說	往	說	來

075 시시비비 是₄₂是₄₂非₄₂非₄₂ 옳을 시, 옳을 시, 아닐 비, 아닐 비

❶ **속뜻** 옳은[是] 것은 옳다고[是] 하고 그른[非] 것은 그르다고[非] 하는 일.
Saying that what is right[是] is right[是] and that what is
wrong[非] is wrong[非].

❷ 옳고 그름을 따지며 다툼. Arguing over right and wrong.

❸ 서로의 잘잘못. Each other's right or wrong.

是	是	非	非	是	是	非	非

076 시종여일 始₆₂終₅₀如₄₂一₈₀ 처음 시, 끝 종, 같을 여, 한 일

❶ **속뜻** 처음부터[始] 끝까지[終] 한결[一] 같음[如].
From the beginning[始] to the end[終] it remains the same[如]
as the first one[一].

❷ 처음부터 끝까지 변함이 없음.
No change exists from beginning to end.

始	終	如	一	始	終	如	一

077 신상필벌 信₆₂賞₅₀必₅₂罰₄₂ 믿을 신, 상줄 상, 반드시 필, 벌줄 벌

❶ **속뜻** 공이 있는 자에게는 믿을만하게[信] 상(賞)을 주고, 죄가 있는
사람에게는 반드시[必] 벌(罰)을 줌. Never failing[信] to reward[賞]
those who deserve merit and certainly[必] punish[罰] those who
are guilty.

❷ 상과 벌을 공정하고 엄중하게 하는 일을 이르는 말.
It is a metaphor for ensuring that rewards and punishments are fair
and strict.

信	賞	必	罰	信	賞	必	罰

078 실사구시 實₅₂事₇₂求₄₂是₄₂ 실제 실, 일 사, 구할 구, 옳을 시

❶ **속뜻** 실제(實際)의 사실[事]로부터 옳은[是] 것을 찾아냄[求].
Finding[求] the right[是] in the actual[實] facts[事].

❷ 사실에 토대를 두어 진리를 탐구하는 일.
Searching for truth based on facts.

❸ 정확한 고증을 바탕으로 하는 과학적·객관적인 학문 태도.
An academic attitude that is scientific, objective, and based on accurate historical evidence.

實	事	求	是	實	事	求	是

079 안빈낙도 安₇₂貧₄₂樂₆₂道₇₂ 편안할 안, 가난할 빈, 즐길 락, 길 도

❶ **속뜻** 가난함[貧]을 편안(便安)하게 여기며 사람의 도리(道理)를 즐겨[樂] 지킴. Being comfortable[安] with poverty[貧] and enjoying[樂] observing the laws[道] of humanity.

❷ 가난함에도 불구하고 사람의 도리를 잘 함.
Observing the laws of humanity well despite being poor.

安	貧	樂	道	安	貧	樂	道

080 안하무인 眼₄₂下₇₂無₅₀人₈₀ 눈 안, 아래 하, 없을 무, 사람 인

❶ **속뜻** 눈[眼] 아래[下]에 다른 사람[人]이 없는[無] 것으로 여김.
Considering that there are no[無] other people[人] below[下] the eyes[眼].

❷ 다른 사람을 업신여김.
Looking down on others.

眼	下	無	人	眼	下	無	人

081 약육강식 弱62肉42強60食72 약할 약, 고기 육, 굳셀 강, 먹을 식

❶ **속뜻** 약(弱)한 자의 살[肉]은 강(强)한 자의 먹이[食]가 됨.
The flesh[肉] of the weak[弱] becomes food[食] for the strong[强].
❷ 강한 자가 약한 자를 희생시켜서 번영함.
The strong prosper at the expense of the weak.
❸ 약한 자가 강한 자에 의하여 멸망됨.
The weak are destroyed by the strong.

弱	肉	強	食	弱	肉	強	食

082 어동육서 魚50東80肉42西80 물고기 어, 동녘 동, 고기 육, 서녘 서

❶ **속뜻** 생선[魚] 반찬은 동쪽[東]에 놓고 고기[肉] 반찬은 서쪽[西]에
놓음. Fish[魚] side dishes are placed in the east[東], and meat[肉]
side dishes are placed in the west[西].
❷ 제사상을 차릴 때, 반찬을 진설하는 위치를 일컬음.
It refers to the positions where the side dishes are laid out when
setting the table for ancestral rites.

魚	東	肉	西	魚	東	肉	西

083 언어도단 言60語70道72斷42 말씀 언, 말씀 어, 길 도, 끊을 단

❶ **속뜻** 말[言語]할 길[道]이 끊어짐[斷].
The way[道] to speak[言語] is cut off[斷].
❷ 어이가 없어서 말하려 해도 말할 수 없음.
It is so absurd that even if one tries to say it, it makes no sense.

言	語	道	斷	言	語	道	斷

46

084 여출일구 如42出70一80口70 같을 여, 날 출, 한 일, 입 구

❶ **속뜻** 한[一] 입[口]에서 나온[出] 것 같음[如]. Something seems[如] to have come[出] out of one's[一] mouth[口].

❷ 여러 사람이 하는 말이 한 사람의 말처럼 똑같음.
The words of many people are the same as those of one person.
Ⓑ 異口同聲(이구동성).

如	出	一	口	如	出	一	口

085 연전연승 連42戰62連42勝60 이을 련, 싸움 전, 이을 련, 이길 승

❶ **속뜻** 연(連)이은 싸움[戰]에 연(連)이어 이김[勝].
Successive[連] wining[勝] in successive[連] battles[戰].

❷ 싸울 때마다 계속하여 이김.
Winning every battle one fights.
Ⓑ 連戰連捷(연전연첩).

連	戰	連	勝	連	戰	連	勝

086 온고지신 溫60故42知52新62 익힐 온, 옛 고, 알 지, 새 신

❶ **속뜻** 옛 것[故]을 익혀서[溫] 새 것[新]을 앎[知].
Reviewing[溫] the old[故] to know[知] the new[新].

❷ 옛 것을 익혀서 새 것을 잘 앎.
Learning the old and knowing the new.

溫	故	知	新	溫	故	知	新

087 우왕좌왕 右₇₂往₄₂左₇₂往₄₂ 오른 우, 갈 왕, 왼 좌, 갈 왕

❶ **속뜻** 오른쪽[右]으로 갔다[往]가 다시 왼쪽[左]으로 갔다[往]함.
Going[往] to the right[右] and then going[往] to the left[左] again.
❷ 이리저리 왔다 갔다 하며 나아갈 바를 종잡지 못하는 모양.
Wandering back and forth, not knowing where to go.

右 往 左 往 右 往 左 往

088 우이독경 牛₅₀耳₅₀讀₆₂經₄₂ 소 우, 귀 이, 읽을 독, 책 경

❶ **속뜻** 쇠[牛]의 귀[耳]에 대고 책[經]을 읽어[讀]줌.
Reading[讀] the scripture[經] to the ears[耳] of a cow[牛].
❷ 아무리 가르치고 일러 주어도 알아듣지 못함.
No matter how much one is taught and told, they do not understand.
㉫ 牛耳誦經(우이송경), 馬耳東風(마이동풍).

牛 耳 讀 經 牛 耳 讀 經

089 유비무환 有₇₀備₄₂無₅₀患₅₀ 있을 유, 갖출 비, 없을 무, 근심 환

❶ **속뜻** 미리 대비[備]가 되어 있으면[有] 근심거리[患]가 없게[無] 됨.
If one is[有] prepared[備], there is nothing[無] to worry[患] about.
❷ 나중에 후회하는 것보다 미리 대비하는 것이 좋음.
It is better to be prepared now than to be sorry later.

有 備 無 患 有 備 無 患

090 이열치열 以熱治熱 써 이, 더울 열, 다스릴 치, 더울 열

❶ **속뜻** 열(熱)로써[以] 열(熱)을 다스림[治].
Fighting[治] heat[熱] with[以] heat[熱].

❷ '힘에는 힘으로', '강한 것에는 강한 것으로 상대함'을 비유하는 말.
It is a metaphor for 'meeting force with force' and 'dealing with the strong with the strong'.

以	熱	治	熱	以	熱	治	熱

091 인과응보 因果應報 까닭 인, 열매 과, 응할 응, 갚을 보

❶ **속뜻** 원인(原因)에 대한 결과(結果)가 마땅히[應] 갚아짐[報].
The cause[因] should[應] be paid back[報] with the result[果].

❷ **불교** 과거 또는 전생에 지은 일에 대한 결과로, 뒷날의 길흉화복(吉凶禍福)이 주어짐. Good or bad luck, fortunes or misfortunes in the future are given as a result of things done in the past or previous lives.

因	果	應	報	因	果	應	報

092 인사유명 人死留名 사람 인, 죽을 사, 머무를 류, 이름 명

❶ **속뜻** 사람[人]은 죽어도[死] 이름[名]은 남음[留].
Even if a person[人] dies[死], the name[名] remains[留].

❷ 삶이 헛되지 않으면 그 명성은 길이 남음.
If one's life is not in vain, fame will remain.
ⓑ 豹死留皮(표사유피), 虎死留皮(호사유피).

人	死	留	名	人	死	留	名

093 일거양득 一擧兩得 한 일, 들 거, 둘 량, 얻을 득

❶ **속뜻** 한[一] 가지를 들어[擧] 두[兩] 가지를 얻음[得].
　Getting[得] two[兩] things with one[一] action[擧].
❷ 한 번의 노력으로 두 가지 효과를 거둠.
　Obtaining two effects with one effort.
　비 一石二鳥(일석이조).

一	擧	兩	得	一	擧	兩	得

094 일맥상통 一脈相通 한 일, 맥 맥, 서로 상, 통할 통

❶ **속뜻** 한[一] 가지[脈]로 서로[相] 통(通)함.
　Having one[一] vein[脈] that is common[通] to each other[相].
❷ 어떤 상태, 성질 따위가 서로 통하거나 비슷해짐.
　A certain state or quality of being common with or similar to each
　other.

一	脈	相	通	一	脈	相	通

095 일석이조 一石二鳥 한 일, 돌 석, 두 이, 새 조

❶ **속뜻** 하나[一]의 돌[石]로 두[二] 마리의 새[鳥]를 잡음.
　Catching two[二] birds[鳥] with one[一] stone[石].
❷ 한 번의 노력으로 여러 효과를 얻음.
　Obtaining multiple effects with one effort.
　비 一擧兩得(일거양득).

一	石	二	鳥	一	石	二	鳥

50

096 일언반구 一₈₀言₆₀半₆₂句₄₂ 한 일, 말씀 언, 반 반, 글귀 구

❶ **속뜻** 한[一] 마디 말[言]과 반(半) 구절(句節)의 글.
One[一] word[言] and half[半] phrase[句] of writing .
❷ 아주 짧은 글이나 말.
A very short text or speech.

一	言	半	句	一	言	半	句

097 일의대수 一₈₀衣₆₀帶₄₂水₈₀ 한 일, 옷 의, 띠 대, 물 수

❶ **속뜻** 한[一] 줄기의 띠[衣帶]와 같이 좁은 강물[水].
A[一] narrow river[水] like a dress strip[衣帶].
❷ 겨우 냇물 하나를 사이에 둔 가까운 이웃.
Close neighbors across only a stream.
　　㊎ 指呼之間(지호지간).

一	衣	帶	水	一	衣	帶	水

098 일취월장 日₈₀就₄₀月₈₀將₄₂ 날 일, 이룰 취, 달 월, 나아갈 장

❶ **속뜻** 날[日]마다 뜻을 이루고[就] 달[月]마다 나아감[將].
Making achievement[就] day after day[日] and progress[將]
month after month[月].
❷ 발전이 빠르고 성취가 많음. Progress is fast and achievements are high.
　　㊎ 日將月就(일장월취).

日	就	月	將	日	就	月	將

099 일파만파 一80波42萬80波42 한 일, 물결 파, 일만 만, 물결 파

❶ **속뜻** 하나[一]의 물결[波]이 많은[萬] 물결[波]을 일으킴.
One[一] wave[波] causes many[萬] waves[波].
❷ 한 사건으로 인하여 다른 사건이 잇달아 생기거나 번짐.
One event can cause the occurrence or spread of many successive events.

一 波 萬 波 一 波 萬 波

100 자업자득 自72業62自72得42 스스로 자, 일 업, 스스로 자, 얻을 득

❶ **속뜻** 자기(自己)가 저지른 일의 업(業)을 자신(自身)이 받음[得].
Receiving[得] the karma[業] by oneself[自] for what one[自] has done in the past.
❷ 자기의 잘못에 대한 벌을 자신이 받음.
Being punished for one's own mistakes. ㉫ 自業自縛(자업자박).

自 業 自 得 自 業 自 得

101 자초지종 自72初50至42終40 부터 자, 처음 초, 이를 지, 끝 종

❶ **속뜻** 처음[初]부터[自] 끝[終]까지 이름[至].
From[自] the beginning[初] to[至] the end[終].
❷ 처음부터 끝까지 모든 과정.
The whole process from beginning to end.
㉫ 自頭至尾(자두지미).

自 初 至 終 自 初 至 終

52

102 자강불식 自$_{72}$強$_{60}$不$_{72}$息$_{42}$ 스스로 자, 군셀 강, 아니 불, 쉴 식

❶ **속뜻** 스스로[自] 군세게[強] 되기 위하여 쉬지[息] 않고[不] 노력함.
　　Endeavoring by oneself[自] ceaselessly[不息] to become strong[強].
❷ 게으름을 피지 않고 스스로 열심히 노력함.
　　Working hard by oneself without being lazy.

自	強	不	息	自	強	不	息

103 조족지혈 鳥$_{42}$足$_{72}$之$_{32}$血$_{42}$ 새 조, 발 족, 어조사 지, 피 혈

❶ **속뜻** 새[鳥] 발[足]의[之] 피[血].
　　Blood[血] coming out from[之] the feet[足] of a bird[鳥].
❷ '매우 적은 분량'을 비유하여 이르는 말.
　　A word used to describe 'a very small amount'.

鳥	足	之	血	鳥	足	之	血

104 종두득두 種$_{52}$豆$_{42}$得$_{42}$豆$_{42}$ 심을 종, 콩 두, 얻을 득, 콩 두

❶ **속뜻** 콩[豆]을 심으면[種] 콩[頭]을 얻음[得].
　　If you plant[種] beans[豆], you get[得] beans[頭].
❷ 원인이 같으면 결과도 같음.
　　If the cause is the same, the effect will be the same.

種	豆	得	豆	種	豆	得	豆

105 죽마고우 竹42馬50故42友52 대나무 죽, 말 마, 옛 고, 벗 우

❶ [속뜻] 대나무[竹]로 만든 말[馬]을 타며 놀던 옛[故] 친구[友].
Longtime[故] friends[友] who played together riding a horse[馬]
made of bamboo[竹].

❷ 어릴 때부터 함께 놀며 자란 벗. Friends who grew up playing together
since childhood. ⑪ 竹馬之友(죽마지우).

竹	馬	故	友	竹	馬	故	友

106 중구난방 衆42口70難42防42 무리 중, 입 구, 어려울 난, 막을 방

❶ [속뜻] 여러 사람[衆]의 입[口]을 막기[防] 어려움[難].
The mouths[口] of many people[衆] are difficult[難] to block[防].

❷ 많은 사람들이 떠들어대는 것은 막기 어려움.
It is hard to stop many people from talking.

衆	口	難	防	衆	口	難	防

107 지성감천 至42誠感60天70 이를 지, 진심 성, 느낄 감, 하늘 천

❶ [속뜻] 지극(至極)한 정성(精誠)이 있으면 하늘[天]도 감동(感動)함.
If one has the utmost[至] sincerity[誠], even the heaven[天] will be
moved[感].

❷ 지극 정성으로 일을 하면 남들이 도와줌.
If one works with utmost sincerity, others will help.

至	誠	感	天	至	誠	感	天

108 진퇴양난 進退兩難 나아갈 진, 물러날 퇴, 두 량, 어려울 난

❶ 속뜻 앞으로 나아가기[進]와 뒤로 물러나기[退]가 둘[兩] 다 모두 어려움[難]. A situation where both[兩] going forward[進] and stepping back[退] are difficult[難].

❷ 어찌할 수 없는 곤란한 처지에 놓임. Being in a difficult situation where nothing can be done. **⑪** 進退維谷(진퇴유곡).

進 退 兩 難　進 退 兩 難

109 천인공노 天人共怒 하늘 천, 사람 인, 함께 공, 성낼 노

❶ 속뜻 하늘[天]과 사람[人]이 함께[共] 성냄[怒].
Heaven[天] and man[人] are commonly[共] angry[怒].

❷ 누구나 분노를 참을 수 없을 만큼 증오스러움. Being so hateful that no one can suppress their anger. **❸** 도저히 용납될 수 없음. Being absolutely unforgivable. **⑪** 神人共怒(신인공노).

天 人 共 怒　天 人 共 怒

110 촌철살인 寸鐵殺人 마디 촌, 쇠 철, 죽일 살, 사람 인

❶ 속뜻 한 치[寸]의 쇠붙이[鐵]만으로도 사람[人]을 죽일[殺] 수 있음.
Killing[殺] a person[人] with only one short[寸] piece of iron[鐵].

❷ 짧은 경구(警句)로 사람의 마음을 감동시킴.
Touching people's hearts with short phrases.

寸 鐵 殺 人　寸 鐵 殺 人

111 출장입상 出₇₀將₄₂入₇₀相₅₂ 날 출, 장수 장, 들 입, 재상 상

❶ **속뜻** 전쟁에 나가서는[出] 장수(將帥)가 되고 조정에 들어와서는[入] 재상(宰相)이 됨.

When one goes[出] to war, he becomes a general[將], and when he enters[入] the court, he becomes a prime minister[相].

❷ 문무(文武)를 겸비하여 장상(將相)의 벼슬을 모두 지냄.

The person, proficient in both literary and martial arts, holds government posts in both civil and military sectors.

出	將	入	相	出	將	入	相

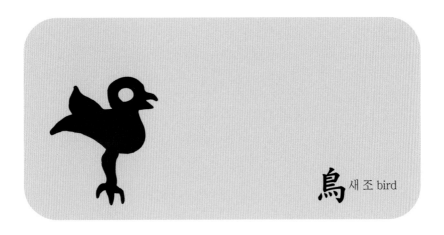

鳥 새 조 bird

112 충언역이 忠₄₂言₆₀逆₄₂耳₅₀ 충성 충, 말씀 언, 거스를 역, 귀 이

❶ **속뜻** 충성(忠誠)스러운 말[言]은 귀[耳]에 거슬림[逆].

Loyal[忠] words[言] are annoying[逆] to the ear[耳].

❷ 바르게 타이르는 말일수록 듣기 거북함.

The more advisory a word is, the harder it is to hear.

비 忠言逆於耳(충언역어이), 良藥苦於口(양약고어구).

忠	言	逆	耳	忠	言	逆	耳

113 탁상공론 卓₅₀上₇₂空₇₂論₄₂ 탁자 탁, 위 상, 빌 공, 논할 론

❶ **속뜻** 탁자(卓子) 위[上]에서만 펼치는 헛된[空] 이론(理論).
A vain[空] theory[論] that is only unfolded on[上] top of a table[卓].

❷ 실현 가능성이 없는 이론이나 주장.
A theory or claim that is not feasible.
　　ⓑ 机上空論(궤상공론).

114 풍전등화 風₆₂前₇₂燈₄₂火₈₀ 바람 풍, 앞 전, 등불 등, 불 화

❶ **속뜻** 바람[風] 앞[前]의 등불[燈火]. The lamplight[燈火] in front[前]
of the wind[風].

❷ '매우 위험한 처지에 놓여 있음'을 비유하여 이르는 말.
A metaphor for 'being in a very dangerous situation'.

❸ '사물이 덧없음'을 비유하여 이르는 말.
A metaphor for 'the fact that things are transient'.
　　ⓑ 風前燈燭(풍전등촉).

115 호의호식 好₄₂衣₆₀好₄₂食₇₂ 좋을 호, 옷 의, 좋을 호, 밥 식

❶ **속뜻** 좋은[好] 옷[衣]을 입고 좋은[好] 음식(飮食)을 먹음.
Wearing good[好] clothes[衣] and eating good[好] food[食].

❷ 잘 입고 잘 먹음. 또는 그런 생활.
A life of dressing well and eating well, or a life similar to that.
　　ⓑ 惡衣惡食(악의악식).

116 각골통한 **刻₄₀骨₄₀痛₄₀恨₄₀** 새길 각, 뼈 골, 아플 통, 한할 한

❶ **속뜻** 뼈[骨]에 새겨지도록[刻] 아픈[痛] 원한(怨恨).
A kind of bitter[痛] hatred[恨] engraved[刻] in the bones[骨].
❷ 뼈에 사무치는 깊은 원한.
A bitter grudge.
⑪ 刻骨之痛(각골지통).

刻	骨	痛	恨	刻	骨	痛	恨

117 감불생심 **敢₄₀不₇₂生₈₀心₇₀** 감히 감, 아닐 불, 날 생, 마음 심

❶ **속뜻** 감히[敢] 마음[心]을 내지[生] 못함[不].
Not[不] daring[敢] to think[心] of doing[生] anything.
❷ 조금도 마음에 두지 않음. Not daring to think any more.
⑪ 焉敢生心(언감생심).

敢	不	生	心	敢	不	生	心

118 감언이설 **甘₄₀言₆₀利₆₂說₅₂** 달 감, 말씀 언, 이로울 리, 말씀 설

❶ **속뜻** 달콤한[甘] 말[言]과 이로운[利] 말[說].
Sweet[甘] words[言] and seductive[利] talk[說].
❷ 남의 비위를 맞추는 달콤한 말과 이로운 조건만 들어 그럴듯하게 꾸미는 말.
A plausible lie with sweet words only in favorable conditions.

甘	言	利	說	甘	言	利	說

119 거안사위 居40**安**72**思**50**危**40 살 거, 편안할 안, 생각 사, 두려울 위

❶ **속뜻** 편안(便安)하게 살[居] 때 앞으로 닥칠 위험(危險)을 미리 생각함[思].
Thinking[思] in advance of the dangers[危] to come while
living[居] a comfortabe[安] life.
❷ 미래의 일이나 위험을 미리 대비함.
Preparing for future events or dangers in advance.

居	安	思	危	居	安	思	危

120 경천근민 敬52**天**70**勤**40**民**80 공경할 경, 하늘 천, 부지런할 근, 백성 민

❶ **속뜻** 하늘[天]을 공경(恭敬)하고 백성[民]을 위한 일을 부지런히[勤] 힘씀.
Respecting[敬] heaven[天] and working diligently[勤] for the
people[民].
❷ 하늘이 부여한 사명을 경건하게 받아들이고 백성을 위하여 부지런히 노력함.
Reverently accepting the mission given by heaven and diligently
working for the people.

敬	天	勤	民	敬	天	勤	民

121 경천동지 驚40**天**70**動**72**地**70 놀랄 경, 하늘 천, 움직일 동, 땅 지

❶ **속뜻** 하늘[天]이 놀라고[驚] 땅[地]이 움직임[動].
Heaven[天] is startled[驚] and the earth[地] moves[動].
❷ 세상이 몹시 놀라거나 기적 같은 일이 발생함을 이르는 말.
The term is used to indicate something that truely surprises the
world, or an event that is regarded as miraculous.

驚	天	動	地	驚	天	動	地

122 계란유골 鷄卵有骨 닭 계, 알 란, 있을 유, 뼈 골

❶ **속뜻** 청렴하기로 소문난 정승이 선물로 받은 달걀[鷄卵]에 뼈[骨]가 있었음[有]. The eggs[鷄卵] given as a present to a prime minister who was famous for his integrity, had[有] bones[骨].

❷ '운수가 나쁜 사람은 모처럼 좋은 기회를 만나도 역시 일이 잘 안됨'을 비유하여 이르는 말. It is a metaphor for 'the fact that even if a person with bad luck has a good opportunity, things will not go well'.

故事 조선시대 청렴하기로 소문난 황희 정승은 평소에 여벌옷이 없어서 옷이 빨리 마르기를 기다릴 정도였다. 이를 잘 아는 세종대왕은 하루 날을 잡아 그날 사대문 안으로 들어오는 모든 물품을 황희 정승에게 보내라고 명했다. 그런데 그날따라 하필 비바람이 몰아쳐 사대문 안으로 들어오는 장사꾼이 아무도 없었다. 도성 문이 닫힐 무렵 어느 노인이 계란 한 꾸러미를 들고 들어왔다. 황희 정승이 그것을 받아보니 모두 곯아 있어서 먹을 수가 없었다.

The Prime Minister Hwang-hee in the period of Chosun Dynasty period, known for his integrity, usually had no spare clothes to the extent that he desired quick drying of his clothes after washing. King Sejong, who was well aware of the poverty, selected a day and ordered that all goods entering the city through the four main gates on that specific day be sent to Prime Minister Hwang-hee. However, on that rainy and windy day, no merchants entered the city through the four main gates. An old man carrying a package of eggs entered the city just as the city gates were about to be closed. When Prime Minister Hwang-hee received them, they were all spoiled and not edible.

鷄 卵 有 骨 鷄 卵 有 骨

123 고립무원 孤立無援 외로울 고, 설 립, 없을 무, 도울 원

❶ **속뜻** 고립(孤立)되어 도움[援]을 받을 데가 없음[無]. Being isolated[孤立] and having nowhere[無] to get help[援].

❷ 홀로 외톨이가 됨. Being left alone.

孤 立 無 援 孤 立 無 援

124 고진감래 苦60盡40甘40來70 쓸고, 다할진, 달감, 올래

❶ **속뜻** 쓴[苦] 것이 다하면[盡] 단[甘] 것이 옴[來].
When the bitter[苦] runs out[盡], the sweet[甘] comes[來].
❷ 고생 끝에 즐거운 일이 생김.
At the end of the hard work, a joyful occasion occurred.
Ⓑ 興盡悲來(흥진비래).

苦	盡	甘	來	苦	盡	甘	來

125 골육상잔 骨40肉42相52殘40 뼈골, 고기육, 서로상, 해칠잔

❶ **속뜻** 부자(父子)나 형제 등 혈연관계[骨肉]에 있는 사람끼리 서로[相]
해치며[殘] 싸우는 일. People who are related by blood[骨肉], such
as a father and son or brothers, fight and harm[殘] one another[相].
❷ 같은 민족끼리 해치며 싸우는 일. Fighting and harming one's own
people. Ⓑ 骨肉相爭(골육상쟁), 骨肉相戰(골육상전).

骨	肉	相	殘	骨	肉	相	殘

126 구절양장 九80折40羊42腸40 아홉구, 꺾일절, 양양, 창자장

❶ **속뜻** 아홉[九] 번 꼬부라진[折] 양(羊)의 창자[腸].
Sheep[羊] intestines[腸] twisted[折] nine[九] times.
❷ '꼬불꼬불하며 험한 산길'을 비유하여 이르는 말.
It is a metaphor for 'a winding and steep mountain road'.

九	折	羊	腸	九	折	羊	腸

127 군신유의 君臣有義 임금 군, 신하 신, 있을 유, 옳을 의

❶ **속뜻** 임금[君]과 신하(臣下) 간에는 의리(義理)가 있어야[有] 함.
There must be[有] a sense of loyalty[義] between the king[君]
and his subjects[臣].

❷ 임금과 신하 사이의 도리는 의리에 있음. 오륜(五倫)의 하나.
The duty between a king and his subjects is loyalty, which is one
of the five ethical principles.

君 臣 有 義 君 臣 有 義

128 근주자적 近朱者赤 가까울 근, 붉을 주, 사람 자, 붉을 적

❶ **속뜻** 붉은[朱] 것을 가까이[近] 하는 사람[者]은 붉게[赤] 됨.
A person[者] who approaches[近] something red[朱] becomes red[赤].

❷ 사람은 그가 늘 가까이하는 사람에 따라 영향을 받아 변하는 것이니
조심하라는 말. A cautionary statement that a person is constantly
influenced and shaped by the individuals who are close to them.

近 朱 者 赤 近 朱 者 赤

129 금과옥조 金科玉條 쇠 금, 법 과, 구슬 옥, 조목 조

❶ **속뜻** 금(金)이나 옥(玉) 같은 법률의 조목[科]과 조항[條]. Articles[科]
and provisions[條] of laws that are valued like gold[金] or jade[玉].

❷ 소중히 여기고 꼭 지켜야 할 법률이나 규정. 또는 절대적인 것으로
여기어 지키는 규칙이나 교훈. A valued law or regulation must be
followed, or an absolute rule or precept must be observed.

金 科 玉 條 金 科 玉 條

130 기상천외 奇40想42天70外80 이상할 기, 생각할 상, 하늘 천, 밖 외

❶ **속뜻** 기이(奇異)한 생각[想]이 하늘[天] 밖[外]에 이름.
A strange[奇] thought[想] that reached outside[外] heaven[天].
❷ 상상할 수 없을 만큼 생각이 기발하고 엉뚱함.
An idea that is ingenious and whimsical beyond imagination.

奇	想	天	外	奇	想	天	外

131 낙락장송 落50落50長80松40 떨어질 락, 떨어질 락, 길 장, 소나무 송

❶ **속뜻** 가지가 축축 늘어질[落落] 정도로 키가 큰[長] 소나무[松].
A big[長] pine[松] tree so tall that its branches hang down[落落].
❷ 매우 크고 우뚝하게 잘 자란 소나무.
A tall and upright pine tree that has grown well.

落	落	長	松	落	落	長	松

132 난공불락 難42攻40不72落50 어려울 난, 칠 공, 아닐 불, 떨어질 락

❶ **속뜻** 공격(攻擊)하기가 어려워[難] 좀처럼 함락(陷落)되지 아니함[不].
It has not[不] been fallen(陷落) because it is difficult[難] to be attacked[攻].
❷ 공격하여 무너뜨리기 어려울 만큼 수비가 철저함. The defense is so strong that it is difficult to break down by attack.

難	攻	不	落	難	攻	不	落

133 난신적자 亂[40]臣[52]賊[40]子[72] 어지러울 란, 신하 신, 해칠 적, 아들 자

❶ 속뜻 나라를 어지럽히는[亂] 신하(臣下)와 어버이를 해치는[賊] 자식[子]. A subject[臣] who disturbs[亂] the country and a son[子] who harms[賊] his parents.

❷ 못된 신하나 망나니 자식.
A wicked subject or a bad son.

亂 臣 賊 子 亂 臣 賊 子

134 대경실색 大[80]驚[40]失[60]色[70] 큰 대, 놀랄 경, 잃을 실, 빛 색

❶ 속뜻 크게[大] 놀라[驚] 얼굴빛[色]이 제 모습을 잃음[失].
Being greatly[大] surprised[驚], the face loses[失] its color[色].

❷ 얼굴이 하얗게 변할 정도로 크게 놀람.
Being extremely surprised causes one's face to turn white.

大 驚 失 色 大 驚 失 色

135 대동소이 大[80]同[70]小[80]異[40] 큰 대, 같을 동, 작을 소, 다를 이

❶ 속뜻 대체(大體)로 같고[同] 조금[小]만 다름[異].
Generally[大] similar[同] and only slightly[小] different[異].

❷ 서로 큰 차이 없이 비슷비슷함.
Similar to each other with no big differences.

大 同 小 異 大 同 小 異

136 만시지탄 晚[32]時[72]之[32]歎[40] 늦을 만, 때 시, 어조사 지, 한숨지을 탄

❶ **속뜻** 시기(時期)가 뒤늦었음[晚]을 원통해 하는 탄식(歎息).
A sigh of resentment[歎] that the timing[時] is late[晚].
❷ 적절한 때를 놓친 것에 대한 한탄.
A lament for missing the right time.
Ⓑ 後時之歎(후시지탄).

晚	時	之	歎	晚	時	之	歎

137 명경지수 明[62]鏡[40]止[50]水[80] 밝을 명, 거울 경, 그칠 지, 물 수

❶ **속뜻** 밝은[明] 거울[鏡]이 될 만큼 고요하게 멈추어[止] 있는 물[水].
Water[水] that has stopped[止] and is still enough to become a bright[明] mirror[鏡].
❷ 맑고 고요한 심경(心境).
A clear and calm mind.

明	鏡	止	水	明	鏡	止	水

138 목불식정 目[60]不[72]識[52]丁[40] 눈 목, 아닐 불, 알 식, 고무래 정

❶ **속뜻** 아주 쉬운 '고무래 정'[丁]자도 눈[目]으로 알아보지[識] 못함[不].
Seeing the rake[丁] with the eyes[目], one cannot[不] recognize[識] even very easy Hanja.
❷ 한자를 전혀 모름. 또는 그런 무식한 사람.
Not knowing Hanja at all or such an ignorant person.
Ⓑ 不識一丁字(불식일정자), 目不知書(목부지서).

目	不	識	丁	目	不	識	丁

139 무위도식 無50爲42徒40食72 없을 무, 할 위, 헛될 도, 먹을 식

❶ **속뜻** 하는[爲] 일이 없이[無] 헛되이[徒] 먹기[食]만 함.
Doing[爲] nothing[無] but eating[食] in vain[徒].

❷ 일은 하지 않고 공밥만 먹음.
Not working and eating for free.
  ㉑ 遊手徒食(유수도식).

無	爲	徒	食	無	爲	徒	食

140 미사여구 美60辭40麗42句42 아름다울 미, 말 사, 고울 려, 글귀 구

❶ **속뜻** 아름답게[美] 꾸민 말[辭]과 아름다운[麗] 문구(文句).
Flowery[美] words[辭] and overelaborated[麗] sentences[句].

❷ 내용은 없으면서 형식만 좋은 말. 또는 그런 표현.
Well-modified words that have no meaningful content, or an
expression of that nature.

美	辭	麗	句	美	辭	麗	句

141 박람강기 博42覽40強60記72 넓을 박, 볼 람, 굳셀 강, 기록할 기

❶ **속뜻** 책을 널리[博] 많이 보고[覽] 잘[強] 기억(記憶)함.
Reading[覽] books widely[博] and remembering[記] the contents
well[強]. ❷ 독서를 많이 하여 아는 것이 많음.
Being very knowledgeable through reading many books.
  ㉑ 博學多識(박학다식).

博	覽	強	記	博	覽	強	記

142 백가쟁명 百70家72爭50鳴40 일백 백, 사람 가, 다툴 쟁, 울 명

❶ **속뜻** 많은[百] 사람들[家]이 다투어[爭] 울어댐[鳴].
Many[百] people[家] quarrelling[爭] and crying[鳴].
❷ 많은 학자나 문화인 등이 자기의 학설이나 주장을 자유롭게 발표, 논쟁,
토론하는 일. Many scholars or cultural figures offer free presentations,
debates, or discussions of their theories or arguments.

百	家	爭	鳴	百	家	爭	鳴

143 백절불굴 百70折40不72屈40 일백 백, 꺾을 절, 아닐 불, 굽을 굴

❶ **속뜻** 백(百) 번 꺾여도[折] 굽히지[屈] 않음[不].
Not[不] yielding[屈] even though bending[折] a hundred times[百].
❷ 어떠한 어려움에도 굽히지 않음. Unyielding to any difficulties.
   ㉫ 百折不撓(백절불요).

百	折	不	屈	百	折	不	屈

144 사필귀정 事72必52歸40正72 일 사, 반드시 필, 돌아갈 귀, 바를 정

❶ **속뜻** 모든 일[事]은 반드시[必] 바른[正] 길로 돌아감[歸].
All things[事] must[必] return[歸] to the right[正] path.
❷ 옳은 것이 결국에는 이김.
What is right wins in the end.

事	必	歸	正	事	必	歸	正

145 살신성인 殺身成仁 죽일 살, 몸 신, 이룰 성, 어질 인

❶ **속뜻** 스스로 몸[身]을 죽여[殺] 어진 일[仁]을 이룸[成].
Sacrificing oneself[殺身]to achieve[成] benevolence[仁].

❷ 옳은 일을 위하여 자기 몸을 바침.
Sacrificing oneself for what is right.

殺	身	成	仁	殺	身	成	仁

146 선공후사 先公後私 먼저 선, 여럿 공, 뒤 후, 사사로울 사

❶ **속뜻** 공(公)적인 일을 먼저[先] 하고 사사로운[私] 일은 뒤[後]로 미룸.
Doing public[公] work first[先] and doing personal[私] work later[後].

❷ 자기 일은 뒤로 미루고 공적인 일을 먼저 함.
Putting off one's own work to do public work first.

先	公	後	私	先	公	後	私

147 송구영신 送舊迎新 보낼 송, 옛 구, 맞이할 영, 새 신

❶ **속뜻** 묵은해[舊]를 보내고[送] 새해[新]를 맞이함[迎].
Saying goodbye[送] to the old[舊] year and welcoming[迎] the new[新] year.

❷ 새로운 마음으로 새해를 맞이함.
Greeting the new year with a fresh mind. 㽄 送迎(송영).

送	舊	迎	新	送	舊	迎	新

148 신언서판 身言書判 몸 신, 말씀 언, 쓸 서, 판가름할 판

❶ **속뜻** 중국 당나라 때 관리를 등용하는 시험에서 인물평가의 기준으로
삼았던 몸가짐[身]·말씨[言]·글씨[書]·판단(判斷), 이상 네 가지.
During the Tang dynasty of China, four criteria were used for
character evaluation in the selection of government officials:
posture[身], speech[言], handwriting[書], and judgment[判].

❷ 인물을 선택하는 데 적용한 네 가지 조건: 신수, 말씨, 문필, 판단력 출처:『唐書』
Four criteria applied to selecting a person: appearance, speech,
handwriting, and judgment. Source: *Tangseo*

149 악전고투 惡戰苦鬪 나쁠 악, 싸울 전, 쓸 고, 싸울 투

❶ **속뜻** 매우 열악(劣惡)한 조건에서 고생스럽게[苦] 싸움[戰鬪].
Fighting[鬪] desperately[苦] in the very poor[惡] conditions[戰].

❷ 어려운 여건에서도 힘써 노력함.
Working hard even in difficult circumstances.

戒 경계할 계 be on guard

150 약방감초 藥房甘草 약 약, 방 방, 달 감, 풀 초

❶ **속뜻** 한약방(韓藥房)에서 어떤 처방이나 다 들어가는 감초(甘草).
Licorice[甘草], which is used in all prescriptions at a herbal
medicine pharmacy[藥房].

❷ '모임마다 불쑥불쑥 잘 나타나는 사람', 또는 '흔하게 보이는 물건'을
비유하여 이르는 말.
A metaphor for 'a person who appears at every meeting' or 'a
common thing'.

藥	房	甘	草	藥	房	甘	草

151 언중유골 言中有骨 말씀 언, 가운데 중, 있을 유, 뼈 골

❶ **속뜻** 말[言] 가운데[中]에 뼈[骨]가 있음[有].
There is[有] a bone[骨] in the middle[中] of words[言].

❷ 예사로운 말 속에 깊은 속뜻이 들어 있음.
There is a deep inner meaning in ordinary words.

言	中	有	骨	言	中	有	骨

152 여필종부 女必從夫 여자 녀, 반드시 필, 좇을 종, 지아비 부

❶ **속뜻** 아내[女]는 반드시[必] 남편[夫]을 따라야 함[從].
A wife[女] must[必] follow[從] her husband[夫].

❷ 아내는 남편의 의견을 잘 따라야 함.
A wife must follow her husband's opinions.

女	必	從	夫	女	必	從	夫

153 연목구어 緣40木80求42魚50 좇을 연, 나무 목, 구할 구, 물고기 어

❶ **속뜻** 나무[木]에 올라가서[緣] 물고기[魚]를 구(求)하려 함.
   Climbing[緣] a tree[木] to get[求] a fish[魚].
❷ '도저히 불가능한 일을 하려 함'을 비유하여 이르는 말. 출처: 『孟子』
   A metaphor for 'trying to do something absolutely impossible'.
   Source: *Mengja* ㉑ 上山求魚(상산구어).

緣　木　求　魚　緣　木　求　魚

154 오곡백과 五80穀40百70果62 다섯 오, 곡식 곡, 일백 백, 열매 과

❶ **속뜻** 다섯[五] 가지 곡식(穀食)과 백(百)가지 과일[果].
   Five[五] kinds of grains[穀] and a hundred[百] kinds of fruit[果].
❷ 여러 종류의 곡식과 과일에 대한 총칭.
   A collective term for many kinds of grains and fruits.

五　穀　百　果　五　穀　百　果

155 옥골선풍 玉42骨40仙52風62 옥 옥, 뼈 골, 신선 선, 모습 풍

❶ **속뜻** 옥(玉) 같이 귀한 골격(骨格)과 신선(神仙) 같은 풍채(風采).
   A skeleton[骨] as precious as jade[玉] and an appearance[風采]
   like a legendary hermit[仙].
❷ 귀티가 나고 신선 같이 깔끔한 풍채.
   A noble and decent appearance like a hermit.

玉　骨　仙　風　玉　骨　仙　風

156 위기일발 危機一髮 ₄₀₄₀₈₀₄₀ 위태할 위, 때 기, 한 일, 터럭 발

❶ **속뜻** 머리털[髮] 하나[一]에 매달려 있어 곧 떨어질 것 같은 위기(危機).
Being in a dangerous[危] situation[機] of hanging by a single[一]
hair[髮] that is about to be cut.

❷ '당장에라도 끊어질듯 한 위태로운 순간'을 형용하는 말.
A word that describes 'a dangerous moment when something can
be cut very soon'. ⑪ 危如一髮(위여일발).

危	機	一	髮	危	機	一	髮

157 유유상종 類類相從 ₅₂₅₂₅₂₄₀ 비슷할 류, 무리 류, 서로 상, 좇을 종

❶ **속뜻** 비슷한[類] 종류(種類)끼리 서로[相] 친하게 따름[從].
Similar[類] types[種類] of characters follow[從] each other[相]
closely.

❷ 비슷한 사람들끼리 서로 친하게 지냄.
People who have similar characters are familiar with one another.

類	類	相	從	類	類	相	從

158 이구동성 異口同聲 ₄₀₇₀₇₀₄₂ 다를 이, 입 구, 같을 동, 소리 성

❶ **속뜻** 각기 다른[異] 입[口]에서 같은[同] 소리[聲]를 냄.
The unanimous[同] voice[聲] is made from different[異] mouths[口].

❷ 여러 사람의 말이 한결같음.
Many people say with the same voice.
⑪ 異口同音(이구동음)

異	口	同	聲	異	口	同	聲

159 이란격석 以$_{52}$**卵**$_{40}$**擊**$_{40}$**石**$_{60}$ 으로 이, 알 란, 칠 격, 돌 석

❶ **속뜻** 계란(鷄卵)으로[以] 돌[石]을 침[擊].
Striking[擊] a stone[石] with[以] an egg(鷄卵).

❷ '아무리 하여도 소용없는 일'을 비유하는 말.
It is a metaphor for 'something that cannot be accomplished, no matter how much effort is made'.

以 卵 擊 石 以 卵 擊 石

160 이용후생 利$_{62}$**用**$_{62}$**厚**$_{40}$**生**$_{80}$ 이로울 리, 쓸 용, 두터울 후, 살 생

❶ **속뜻** 기구를 편리(便利)하게 잘 쓰고[用] 먹을 것과 입을 것을 넉넉하게 [厚] 하여 삶[生]의 질을 개선함. Improving[厚] the quality of life[生] by using[用] equipment conveniently[利] and ensuring an abundant supply of food and clothing.

❷ 국민의 생활을 개선함. Improving public welfare.

利 用 厚 生 利 用 厚 生

161 이합집산 離$_{40}$**合**$_{60}$**集**$_{62}$**散**$_{40}$ 떨어질 리, 합할 합, 모일 집, 흩어질 산

❶ **속뜻** 헤어졌다[離] 합치고[合] 모였다[集] 흩어졌다[散]함.
Meeting[合] after separating[離], and again scattering[散] after gathering[集].

❷ 헤어졌다 모였다 함.
Breaking up and getting together repeatedly.

離 合 集 散 離 合 集 散

162 일각천금 一₈₀刻₄₀千₇₀金₈₀ 한 일, 시각 각, 일천 천, 쇠 금

❶ 속뜻 15분[一刻]같이 짧은 시간도 천금(千金)과 같이 귀중함.
A short amount of time[一刻], such as 15 minutes, is as precious as
a thousand pieces of gold[千金].

❷ 짧은 시간도 귀하게 여겨 헛되이 보내지 않아야 함. Even a short amoun
of time should be considered precious and should not be wasted.

163 일벌백계 一₈₀罰₄₂百₇₂戒₄₀ 한 일, 벌할 벌, 일백 백, 주의할 계

❶ 속뜻 첫[一] 번째 죄인을 엄하게 벌(罰)함으로써 후에 백(百) 사람이
그런 죄를 경계(警戒)하여 짓지 않도록 함. Severely punishing[罰] the
first[一] criminal to ensure that a hundred(百) people will be
vigilant[戒] against committing such a crime later.

❷ 다른 사람들에게 경각심을 불러일으키기 위하여 본보기로 첫 번째 죄인을
엄하게 처벌함. Severe punishment is given to the first offender as an
example to raise awareness among others.

164 일사불란 一₈₀絲₄₂不₇₂亂₄₀ 한 일, 실 사, 아니 불, 어지러울 란

❶ 속뜻 한[一] 줄의 실[絲]같이 흐트러지지[亂] 않음[不].
Not[不] being disturbed[亂] like a[一] thread[絲].

❷ 질서나 체계 따위가 조금도 흐트러진 데가 없음을 비유하여 이르는 말.
A metaphor for 'an order or system that remains perfectly undisturbed'.

165 일희일비 一喜一悲 한 일, 기쁠 희, 한 일, 슬플 비

❶ **속뜻** 한[一] 번은 슬픈[悲] 일이, 한[一] 번은 기쁜[喜] 일이 생김.
One[一] sad[悲] thing happened, and one[一] happy[喜] thing happened.

❷ 슬픔과 기쁨이 번갈아 나타남.
Sorrow alternates with joy.

166 자화자찬 自畫自讚 스스로 자, 그림 화, 스스로 자, 기릴 찬

❶ **속뜻** 자기(自己)가 그린 그림[畫]을 스스로[自] 칭찬(稱讚)함.
Self[自] praising[讚]the picture[畫] drawn by oneself[自].

❷ 자기가 한 일을 자기 스스로 자랑함.
Boasting of what one has done by oneself.
㊜ 自畫讚(자화찬)

167 장삼이사 張三李四 성씨 장, 석 삼, 성씨 리, 넉 사

❶ **속뜻** 장삼(張三)이라는 사람과 이사(李四)라는 사람.
A person named Jangsam[張三] and a person named Isa[李四].

❷ 평범한 보통 사람을 이르는 말.
A term used to refer to ordinary people.
㊁ 甲男乙女(갑남을녀).

168 적재적소 適₄₀材₅₂適₄₀所₇₀ 알맞을 적, 재목 재, 알맞을 적, 곳 소

❶ **속뜻** 알맞은[適] 재목(材木)을 알맞은[適] 곳[所]에 씀.
Using the right[適] wood[材] in the right[適] place[所].
❷ 사람이나 사물을 제격에 맞게 잘 씀.
Using people or things well and appropriately.

適 材 適 所 適 材 適 所

169 주마간산 走₄₂馬₅₀看₄₀山₈₀ 달릴 주, 말 마, 볼 간, 메 산

❶ **속뜻** 달리는[走] 말[馬] 위에서 산천(山川)을 구경함[看].
Watching[看] mountains[山] and rivers at the top of a running[走]
horse[馬]. ❷ 이것저것을 천천히 살펴볼 틈이 없이 바삐 서둘러 대강대강
보고 지나침. Since there is no time to look at things slowly, one sees
them in a hurry and quickly passes them by.

走 馬 看 山 走 馬 看 山

170 진충보국 盡₄₀忠₄₂報₄₂國₈₀ 다할 진, 충성 충, 갚을 보, 나라 국

❶ **속뜻** 충성(忠誠)을 다하여서[盡] 나라[國]의 은혜를 갚음[報].
Repaying[報] the favor of the country[國] by being fully[盡]
loyal[忠] to the country.
❷ 나라를 위하여 충성을 다함. Being loyal to the country.
⑪ 竭忠報國(갈충보국).

盡 忠 報 國 盡 忠 報 國

171 천려일득 千₇₀**慮**₄₀**一**₈₀**得**₄₂ 일천 천, 생각할 려, 한 일, 얻을 득

❶ **속뜻** 천(千) 번을 생각하다보면[慮] 하나[一] 정도는 얻을[得] 수도 있음.
Thinking[慮] about something a thousand[千] times may lead to
getting[得] it once[一].
❷ 아무리 어리석은 사람일지라도 많은 생각을 하다보면 한 가지쯤은 좋은
방법을 찾을 수 있음.
No matter how stupid a person is, if he thinks a lot, he can find at
least one good way. ❷ 千慮一失(천려일실).

千	慮	一	得	千	慮	一	得

172 천려일실 千₇₀**慮**₄₀**一**₈₀**失**₆₀ 일천 천, 생각할 려, 한 일, 잃을 실

❶ **속뜻** 천(千) 번을 생각하더라도[慮] 하나[一] 정도는 잃을[失] 수도 있음.
Even if one thinks[慮] about something a thousand[千] times, he may
miss[失] one thing[一].
❷ 아무리 슬기로운 사람일지라도 많은 생각을 하다 보면 한 가지쯤은 실책이
있게 마련임.
No matter how wise a person is, if he thinks hard, he can miss one
thing. ❷ 千慮一得(천려일득).

千	慮	一	失	千	慮	一	失

173 천생연분 天₇₀**生**₈₀**緣**₄₀**分**₆₂ 하늘 천, 날 생, 인연 연, 나눌 분

❶ **속뜻** 하늘[天]에서 생겨난[生] 연분(緣分).
A predestined match[緣分] that was created[生] in heaven[天].
❷ 하늘이 맺어준 인연. A match made in heaven.
❷ 天生因緣(천생인연), 天定緣分(천정연분).

天	生	緣	分	天	生	緣	分

174 천재일우 千₇₀載₃₂一₈₀遇₄₀ 일천 천, 실을 재, 한 일, 만날 우

❶ **속뜻** 천년[千載] 만에 한[一] 번 맞이함[遇].
Meeting[遇] once[一] after a thousand years[千載].
❷ 좀처럼 만나기 어려운 기회.
A rare opportunity.

175 천차만별 千₇₀差₄₀萬₈₀別₆₀ 일천 천, 어긋날 차, 일만 만, 나눌 별

❶ **속뜻** 천(千) 가지 차이(差異)와 만(萬) 가지 구별(區別).
A thousand[千] differences[差] and ten thousand[萬] distinctions[別].
❷ 서로 크고 많은 차이점이 있음.
There are many big differences between things.

176 천편일률 千₇₀篇₄₀一₈₀律₄₂ 일천 천, 책 편, 한 일, 가락 률

❶ **속뜻** 천(千) 편(篇)의 시가 하나[一]의 음률(音律)로 되어 있음.
A thousand[千] poems[篇] composed of one[一] melody[律].
❷ 개별적인 특성이 없이 모두 엇비슷함.
Being all similar, with no individual characteristics.

177 허장성세 虛₄₂ 張₄₀ 聲₄₂ 勢₄₂ 빌 허, 베풀 장, 소리 성, 기세 세

❶ **속뜻** 헛된[虛] 말을 펼치며[張] 큰 소리[聲]만 치는 기세(氣勢).
Being in high spirits[勢] with speaking[聲] unreasonably and
making[張] only loud noises[虛].

❷ 실력이 없으면서 허세(虛勢)만 떨침.
Someone who has no skills and only bluffs.

虛	張	聲	勢	虛	張	聲	勢

178 회자정리 會₆₂ 者₆₀ 定₆₀ 離₄₀ 모일 회, 사람 자, 반드시 정, 떨어질 리

❶ **속뜻** 만난[會] 사람[者]은 언젠가는 헤어지도록[離] 운명이 정(定)해져
있음. The people[者] who meet[會] are destined[定] to part[離]
someday.

❷ '인생의 무상함'을 비유하여 이르는 말.
A metaphor for 'the vanity of life'.

會	者	定	離	會	者	定	離

鹿 사슴 록 deer

179 흥진비래 興42盡40悲42來70 일어날 흥, 다할 진, 슬플 비, 올 래

❶ 속뜻 즐거운[興] 일이 다하면[盡] 슬픈[悲] 일이 닥침[來].
When the delightful time[興] ends[盡], the sorrowful time[悲] begins[來].
❷ 기쁨과 슬픔이 교차함. Alternating joy and sorrow.
ⓑ 苦盡甘來(고진감래).

興　盡　悲　來　興　盡　悲　來

180 가인박명 佳32人80薄32命70 아름다울 가, 사람 인, 엷을 박, 운명 명

❶ 속뜻 아름다운[佳] 사람[人]은 기박(奇薄)한 운명(運命)을 타고남.
A beautiful[佳] person[人] is born with an unlucky[薄] fate[命].
❷ 미인은 대개 불행하다는 말.
A phrase indicating that beautiful women are usually unhappy.

佳　人　薄　命　佳　人　薄　命

家 집 가 house

181 각골명심 刻₄₀骨₄₀銘₃₂心₇₀ 새길 각, 뼈 골, 새길 명, 마음 심

❶ **속뜻** 뼈[骨]에 새기고[刻] 마음[心]에 아로새겨[銘] 둠.
Engraving[刻] on bones[骨] and carving[銘] on hearts[心].
❷ 마음에 깊이 새겨서 영원히 잊지 않도록 함.
Engraving something deeply in the heart so that it will never be forgotten.

刻 骨 銘 心 刻 骨 銘 心

182 감지덕지 感₆₀之₃₂德₅₂之₃₂ 느낄 감, 어조사 지, 베풀 덕, 어조사 지

❶ **속뜻** 감사(感謝)하고 은덕(恩德)으로 여김.
Appreciating[感] something[之] and considering it[之] as a virtue[德].
❷ 분에 넘치는 것 같아서 매우 고맙게 여기는 모양.
The expression of being grateful that it is felt more than the favor itself.

感 之 德 之 感 之 德 之

183 갑남을녀 甲₄₀男₇₂乙₃₂女₈₀ 천간 갑, 사내 남, 천간 을, 여자 녀

❶ **속뜻** 갑(甲)이라는 남자(男子)와 을(乙)이라는 여자(女子).
A man[男] named Gap[甲] and a woman[女] named Eul[乙].
❷ 평범한 보통 사람들. Ordinary people.
  비 張三李四(장삼이사).

甲 男 乙 女 甲 男 乙 女

184 개과천선 改過遷善 고칠 개, 지나칠 과, 바뀔 천, 착할 선

❶ **속뜻** 잘못[過]을 고치어[改] 착한[善] 마음으로 바꿈[遷].
Correcting[改] mistakes[過] to turn[遷] into a good[善] heart.
❷ 허물을 고치고 옳은 길로 들어섬.
Correcting one's faults to enter the right path.

185 개세지재 蓋世之才 덮을 개, 세상 세, 어조사 지, 재주 재

❶ **속뜻** 온 세상(世上)을 뒤덮을[蓋] 만큼 뛰어난 재능(才能).
Talent[才] that is excellent enough to cover[蓋] the whole world[世].
❷ 세상을 마음대로 다스릴 만한 뛰어난 재능. 또는 그런 재능을 지닌 사람.
A great talent to rule the world at will, or someone with such a talent.

186 격세지감 隔世之感 사이 뜰 격, 세대 세, 어조사 지, 느낄 감

❶ **속뜻** 세대(世代)가 크게 차이나는[隔] 느낌[感].
The feeling[感] of a big difference[隔] between generations[世代].
❷ 많은 진보와 변화를 겪어서 딴 세상처럼 여겨지는 느낌.
Feeling that it is a different world because many advancement and changes occurred. ㉓ 隔世感(격세감). ㉑ 今昔之感(금석지감).

187 견마지로 犬₄₀馬₅₀之₃₂勞₅₂ 개 견, 말 마, 어조사 지, 일할 로

❶ **속뜻** 개[犬]나 말[馬] 정도의 하찮은 힘[勞].
Insignificant effort[勞] that even a dog[犬] or a horse[馬] can do.
❷ 윗사람에게 충성을 다하는 자신의 노력을 낮추어 이르는 말.
A humble expression of one's own effort to show loyalty to their superior.

犬 馬 之 勞 犬 馬 之 勞

188 견인불발 堅₄₀忍₃₂不₇₂拔₃₂ 굳을 견, 참을 인, 아닐 불, 뽑을 발

❶ **속뜻** 마음이 군고[堅] 참을성[忍]이 있어서 뽑히지[拔] 아니함[不].
Being firm[堅] and patient[忍] in mind, so that the mind will not[不] be shaken[拔].
❷ 마음이 굳어 흔들리지 아니함.
A firm mind that will not be shaken.

堅 忍 不 拔 堅 忍 不 拔

189 결자해지 結₅₂者₆₀解₄₂之₃₂ 맺을 결, 사람 자, 풀 해, 그것 지

❶ **속뜻** 맺은[結] 사람[者]이 그것을[之] 풀어야[解] 함.
The person[者] who tied[結] a knot must untie[解] it[之].
❷ 일을 저지른 사람이 그 일을 해결해야 함.
The person who created a problem must solve it by himself.

結 者 解 之 結 者 解 之

190 겸인지용 兼32人80之32勇62 겸할 겸, 사람 인, 어조사 지, 날쌜 용

❶ **속뜻** 다른 사람[人] 몫까지 겸(兼)하여 감당할 수 있는 용기(勇氣).
The courage[勇] to take on[兼] the share of others[人].
❷ 혼자서 능히 몇 사람을 당해 낼만한 용기.
The courage to be able to cope with several people alone.

兼	人	之	勇	兼	人	之	勇

191 경거망동 輕50擧50妄32動72 가벼울 경, 들 거, 헛될 망, 움직일 동

❶ **속뜻** 가벼이[輕] 몸을 들거나[擧] 함부로[妄] 움직임[動].
Behaving[擧] lightly[輕] and acting[動] carelessly[妄].
❷ 경솔하게 함부로 행동함.
Acting rashly and recklessly.

輕	擧	妄	動	輕	擧	妄	動

192 경국지색 傾40國80之32色70 기울 경, 나라 국, 어조사 지, 빛 색

❶ **속뜻** 나라[國]를 기울게[傾] 할 정도의 미색(美色).
A beautiful[美色] woman who can make the country[國] decline[傾].
❷ 국정을 게을리 함으로써 나라가 위태로워질 정도로 임금을 홀리는 미녀.
A beautiful woman who bewitches the king to such an extent that
the country is endangered by neglecting the nation's affairs.
🔟 傾城之色(경성지색).

傾	國	之	色	傾	國	之	色

193 고군분투 孤40軍80奮32鬪40 외로울 고, 군사 군, 떨칠 분, 싸울 투

❶ **속뜻** 수적으로 적어 외로운[孤] 군대(軍隊)이지만 용맹을 떨치며[奮] 싸움[鬪]. Though few in number and isolated[孤] in location, the army[軍] fights[鬪] bravely[奮].

❷ 적은 인원으로 어려운 일을 악착스럽게 해냄.
Doing seriously a difficult job with a small number of people.

| 孤 | 軍 | 奮 | 鬪 | 孤 | 軍 | 奮 | 鬪 |

---

194 고대광실 高62臺32廣52室80 높을 고, 돈대 대, 넓을 광, 집 실

❶ **속뜻** 높은[高] 돈대[臺] 위에 넓게[廣] 지은 집[室].
A wide[廣] house[室] built on high[高] ground[臺].

❷ 규모가 굉장히 크고 높고 넓게 잘 지은 집.
A very large, high, and spacious well-built house.

| 高 | 臺 | 廣 | 室 | 高 | 臺 | 廣 | 室 |

---

195 고식지계 姑32息42之計62 잠시 고, 숨쉴 식, 어조사 지, 꾀 계

❶ **속뜻** 잠시[姑] 숨 쉴[息] 틈을 얻기 위한 계책(計策).
A ploy[計] to gain a moment[姑] to breathe[息].

❷ 근본적인 해결책이 아니라 임시 변통을 위한 대책.
Not a fundamental solution, but a stopgap measure.

| 姑 | 息 | 之 | 計 | 姑 | 息 | 之 | 計 |

196 고육지책 苦₆₀肉₄₂之₃₂策₃₂ 괴로울 고, 고기 육, 어조사 지, 꾀 책

❶ **속뜻** 자신의 살[肉]을 오려내는 괴로움[苦]을 무릅쓰는 계책(計策).
A desperate policy[策] that can inflict pain[苦] on one's own body[肉].
❷ 자기 희생까지도 무릅쓸 정도로 애써 꾸민 계책.
A considerate plan that carries the risk of personal sacrifice.
㉥ 苦肉策(고육책). ㈃ 苦肉之計(고육지계).

苦	肉	之	策	苦	肉	之	策

197 고장난명 孤₄₀掌₃₂難₄₂鳴₄₀ 홀로 고, 손바닥 장, 어려울 난, 울 명

❶ **속뜻** 한[孤] 손[掌]으로는 쳐서 울리게 하기[鳴] 어려움[難].
It is difficult[難] to strike and make a sound[鳴] with one[孤]hand[掌].
❷ '혼자서는 일을 이루기 어려움'을 비유하여 이르는 말. 출처:『傳燈錄』
A metaphor for 'difficulty in accomplishing something alone'.
Source: *Jeondeungrok* ㈃ 獨掌不鳴(독장불명).

孤	掌	難	鳴	孤	掌	難	鳴

198 곡학아세 曲₅₀學₈₀阿₃₂世₇₂ 굽을 곡, 배울 학, 아첨할 아, 세상 세

❶ **속뜻** 곧지 않고 굽은[曲] 학문(學問)으로 세상(世上)에 아부(阿附)함.
Flattering[阿] the world[世] with not straight but crooked[曲]
learning[學].
❷ 바른 길에서 벗어난 학문으로 권력자에게 아첨하여 출세를 꾀함.
Trying to succeed in life by flattering the powerful with learning
that deviates from the right path.

曲	學	阿	世	曲	學	阿	世

199 과유불급 過猶不及 [과52 유32 불72 급32] 지날 과, 같을 유 , 아닐 불, 미칠 급

❶ **속뜻** 지나침[過]은 미치지[及] 못함[不]과 같음[猶].
To go beyond[過] is as wrong as[猶] to fall[及] short[不].
❷ 중용(中庸)이 중요함을 이르는 말.
An expression referring to the importance of moderation.

過 猶 不 及 過 猶 不 及

200 교언영색 巧言令色 [교32 언60 령52 색70] 꾸밀 교, 말씀 언, 좋을 령, 빛 색

❶ **속뜻** 듣기 좋게 꾸며낸[巧] 말[言]과 보기 좋게[令] 가꾼 안색(顔色).
A well-made[巧] speech[言] and a beautiful[令] countenance[色].
❷ 아첨하는 말과 알랑거리는 태도.
Flattering words and fawning attitudes.

巧 言 令 色 巧 言 令 色

201 구곡간장 九曲肝腸 [구80 곡50 간32 장40] 아홉 구, 굽을 곡, 간 간, 창자 장

❶ **속뜻** 아홉[九] 굽이[曲]의 간(肝)과 창자[腸].
The liver[肝] and intestines[腸] nine[九] times bent[曲].
❷ '깊은 마음속 또는 시름이 쌓인 마음속'을 비유하여 이르는 말.
A word that metaphorically refers to 'the deep inside of the heart or the heart filled with worries'.

九 曲 肝 腸 九 曲 肝 腸

202 국태민안 國80泰32民80安72 나라 국, 침착할 태, 백성 민, 편안할 안

❶ **속뜻** 나라[國]가 태평(泰平)하고 백성[民]이 편안(便安)함.
The country[國] is at peace[泰平] and the people[民] are
comfortable[安].
❷ 나라가 태평하고 국민의 생활이 넉넉함.
The country is peaceful and the lives of its people are prosperous.

國	泰	民	安	國	泰	民	安

203 군계일학 群40鷄40一80鶴32 무리 군, 닭 계, 한 일, 학 학

❶ **속뜻** 무리[群]를 이룬 많은 닭[鷄] 가운데 우뚝 서 있는 한[一] 마리의
학(鶴). One[一] crane[鶴] standing among many chickens[鷄] that
formed a flock[群].
❷ '많은 사람 가운데서 뛰어난 인물'을 비유하여 이르는 말. A metaphorical
term used to describe 'a person who stands out among many people'.

群	鷄	一	鶴	群	鷄	一	鶴

204 군웅할거 群40雄50割32據40 무리 군, 뛰어날 웅, 나눌 할, 의거할 거

❶ **속뜻** 많은[群] 영웅(英雄)들이 각각 일정한 토지를 나누어[割] 차지함[據].
Many[群] heroes[英雄] divide[割] a certain land and occupy[據]
each part.
❷ 많은 영웅들이 서로 한 지방씩을 차지하여 세력을 다툼.
Many heroes compete for power by occupying each province.

群	雄	割	據	群	雄	割	據

205 군위신강 君40爲42臣52綱32 임금 군, 할 위, 신하 신, 벼리 강

❶ **속뜻** 임금[君]은 신하(臣下)의 벼리[綱]같은 모범이 되어야[爲] 함.
The king[君] should be[爲] a role model[綱] for his subjects[臣].

❷ 임금이 신하에게 모범을 보임. 또는 그렇게 하여야 할 도리.
The king sets an example for his subjects or his duty to do so.

206 궁여지책 窮40餘42之32策32 궁할 궁, 남을 여, 어조사 지, 꾀 책

❶ **속뜻** 궁(窮)한 나머지[餘] 생각다 못하여 짜낸 계책(計策).
The last measure[策] taken in a situation where there is no room[窮]
for further[餘] consideration.

❷ 막다른 골목에서 그 국면을 타개하려고 생각다 못해 짜낸 대책.
A countermeasure devised to leave a situation without further thought
in a dead-end alley. ⑪ 窮餘一策(궁여일책)

207 극기복례 克32己52復50禮72 이길 극, 자기 기, 되돌릴 복, 예도 례

❶ **속뜻** 자기(自己) 욕심을 이기고[克] 예의(禮儀) 바르게 되돌아[復] 옴.
Overcoming[克] one's own[己] greed and returning[復] to have
good manners[禮].

❷ 지나친 욕심을 누르고 예의범절을 갖춤.
Suppressing excessive greed and maintaining good manners.

208 근묵자흑 近墨者黑 가까울 근, 먹 묵, 사람 자, 검을 흑

❶ **속뜻** 먹[墨]을 가까이[近] 하는 사람[者]은 검어지기[黑] 쉬움.
When a person[者] approaches[近] black ink[墨], it is easy for them to become stained black[黑].

❷ '나쁜 사람을 가까이 하면 물들기 쉬움'을 비유하여 이르는 말.
It is a metaphor for 'it is easy to get infected when you are close to a bad person'. ⑭ 近朱者赤(근주자적).

209 금란지계 金蘭之契 쇠 금, 난초 란, 어조사 지, 맺을 계

❶ **속뜻** 쇠[金]같이 단단하고 난초[蘭]같이 향기롭게 맺은[契] 사이.
A bond[契] that is as hard as iron[金] and fragrant like an orchid[蘭].

❷ 단단하고 향기로운 벗 사이의 우정. A firm and fragrant friendship between friends. ⑭ 金蘭之交(금란지교), 水魚之交(수어지교), 斷金之交(단금지교), 布衣之交(포의지교).

210 금석지교 金石之交 쇠 금, 돌 석, 어조사 지, 사귈 교

❶ **속뜻** 쇠[金]나 돌[石]같이 굳고 변함없는 사귐[交].
A fellowship[交] that is as firm and unchanging as iron[金] or stone[石].

❷ 굳고 변함없는 우정. 또는 그런 약속.
A firm and unchanging friendship or promise like that.

211 금성탕지 金城湯池 쇠 금, 성 성, 끓을 탕, 못 지

❶ 속뜻 쇠(金)로 만든 성(城) 주위에 펄펄 끓는[湯] 물로 못[池]을 만들어 놓음. Making a pond[池] made with boiling[湯] water around an iron[金] castle[城].

❷ '방어 시설이 아주 튼튼한 성'을 형용하는 말. A word used to describe 'a castle with very strong defenses'. **비** 難攻不落(난공불락).

金	城	湯	池	金	城	湯	池

212 금의야행 錦衣夜行 비단 금, 옷 의, 밤 야, 갈 행

❶ 속뜻 비단[錦]으로 만든 옷[衣]을 입고 밤[夜]길을 다님[行]. Wearing clothes[衣] made of silk[錦] and walking[行] at night[夜].

❷ '아무 보람이 없는 행동을 자랑스레 함'을 비꼬아 이르는 말. A sarcastic term for 'being proud of an action that is not rewarding'.

錦	衣	夜	行	錦	衣	夜	行

213 금의옥식 錦衣玉食 비단 금, 옷 의, 옥 옥, 밥 식

❶ 속뜻 비단[錦]으로 만든 옷[衣]과 옥(玉) 같이 귀한 음식(飮食). Clothes[衣] made of silk[錦] and precious food[食] like jade[玉].

❷ 사치스러운 생활을 비유하여 이르는 말. A term used to describe a luxurious life. **비** 好衣好食(호의호식).

錦	衣	玉	食	錦	衣	玉	食

214 금의환향 錦衣還鄉 비단 금, 옷 의, 돌아올 환, 시골 향

錦₃₂衣₆₀還₃₂鄉₄₂

❶ **속뜻** 비단[錦]으로 만든 옷[衣]을 입고 고향(故鄉)에 돌아옴[還].
Returning[還] to the hometown[鄉] wearing clothes[衣] made of silk[錦].

❷ '성공하여 고향으로 돌아옴'을 비유하는 말.
A metaphor for 'returning to one's hometown with success'.

錦 衣 還 鄉　錦 衣 還 鄉

215 금지옥엽 金枝玉葉 쇠 금, 가지 지, 옥 옥, 잎 엽

金₈₀枝₃₂玉₄₂葉₅₀

❶ **속뜻** 금(金)으로 된 가지[枝]와 옥(玉)으로 된 잎[葉].
A branch[枝] made of gold[金] and a leaf[葉] made of jade[玉].

❷ '임금의 자손' 또는 '귀한 자손'을 높여 비유하는 말.
A metaphor for 'a king's descendant' or 'a precious child'.

金 枝 玉 葉　金 枝 玉 葉

216 기고만장 氣高萬丈 기운 기, 높을 고, 일만 만, 길이 장

氣₇₂高₆₂萬₈₀丈₃₂

❶ **속뜻** 기세(氣勢)의 높기[高]가 만장(萬丈) 정도나 됨.
The spirit[氣勢] is as high[高] as ten thousand[萬] zhang[丈] which is equivalent to 3 meters in length.

❷ '일이 뜻대로 잘되어 뽐내는 기세가 대단함'을 비유하는 말.
It is a metaphor for 'being filled with pride and high spirits because everything turned out as desired'.

氣 高 萬 丈　氣 高 萬 丈

217 길흉화복 吉$_{50}$凶$_{52}$禍$_{32}$福$_{52}$ 길할 길, 흉할 흉, 재화 화, 복 복

❶ **속뜻** 운이 좋고[吉] 나쁨[凶]과 재앙[禍]과 복[福].
　Good luck[吉], bad luck[凶], disaster[禍], and blessing[福].
❷ '운수'를 풀어서 달리 이르는 말.
　Another term referring to 'fortune' by unfolding it.

吉	凶	禍	福	吉	凶	禍	福

218 내우외환 內$_{72}$憂$_{32}$外$_{80}$患$_{50}$ 안 내, 근심할 우, 밖 외, 근심 환

❶ **속뜻** 국내(國內)에서 발생된 걱정거리[憂]와 국외(國外)로부터 들어온
　근심거리[患]. Worries[憂] that occurred[內] in the country and
　troubles[患] that came from abroad[外].
❷ 나라 안팎에서 일어난 어려움.
　Difficulties arose both inside and outside the country.

內	憂	外	患	內	憂	外	患

219 내유외강 內$_{72}$柔$_{32}$外$_{80}$剛$_{32}$ 안 내, 부드러울 유, 밖 외, 굳셀 강

❶ **속뜻** 속[內]은 부드러우나[柔] 겉[外]으로는 굳세게[剛] 보임.
　Being soft[柔] on the inside[內], but looking strong[剛] on the
　outside[外].
❷ 마음이 부드러운데도 겉으로 보기에는 강하게 보임. Appearing strong
　on the outside while having a soft heart. ⑪ 外剛內柔(외강내유).

內	柔	外	剛	內	柔	外	剛

220 노갑이을 怒甲移乙 성낼 노, 천간 갑, 옮길 이, 천간 을

❶ **속뜻** 갑(甲)에게 성내야[怒] 하는 것을 을(乙)에게 옮김[移].
When A[甲] has to be scolded, the anger[怒] is transferred[移]
onto B[乙]. ❷ 당사자가 아닌 엉뚱한 사람에게 화를 내거나 분풀이를 함.
Getting angry or directing one's anger towards someone who is not
the person responsible for it.

怒 甲 移 乙　怒 甲 移 乙

221 노기충천 怒氣衝天 성낼 노, 기운 기, 찌를 충, 하늘 천

❶ **속뜻** 성난[怒] 기세(氣勢)가 하늘[天]을 찌를[衝] 것 같음.
An angry[怒] spirit[氣勢] seems to pierce[衝] the sky[天].
❷ 성이 잔뜩 나 있음.
Being fully angry.

怒 氣 衝 天　怒 氣 衝 天

222 누란지위 累卵之危 포갤 루, 알 란, 어조사 지, 위태할 위

❶ **속뜻** 포개놓은[累] 알[卵]처럼 몹시 위태(危殆)로움.
Being very dangerous[危] like stacked[累] eggs[卵].
❷ '몹시 위태로움'을 비유하여 이르는 말.
A metaphor for 'being extremely dangerous'.
ⓑ 累卵之勢(누란지세).

累 卵 之 危　累 卵 之 危

223 단기지계 斷₄₂機₄₀之₃₂戒₄₀ 끊을 단, 베틀 기, 어조사 지, 경계할 계

❶ **속뜻** 짜던 베틀[機]의 날을 끊어[斷] 훈계(訓戒)함.
Cutting off[斷] the warp of the weaving loom[機] as a form of discipline[戒].

❷ '중도에 포기하면 헛일임'을 비유하여 이르는 말.
A metaphor for 'the fact that giving up halfway is futile'.

[故事] 맹자가 서당에서 공부를 하다가 도중에 집에 돌아오자, 어머니가 짜던 베를 끊어 아들을 훈계한 데서 유래한다.
It originates from the fact that when Mencius returned home in the middle of his studies in the village school, his mother disciplined her son by cutting the hemp cloth being woven.

224 단도직입 單₄₂刀₃₂直₇₂入₇₀ 홑 단, 칼 도, 곧을 직, 들 입

❶ **속뜻** 홀로[單] 칼[刀]을 휘두르며 적진으로 곧장[直] 쳐들어[入] 감.
Invading[入] the enemy camp alone[單] straightaway[直] wielding a sword[刀].

❷ '서론적인 말을 늘어놓지 아니하고 곧바로 본론에 들어가 요점을 말함'을 비유하여 이르는 말.
A metaphor for 'proceeding to the main issue immediately without saying introductory words'.

單 刀 直 入 單 刀 直 入

225 대기만성 大器晚成 큰 대, 그릇 기, 늦을 만, 이룰 성

❶ **속뜻** 큰[大] 그릇[器]을 만들자면 시간이 오래 걸려 늦게[晩] 이루어짐[成].
Large[大] bowls[器] are completed[成] late[晩] because they take
a long time.

❷ '크게 될 사람은 성공이 늦음'을 비유하여 이르는 말. 출처 : 『老子』
A metaphorical saying that 'the success of those who will become
great comes late'.

226 대성통곡 大聲痛哭 큰 대, 소리 성, 아플 통, 울 곡

❶ **속뜻** 큰[大] 소리[聲]로 목이 아프도록[痛] 욺[哭].
Crying[哭] loudly[大聲] to a sore[痛] throat.

❷ 큰 소리로 슬피 욺.
Crying loudly and sadly.

227 동가홍상 同價紅裳 같을 동, 값 가, 붉을 홍, 치마 상

❶ **속뜻** 같은[同] 값[價]이면 붉은[紅] 치마[裳]를 고름.
If it has the same[同] value[價], the red[紅] skirt[裳] will be selected.

❷ 값이 같으면 좋은 물건을 가짐.
If the values are the same, the better stuff will be chosen.

228 동분서주 東₈₀奔₃₂西₈₀走₄₂ 동녘 동, 달릴 분, 서녘 서, 달릴 주

❶ **속뜻** 동(東)쪽으로 달렸다가[奔] 서(西)쪽으로 달렸다가[走] 함.
   Running[奔] eastward[東] and then running[走] westward[西].
❷ 여기저기 분주하게 다님. Going here and there very busily to do
   something.
   ⓑ 東西奔走(동서분주), 東行西走(동행서주), 東馳西走(동치서주).

東	奔	西	走	東	奔	西	走

229 동상이몽 同₇₀床₄₂異₄₀夢₃₂ 한가지 동, 평상 상, 다를 이, 꿈 몽

❶ **속뜻** 같은[同] 잠자리[床]에서 다른[異] 꿈[夢]을 꿈.
   Having different[異] dreams[夢] in the same[同] bed[床].
❷ '겉으로는 같은 행동을 하면서도 속으로는 각각 딴 생각을 함'을 비유하여
   이르는 말. It is a metaphor for 'engaging in the same action
   externally, but having different thoughts internally'.

同	床	異	夢	同	床	異	夢

230 등고자비 登₇₀高₆₂自₇₂卑₃₂ 오를 등, 높을 고, 부터 자, 낮을 비

❶ **속뜻** 높은[高] 곳에 오르려면[登] 낮은 곳[卑] 부터[自] 시작하여야 함.
   To climb[登] to a high[高] place, one has to start from[自] a low
   place[卑].
❷ 지위가 높아질수록 자신을 낮춤.
   The higher the status, the lower one should put himself down.

登	高	自	卑	登	高	自	卑

231 막상막하 莫₃₂上₇₂莫₃₂下₇₂ 없을 막, 위 상, 없을 막, 아래 하

❶ **속뜻** 더 낫고[上] 더 못함[下]의 차이가 거의 없음[莫].
There is little[莫] difference between the better[上] and the worse[下].

❷ 서로 비슷하여 우열을 가리기 어려움. Two things are similar to each
other, making it difficult to distinguish their superiority and
inferiority. ㉑ 難兄難弟(난형난제).

莫	上	莫	下	莫	上	莫	下

232 막역지우 莫₃₂逆₄₂之₃₂友₅₂ 없을 막, 거스를 역, 어조사 지, 벗 우

❶ **속뜻** 마음에 거슬림[逆]이 없는[莫] 친구[友].
Friends[友] with no[莫] resentment[逆] in mind.

❷ 허물없이 서로 친한 친구.
Friends who are candidly close to each other.
㉑ 水魚之交(수어지교), 知己之友(지기지우), 斷金之交(단금지교).

莫	逆	之	友	莫	逆	之	友

233 만경창파 萬₈₀頃₃₂蒼₃₂波₄₂ 일만 만, 넓을 경, 푸를 창, 물결 파

❶ **속뜻** 한없이 넓은[萬頃] 바다나 호수의 푸른[蒼] 물결[波].
Blue[蒼] waves[波] in an infinitely wide[萬頃] sea or lake.

❷ 넓은 바다나 호수의 아름다운 물결.
Beautiful waves in an vastly open sea or lake.

萬	頃	蒼	波	萬	頃	蒼	波

234 망양지탄 亡₅₀羊₄₂之₃₂歎₄₀ 잃을 망, 양 양, 어조사 지, 한숨지을 탄

❶ **속뜻** 넓은 들판에서 양(羊)을 잃었는데[亡] 길이 많고 복잡하여 어디로 갔는지 모름을 한탄(恨歎)함. After losing[亡] sheep[羊] in a wide field, one laments[歎] not knowing where the sheep have gone because there are many complex roads.

❷ '어떤 일을 해결할 방법을 찾지 못하여 한탄함'을 비유하여 이르는 말. A word that metaphorically refers to 'lamenting over the inability to find a way to solve a problem'. ㉤ 亡羊歎(망양탄). ㉑ 多岐亡羊(다기망양).

235 면종복배 面₇₀從₄₀腹₃₂背₄₂ 낯 면, 좇을 종, 배 복, 등 배

❶ **속뜻** 겉으로는[面] 따르는[從] 체하면서 속[腹]으로는 배반(背反)함. Outwardly[面] pretending to follow[從], while inwardly[腹] betraying[背].

❷ 겉으로만 복종하는 척함. Pretending to be submissive only outwardly. ㉑ 陽奉陰違(양봉음위).

236 멸사봉공 滅₃₂私₄₀奉₅₂公₆₂ 없앨 멸, 사사로울 사, 받들 봉, 여럿 공

❶ **속뜻** 사심(私心)을 버리고[滅] 공공(公共)의 일을 받듦[奉]. Abandoning[滅] personal motives[私] and attaching[奉] great importance to public affairs[公].

❷ 공무(公務)를 함에 있어 개인적인 마음을 버림. Abandoning one's personal feelings in undertaking public services.

237 명실상부 名₇₀實₅₂相₅₂符₃₂ 이름 명, 실제 실, 서로 상, 맞을 부

❶ **속뜻** 이름[名]과 실제(實際)가 서로[相] 잘 부합(符合)함.
The name[名] and reality[實] match[符] each other[相] well.

❷ 이름난 것과 같이 실제로 매우 잘함.
Being true to its name.

名	實	相	符	名	實	相	符

238 명약관화 明₆₂若₃₂觀₅₂火₈₀ 밝을 명, 같을 약, 볼 관, 불 화

❶ **속뜻** 분명(分明)하기가 불[火]을 보는[觀] 것과 같음[若].
Being clear[明] like[若] seeing[觀] fire[火].

❷ 매우 명백(明白)하고 뻔함.
Very clear and obvious.

明	若	觀	火	明	若	觀	火

239 명재경각 命₇₀在₆₀頃₃₂刻₄₀ 목숨 명, 있을 재, 잠깐 경, 시각 각

❶ **속뜻** 목숨[命]이 짧은 시간, 즉 경각(頃刻)에 달려 있음[在].
Life[命] depends on[在] a short time[頃刻].

❷ 거의 죽게 되어 곧 숨이 끊어질 지경에 이름.
A person is about to die and is about to breathe their last breath.

命	在	頃	刻	命	在	頃	刻

240 목불인견 目不忍見 눈 목, 아닐 불, 참을 인, 볼 견

❶ 속뜻 차마[忍] 눈[目]뜨고 볼[見] 수 없음[不].
Being unable[不] to bear[忍] seeing[見] something with the eyes[目].

❷ '매우 끔찍하고 안타까운 모습'을 비유하여 이르는 말.
A metaphor for 'being too miserable and pitiful sight'.

目 不 忍 見　目 不 忍 見

241 무릉도원 武陵桃源 굳셀 무, 언덕 릉, 복숭아나무 도, 수원 원

❶ 속뜻 무릉(武陵)에서 복숭아[桃] 꽃잎이 흘러내려오는 근원지(根源地).
The fountainhead[源] from where peach[桃] petals flow in the Wuling Valley[武陵].

❷ '세상과 따로 떨어진 별천지'를 비유하는 말.
A metaphor for 'an ideal place separated from the world'.

[故事] 중국 진(晉)나라 때 무릉 땅의 한 어부가 배를 저어 복숭아 꽃잎이 흘러내려오는 근원지를 찾아 올라가다가 참으로 아름답고 살기 좋은 곳을 발견하였다는 이야기가 도연명(陶淵明)의 『桃花源記』(도화원기)에 나온다.
During the Jin dynasty period in China, a fisherman in the land of Wuling was rowing his boat upstream to find the source of peach petals flowing down, and he found a truly beautiful and good place to live. This story appears in the *Dohwawongi*.

武 陵 桃 源　武 陵 桃 源

242 물실호기 勿失好機 말 물, 잃을 실, 좋을 호, 기회 기

❶ **속뜻** 좋은[好] 기회(機會)를 놓치지[失] 말라[勿]!
Don't[勿] miss[失] a good[好] opportunity[機]!
❷ 절호의 기회를 놓치지 않고 잘 살림.
Don't miss a great opportunity and make good use of it.

勿	失	好	機	勿	失	好	機

243 박장대소 拍掌大笑 칠 박, 손바닥 장, 큰 대, 웃을 소

❶ **속뜻** 손바닥[掌]을 치며[拍] 크게[大] 웃음[笑].
Clapping[拍] palms[掌] and laughing[笑] loudly[大].
❷ 너무 우습거나 기쁜 일로 인해 손뼉을 치며 크게 웃음.
Clapping one's hands and laughing out loud due to very funny or
pleasant events.

拍	掌	大	笑	拍	掌	大	笑

244 발본색원 拔本塞源 뽑을 발, 뿌리 본, 막힐 색, 근원 원

❶ **속뜻** 뿌리[本]를 뽑고[拔] 근원(根源)을 막아버림[塞].
Pulling out[拔] the root[本] and eradicating[塞] the source[源].
❷ 폐단이나 문제의 근원을 아주 뽑아서 없애 버림.
Pulling out and eliminating the root cause of an evil or problem.

拔	本	塞	源	拔	本	塞	源

245 백계무책 百₇₀計₆₂無₅₀策₃₂ 일백 백, 꾀 계, 없을 무, 꾀 책

❶ **속뜻** 백(百)가지 꾀[計]를 부려 보아도 뾰족한 대책(對策)이 없음[無].
Even if a hundred[百] tricks[計] are tried, there is no[無] sharp
countermeasure[策].

❷ 온갖 방법을 다 생각해 봐도 좋은 대책이 없음.
No matter how many ways are thought about doing it, there is no
good solution. ⑪ 計無所出(계무소출).

百	計	無	策	百	計	無	策

246 부위부강 夫₇₀爲₄₂婦₄₂綱₃₂ 지아비 부, 할 위, 부인 부, 벼리 강

❶ **속뜻** 남편[夫]은 부인(婦人)의 벼리[綱]가 되어야[爲] 함.
A husband[夫] should be[爲] the leader[綱] of his wife[婦].

❷ 남편은 부인을 잘 감싸야 함.
Husbands should take good care of their wives.

夫	爲	婦	綱	夫	爲	婦	綱

247 부위자강 父₇₀爲₄₂子₇₀綱₃₂ 부모 부, 할 위, 자식 자, 벼리 강

❶ **속뜻** 부모[父]는 자식(子息)의 벼리[綱]가 되어야[爲] 함.
Parents[父] should be[爲] the leader[綱] of his children[子].

❷ 부모는 자식을 잘 감싸야 함.
Parents should take good care of their children.

父	爲	子	綱	父	爲	子	綱

248 부지기수 不₇₂知₅₂其₃₂數₇₀ 아닐 부, 알 지, 그 기, 셀 수

❶ **속뜻** 그[其] 수(數)를 알지[知] 못함[不].
Not[不] knowing[知] the[其] number[數].
❷ 헤아릴 수 없을 정도로 매우 많음.
There are too many to count.

不	知	其	數	不	知	其	數

249 부화뇌동 附₃₂和₆₂雷₃₂同₇₀ 붙을 부, 화할 화, 천둥 뢰, 한가지 동

❶ **속뜻** 남에게 빌붙어[附] 화합(和合)하며 우레[雷]같이 큰 소리로 동조(同調)함. Attaching[附] to others to harmonize[和] and agree[同] loudly like thunder[雷].
❷ 줏대 없이 남의 의견에 따라 움직임.
Moving according to the opinions of others without a backbone.

附	和	雷	同	附	和	雷	同

250 불치하문 不₇₂恥₃₂下₇₂問₇₀ 아니 불, 부끄러울 치, 아래 하, 물을 문

❶ **속뜻** 자기보다 아래[下]인 사람에게 묻는[問] 일을 부끄러워하지[恥] 아니함[不]. Not[不] being ashamed[恥] of asking[問] someone who is lower[下] than oneself.
❷ 자기보다 못한 사람에게도 물어 볼 정도로 마음을 열고 지냄.
Being open-minded enough to ask questions even to those who are inferior to oneself.

不	恥	下	問	不	恥	下	問

251 불편부당 不偏不黨 아니 불, 치우칠 편, 아닐 부, 무리 당

不₇₂偏₃₂不₇₂黨₄₂

❶ **속뜻** 어느 한쪽으로 치우치지[偏] 아니하고[不] 어느 한 편과 무리[黨] 짓지 아니함[不]. Not[不] being impartial[偏], and not[不] forming a group[黨] with either side.

❷ 어느 편으로 치우치지 않고 매우 공평함.
Not being impartial, but being very fair.

不 偏 不 黨 不 偏 不 黨

252 빙탄지간 氷炭之間 얼음 빙, 숯 탄, 어조사 지, 사이 간

氷₅₀炭₅₀之₃₂間₇₂

❶ **속뜻** 얼음[氷]과 숯[炭] 같은 사이[間].
A relationship[間] between ice[氷] and charcoal[炭].

❷ '서로 함께 있을 수 없는 사이'를 비유하여 이르는 말.
A metaphor for 'a relationship between two individuals who can never unite'.

氷 炭 之 間 氷 炭 之 間

253 사분오열 四分五裂 넉 사, 나눌 분, 다섯 오, 찢어질 렬

四₈₀分₆₂五₈₀裂₃₂

❶ **속뜻** 넷[四]으로 나눠지고[分] 다섯[五]으로 찢어짐[裂].
Divided[分] into four[四] and torn[裂] into five[五].

❷ 여러 갈래로 갈기갈기 분열됨.
Being divided and torn into many parts.

四 分 五 裂 四 分 五 裂

254 사상누각 沙32上72樓32閣32 모래 사, 위 상, 다락 루, 집 각

❶ **속뜻** 모래[沙] 위에[上] 세운 높은 건물[樓閣].
A tall building[樓閣] built on[上] sand[沙].

❷ '겉모양은 번듯하나 기초가 약하여 오래가지 못하는 것' 또는 '실현
불가능한 일' 따위를 비유하여 이르는 말. A metaphor for 'something
that looks good but does not last long due to a weak foundation' or
'something that is impossible to realize'.

| 沙 | 上 | 樓 | 閣 | 沙 | 上 | 樓 | 閣 |

255 산자수명 山80紫32水80明62 메 산, 자주빛 자, 물 수, 밝을 명

❶ **속뜻** 산(山)은 자줏빛[紫]으로 물들고 물[水]은 매우 맑음[明].
The mountain[山] is dyed purple[紫] and the water[水] is very
clear[明].

❷ 산천 경치가 매우 아름다움.
The mountain and river scenery is very beautiful.

| 山 | 紫 | 水 | 明 | 山 | 紫 | 水 | 明 |

256 삼라만상 森32羅42萬80象40 수풀 삼, 늘어설 라, 일만 만, 모양 상

❶ **속뜻** 수풀[森]같이 빽빽하게 늘어서[羅] 있는 여러 가지[萬] 사물의
모습[象]. The appearance[象] of various[萬] objects that are
standing densely in lines[羅] like a forest[森].

❷ 우주 속에 빽빽하게 존재하는 온갖 사물과 모든 현상. All kinds of
things and phenomena that exist densely in the universe.

| 森 | 羅 | 萬 | 象 | 森 | 羅 | 萬 | 象 |

257 삼순구식 三旬九食 석삼, 열흘 순, 아홉 구, 먹을 식

❶ **속뜻** 30일[三旬] 동안 아홉[九] 끼만 먹음[食].
Eating only nine[九] meals[食] in 30 days[三旬].

❷ 집이 가난하여 식사를 제대로 못하고 굶음.
A poor family who cannot afford proper meals and is suffering from hunger.

| 三 | 旬 | 九 | 食 | 三 | 旬 | 九 | 食 |

258 삼종지도 三從之道 석삼, 따를 종, 어조사 지, 길 도

❶ **속뜻** 따라가야[從]할 세[三] 가지 길[道].
The three[三] paths[道] to follow[從].

❷ 여자가 지켜야 하는 세 가지 도리. 어려서는 아버지를 따라야 하고, 시집가서는 남편을 따라야 하고, 남편이 죽은 뒤에는 아들을 따라야 하는 것을 말한다.
The three things that women must follow. It means that a woman should follow her father when she is young, follow her husband when she gets married, and follow her son after her husband dies.

⑪ 三從依託(삼종의탁).

| 三 | 從 | 之 | 道 | 三 | 從 | 之 | 道 |

犬 개 견 dog

259 상전벽해 桑₃₂田₄₂碧₃₂海₇₂ 뽕나무 상, 밭 전, 푸를 벽, 바다 해

❶ **속뜻** 뽕나무[桑] 밭[田]이 변하여 푸른[碧] 바다[海]가 됨.
The mulberry tree[桑] field[田] changed to the blue[碧] sea[海].
❷ '세상일이 크게 변함'을 비유하여 이르는 말. It is a metaphor for 'the fact that things in the world change greatly'. ㉺ 桑碧, 桑海.
㉗ 碧海桑田(벽해상전), 桑海之變(상해지변), 桑田滄海(상전창해), 滄海桑田(창해상전), 滄桑(창상).

桑　田　碧　海　桑　田　碧　海

260 선견지명 先₈₀見₅₂之₃₂明₆₂ 먼저 선, 볼 견, 어조사 지, 밝을 명

❶ **속뜻** 앞일을 먼저[先] 내다보는[見] 밝은[明] 지혜.
Wisdom[明] to see[見] the future in advance[先].
❷ 닥쳐올 일을 미리 아는 슬기로움.
The wisdom to know what is to come in advance.

先　見　之　明　先　見　之　明

261 설상가상 雪₆₂上₇₂加₅₀霜₃₂ 눈 설, 위 상, 더할 가, 서리 상

❶ **속뜻** 눈[雪] 위[上]에 서리[霜]가 더해짐[加].
Frost[霜] is added[加] on top[上] of snow[雪].
❷ 난처한 일이나 불행한 일이 잇따라 일어남.
Embarrassing or unfortunate things happen one after another.
㉗ 雷聲(뇌성)에 霹靂(벽력). ㉘ 錦上添花(금상첨화).

雪　上　加　霜　雪　上　加　霜

262 속수무책 束₅₂手₇₂無₅₀策₃₂ 묶을 속, 손 수, 없을 무, 꾀 책

❶ **속뜻** 손[手]이 묶여[束] 있어 어찌할 방책(方策)이 없음[無].
With hands[手] tied[束], there is no[無] way to solve anything[策].

❷ 아무런 방법이 없어 꼼짝 못함.
Being helpless since there is no way to solve problems.

束	手	無	策	束	手	無	策

263 수구초심 首₅₂丘₃₂初₅₀心₇₀ 머리 수, 언덕 구, 처음 초, 마음 심

❶ **속뜻** 여우는 죽을 때 태어나 살던 언덕[丘]을 향해 머리[首]를 두어 처음[初] 마음[心]으로 돌아감. When a fox dies, it puts its head[首] toward the hill[丘] where it was born and lived to return to the first[初] heart[心].

❷ '고향을 그리워하는 마음'을 비유하여 이르는 말.
A word that metaphorically refers to 'a heart yearning for one's hometown'. ⑪ 狐死首丘(호사수구).

首	丘	初	心	首	丘	初	心

264 수복강녕 壽₃₂福₅₂康₄₂寧₃₂ 목숨 수, 복 복, 편안할 강, 편안할 녕

❶ **속뜻** 오래 살고[壽] 복(福)을 누리며 건강(健康)하고 평안함[寧].
Live long[壽], enjoy good fortune[福], be healthy[康], and be at peace[寧].

❷ 건강하게 오래 삶.
Live a long and healthy life.

壽	福	康	寧	壽	福	康	寧

265 수불석권 手₇₂不₇₂釋₃₂卷₄₀ 손 수, 아닐 불, 놓을 석, 책 권

❶ **속뜻** 손[手]에서 책[卷]을 놓지[釋] 않음[不].
Never[不] drop[釋] the books[卷] from one's hand[手].
❷ 독서를 매우 좋아함.
Being very fond of reading books.

手 不 釋 卷 手 不 釋 卷

266 수신제가 修₄₂身₆₂齊₃₂家₇₂ 닦을 수, 몸 신, 다스릴 제, 집 가

❶ **속뜻** 몸[身]을 닦고[修], 그런 후에 집[家]을 다스림[齊].
Cultivate[修] one's morals[身], and then manage[齊] the family[家].
❷ 자기 수양을 하고 집안을 잘 돌봄.
Excersizing self-discipline and then taking good care of the family.

修 身 齊 家 修 身 齊 家

267 수어지교 水₈₀魚₅₀之₃₂交₆₀ 물 수, 고기 어, 어조사 지, 사귈 교

❶ **속뜻** 물[水]과 물고기[魚]의 관계와 같은 사귐[交]. A fellowship[交]
that is comparable to the relationship between water[水] and fish[魚].
❷ '아주 친밀하여 떨어질 수 없는 사이'를 비유하여 이르는 말. A metaphor
for 'a very close relationship that cannot be broken'.
❸ 임금과 신하 또는 부부의 친밀함을 이르는 말.
A term referring to the intimacy between a king and his subjects or
husband and wife. ⓑ 水魚之親(수어지친).

水 魚 之 交 水 魚 之 交

268 수주대토 守株待兎 지킬 수, 그루 주, 기다릴 대, 토끼 토

❶ **속뜻** 나무 그루터기[株]를 지키고[守] 앉아 토끼[兎]가 걸려 죽기를 기다림[待]. Sitting to watch[守] a tree stump[株], waiting[待] for a rabbit[兎] to get caught and die.

❷ '우연을 필연으로 믿는 어리석음'을 비유하여 이르는 말. A word that metaphorically refers to 'the foolishness of believing coincidence as inevitability'.

故事 옛날 중국 송나라의 한 농부가 밭을 갈다가 우연히 토끼가 달려와 나무 그루에 부딪혀 죽은 것을 잡았다. 그런 일이 있은 다음부터 농사는 팽개치고 나무 그루에 지켜 앉아 또 토끼가 달려와 부딪혀 죽기를 기다렸으나, 토끼는 얻지 못하고 세상 사람들의 비웃음만 샀다는 이야기가 『韓非子』(한비자)의 五蠹篇(오두편)에 나온다.

A long time ago during the Song dynasty period in China, a farmer was plowing his field when a rabbit accidentally ran into a tree stump and died. After that incident, he gave up farming and sat on the tree stump, waiting for a rabbit to run into it and die. But he didn't get a rabbit and only received ridicule from people around the world. This story is included in the *Odupyeon of Hanbija*.

守 株 待 兎 守 株 待 兎

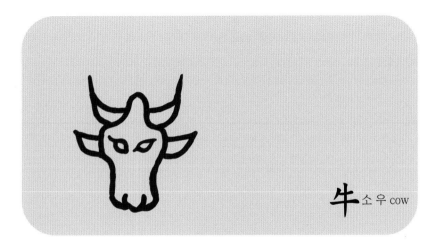

牛 소 우 cow

269 숙호충비 宿₅₂虎₃₂衝₃₂鼻₅₂ 잘 숙, 범 호, 찌를 충, 코 비

❶ **속뜻** 자고 있는[宿] 호랑이[虎]의 코[鼻]를 찌름[衝].
Stabbing[衝] the nose[鼻] of a sleeping[宿] tiger[虎].

❷ '화(禍)를 스스로 불러들이는 일'을 비유하여 이르는 말.
A word that metaphorically refers to 'the act of inviting one's own disaster'.

宿	虎	衝	鼻	宿	虎	衝	鼻

270 시종일관 始₆₂終₅₀一₈₀貫₃₂ 처음 시, 끝 종, 한 일, 꿸 관

❶ **속뜻** 처음[始]부터 끝까지[終] 일관(一貫)되게 함.
Being consistent[一貫] from the beginning[始] to the end[終].

❷ 처음부터 끝까지 한결같음.
Being the same from beginning to end.

始	終	一	貫	始	終	一	貫

271 식자우환 識₅₂字₇₀憂₃₂患₅₀ 알 식, 글자 자, 근심할 우, 근심 환

❶ **속뜻** 글자[字]를 아는[識] 것이 오히려 걱정[憂患]을 낳음.
Knowing[識] the letters[字] could potentially become a cause of anxiety[憂患].

❷ 차라리 몰랐으면 좋았을 것임.
Not knowing would have rather been better.

識	字	憂	患	識	字	憂	患

272 신출귀몰 神₆₂ 出₇₀ 鬼₃₂ 沒₃₂ 귀신 신, 날 출, 귀신 귀, 없어질 몰

❶ **속뜻** 귀신(鬼神)처럼 나타났다[出] 사라졌다[沒] 함.
Appearing[出] and disappearing[沒] like a ghost[鬼神].
❷ 자유자재로 출몰하여 변화를 짐작할 수 없음.
Something appears and disappears so freely that it is impossible to guess its changes.

神 出 鬼 沒 神 出 鬼 沒

273 심사숙고 深₄₂ 思₅₀ 熟₃₂ 考₅₀ 깊을 심, 생각 사, 익을 숙, 생각할 고

❶ **속뜻** 깊이[深] 생각하고[思] 푹 익을[熟] 정도로 충분히 생각[考]함.
Thinking[思] deeply[深] and considering[考] enough to ripen[熟].
❷ 신중을 기하여 곰곰이 생각함.
Thinking carefully and thoroughly.

深 思 熟 考 深 思 熟 考

274 심산유곡 深₄₂ 山₈₀ 幽₃₂ 谷₃₂ 깊을 심, 메 산, 그윽할 유, 골짜기 곡

❶ **속뜻** 깊은[深] 산[山]의 고요한[幽] 골짜기[谷].
A quiet[幽] valley[谷] in a deep[深] mountain[山].
❷ 깊은 산 속의 아름다움.
Beauty of a deep mountain.

深 山 幽 谷 深 山 幽 谷

275 아전인수 我₃₂田₄₂引₄₂水₈₀ 나 아, 밭 전, 끌 인, 물 수

❶ [속뜻] 자기[我] 밭[田]에 물[水]을 끌어댐[引].
Drawing[引] water[水] to one's[我] field[田].
❷ 자기에게만 이롭게 되도록 생각하거나 행동함.
Thinking or acting to benefit oneself only.

我	田	引	水	我	田	引	水

276 양상군자 梁₃₂上₇₂君₄₀子₇₂ 들보 량, 위 상, 임금 군, 접미사 자

❶ [속뜻] 들보[梁] 위[上]에 있는 군자(君子).
A gentleman[君子] on top[上] of a girder[梁].
❷ '도둑'을 완곡하게 이르는 말.
A euphemistic term for 'thief'.

[故事] 옛날 중국 후한의 진식(陳寔)이라는 사람이 자기 집 대들보에 앉아
있는 도둑을 보고 손자들에게, 저 대들보 위에 있는 자가 본래는 군자
(君子)였다고 말하니, 그 도둑이 감격하여 뛰어내려와 잘못을 뉘우치므로
용서해 주었다는 이야기가 『後漢書』(후한서)에 나온다.
Once upon a time, a man named Jinsig in the Later Han dynasty
period in China saw a thief sitting on the girder of his house.
He told his grandsons that the man on that beam was originally a
gentleman. When the thief heard it, he was so moved that he
jumped down and repented of his mistake, so Jinsig forgave the
thief. This story appears in *Hu-hanseo*.

梁	上	君	子	梁	上	君	子

277 어두육미 魚50頭60肉42尾32 물고기 어, 머리 두, 고기 육, 꼬리 미

❶ **속뜻** 물고기[魚]의 머리[頭]와 짐승 고기[肉]의 꼬리[尾].
The head[頭] of a fish[魚] and the tail[尾] of animal meat[肉].

❷ 생선은 머리 부분이, 고기는 꼬리 부분이 맛있다고 꼬드기는 말.
A word deliberately persuading that the head of fish and the tail of meat are delicious.

魚　頭　肉　尾　魚　頭　肉　尾

278 어부지리 漁50父80之32利62 =漁夫之利, 고기잡을 어, 아버지 부, 어조사 지, 이로울 리

❶ **속뜻** 고기잡이[漁父]가 이득(利得)을 봄.
The fisherman[漁父] takes advantage[利].

❷ 두 사람이 이해관계로 서로 싸우는 사이에 엉뚱하게 제3자가 이익을 가로챔을 이르는 말.
A word that refers to a third party stealing profits while two people are fighting for profit ag토st each other.
⑪ 蚌鷸之爭(방휼지쟁), 犬兎之爭(견토지쟁).

故事 도요새와 무명조개가 서로 다투고 있을 때, 지나가던 어부가 보고 둘 다 잡아 갔다는 이야기가 『戰國策』(전국책)에 나온다.
While a snipe and a clam were fighting each other, a passing fisherman saw them and took them both. This story appears in *Jeongugchaeg*.

漁　父　之　利　漁　父　之　利

279 억조창생 億₅₀兆₃₂蒼₃₂生₈₀ 억 억, 조 조, 푸를 창, 날 생

❶ **속뜻** 수많은[億兆] 세상 사람들[蒼生].
Numerous[億兆] people of the world[蒼生].

❷ 온 세상 모든 사람. Everyone in the whole world.
   ⓑ 萬戶衆生(만호중생). one hundred million and a trillion[〈英〉a billion];
[썩 많은 수 billions].

億	兆	蒼	生	億	兆	蒼	生

280 억강부약 抑₃₂強₆₀扶₃₂弱₆₂ 누를 억, 굳셀 강, 도울 부, 약할 약

❶ **속뜻** 강(強)한 자를 억누르고[抑] 약(弱)한 자를 도와줌[扶].
Suppressing[抑] the strong[強] and helping[扶] the weak[弱].

❷ 세상 사람들을 공평하게 함.
Equalizing the people in the world.

抑	強	扶	弱	抑	強	扶	弱

281 엄처시하 嚴₄₀妻₃₂侍₃₂下₇₂ 엄할 엄, 아내 처, 모실 시, 아래 하

❶ **속뜻** 엄(嚴)한 아내[妻]를 모시고[侍] 지냄[下].
Living while serving[侍下] a strict[嚴] wife[妻] .

❷ 아내에게 쥐여 사는 사람을 비웃는 말.
A term used to ridicule a man who is living under his wife's thumb.

嚴	妻	侍	下	嚴	妻	侍	下

116

282 여리박빙 如₄₂履₃₂薄₃₂氷₅₀ 같을 여, 밟을 리, 엷을 박, 얼음 빙

❶ **속뜻** 얇은[薄] 얼음[氷]을 밟는[履] 것과 같음[如].
Like[如] stepping on[履] thin[薄] ice[氷].

❷ '아슬아슬하고 위험한 일'을 비유하여 이르는 말.
A metaphor for 'a thrilling and dangerous thing'.

如	履	薄	氷	如	履	薄	氷

283 역지사지 易₄₀地₇₀思₅₀之₃₂ 바꿀 역, 땅 지, 생각 사, 그것 지

❶ **속뜻** 처지(處地)를 바꾸어[易] 그것[之]을 생각함[思].
Changing[易] the situation[地] to think[思] about it[之].

❷ 상대편의 처지에서 생각해 봄.
Thinking from the other side's point of view.

易	地	思	之	易	地	思	之

284 오거지서 五₈₀車₇₂之₃₂書₆₂ 다섯 오, 수레 거, 어조사 지, 책 서

❶ **속뜻** 다섯[五] 수레[車]로 실을 만한 많은 책[書].
Many books[書] that can be loaded on five[五] carts[車].

❷ 많은 책을 읽은 다음 잘 간직함.
Reading many books and keeping them well.
Ⓑ 汗牛充棟(한우충동).

五	車	之	書	五	車	之	書

285 오합지졸 烏₃₂合₆₀之₃₂卒₅₂ 까마귀 오, 만날 합, 어조사 지, 군사 졸

❶ **속뜻** 까마귀[烏]가 모인[合] 것처럼 질서가 없는 병졸(兵卒).
　Soldiers[卒] without order as if crows[烏] gathered[合].
❷ 훈련이 안되어 무질서한 병졸.
　Undisciplined and disorderly soldiers.
　ⓑ 烏合之衆(오합지중), 瓦合之卒(와합지졸).

286 용두사미 龍₄₀頭₆₀蛇₃₂尾₃₂ 용 룡, 머리 두, 뱀 사, 꼬리 미

❶ **속뜻** 용(龍)의 머리[頭]가 뱀[蛇]의 꼬리[尾]로 됨.
　The dragon's[龍] head[頭] becomes the snake's[蛇] tail[尾].
❷ '시작은 대단하였으나 끝이 흐지부지함'을 비유하여 이르는 말.
　A metaphor for 'the beginning was great, but the end was incomplete'.

287 용미봉탕 龍₄₀尾₄₂鳳₃₂湯₃₂ 용 룡, 꼬리 미, 봉새 봉, 국 탕

❶ **속뜻** 용(龍)의 꼬리[尾]와 봉황(鳳凰)을 넣고 끓인 탕국[湯].
　Soup[湯] boiled with dragon's[龍] tail[尾] and phoenix[鳳].
❷ '맛이 매우 좋은 음식'을 비유하여 이르는 말.
　A metaphor for 'food that tastes very good'.

288 우유부단 優40柔32不72斷42 넉넉할 우, 부드러울 유, 아닐 부, 끊을 단

❶ **속뜻** 마음이 넉넉하고[優] 부드럽기[柔]는 하지만 무언가 결단(決斷)을 내리지는 못함[不]. Being generous[優] and soft-hearted[柔], but unable[不] to make a decision[決斷].

❷ 어물어물 망설이기만 하지 딱 잘라 결단을 내리지 못함.
Equivocally hesitating without making a decision.

289 유방백세 流52芳32百70世72 흐를 류, 꽃다울 방, 일백 백, 세대 세

❶ **속뜻** 향기[芳]가 백대[百世]에 걸쳐 흐름[流].
Fragrance[芳] flows[流] over hundreds[百] of generations[世].

❷ 훌륭한 명성이나 공적이 후대에 길이 전함.
Great fame and meritorious deeds pass down through many generations.

290 유유자적 悠32悠32自72適40 멀 유, 멀 유, 스스로 자, 다닐 적

❶ **속뜻** 멀리 떠나[悠悠] 한가로이 자기[自] 마음대로 다님[適].
Going far away[悠悠] and wandering[適] leisurely at will[自].

❷ 속세를 벗어나 한가로이 지냄.
Getting away from the world and living a leisurely life.

291 은인자중 隱忍自重 숨길 은, 참을 인, 스스로 자, 무거울 중

❶ **속뜻** 숨기고[隱] 참으며[忍] 스스로[自] 신중(愼重)히 함.
Hiding[隱], enduring[忍], and being careful[愼重] by oneself[自].

❷ 마음 내키는 대로 하지 않고 신중히 처신함.
Not acting as one pleases, but behaving carefully.
⑪ 輕擧妄動(경거망동).

隱	忍	自	重	隱	忍	自	重

292 인면수심 人面獸心 사람 인, 낯 면, 짐승 수, 마음 심

❶ **속뜻** 사람[人]의 얼굴[面]에 짐승[獸]같은 마음[心].
A human[人] face[面] and a beast[獸]-like heart[心].

❷ 사람으로서 지켜야 할 도리를 하지 못하는 짐승같은 사람. A beast-like person who does not fulfill the duties expected of a human being.

❸ 배은망덕하게 행동하는 사람. A man who acts with ingratitude.

人	面	獸	心	人	面	獸	心

293 일구월심 日久月深 해 일, 오랠 구, 달 월, 깊을 심

❶ **속뜻** 날[日]마다 길어지고[久] 달마다[月]이 깊어감[深].
Growing longer[久] day by day[日] and deepening[深] month by month.

❷ 세월이 흘러 오래될수록 자꾸만 더해짐.
Intensifying as time goes by.

日	久	月	深	日	久	月	深

294 일도양단 一₈₀刀₃₂兩₄₂斷₄₂ 한 일, 칼 도, 두 량, 끊을 단

❶ **속뜻** 한[一] 칼[刀]에 둘[兩]로 자름[斷].
Cutting[斷] into two[兩] with one stroke[一] of the sword[刀].
❷ 머뭇거리지 않고 과감히 처리함.
Deal with something boldly without hesitation.

一	刀	兩	斷	一	刀	兩	斷

295 일이관지 一₈₀以₅₂貫₃₂之₃₂ 한 일, 부터 이, 꿸 관, 그것 지

❶ **속뜻** 하나[一]의 이치로써[以] 모든 것[之]을 꿰뚫음[貫].
One[一] principle[以] penetrates[貫] everything[之].
❷ 처음부터 끝까지 변함없음.
Never changing from beginning to end.

一	以	貫	之	一	以	貫	之

296 일일지장 一₈₀日₈₀之₃₂長₈₀ 한 일, 날 일, 어조사 지, 어른 장

❶ **속뜻** 하루[一日] 먼저 태어난 어른[長].
The senior[長] born one day[一日] earlier.
❷ 조금 나음. 또는 그런 사람.
A little bit better or someone like that.

一	日	之	長	一	日	之	長

297 일장춘몽 一₈₀場₇₂春₇₀夢₃₂ 한 일, 마당 장, 봄 춘, 꿈 몽

❶ **속뜻** 봄[春]날 낮에 한[一] 차례[場] 꾼 꿈[夢].
A dream[夢] that had once[一場] during the day on a spring day[春].
❷ '헛된 영화나 덧없는 일'을 비유하는 말.
A metaphor for 'empty honor or transient life'.

| 一 | 場 | 春 | 夢 | 一 | 場 | 春 | 夢 |

298 일촉즉발 一₈₀觸₃₂即₃₂發₆₂ 한 일, 닿을 촉, 곧 즉, 일어날 발

❶ **속뜻** 한[一] 번 닿기만[觸] 해도 곧[即] 폭발(爆發)함.
Something that would explode[發] immediately[即] even at a[一] touch[觸] .
❷ 금방이라도 일이 크게 터질듯함.
It looks like something big is about to happen.

| 一 | 觸 | 即 | 發 | 一 | 觸 | 即 | 發 |

299 일편단심 一₈₀片₃₂丹₃₂心₇₀ 한 일, 조각 편, 붉을 단, 마음 심

❶ **속뜻** 한[一] 조각[片] 붉은[丹] 마음[心].
One[一] piece[片] of a red[丹] heart[心].
❷ 변치 않는 참된 마음.
A sincere heart that never changes.

| 一 | 片 | 丹 | 心 | 一 | 片 | 丹 | 心 |

300 일필휘지 一筆揮之 한 일, 붓 필, 휘두를 휘, 어조사 지

❶ **속뜻** 한[一] 번 붓[筆]을 들어 휘두름[揮].
Wrting[揮] with[之] one[一] stroke of a brush[筆].

❷ 글씨를 단숨에 힘차고 시원하게 씀.
Writing characters powerfully and clearly without stopping.

301 임기응변 臨機應變 임할 림, 때 기, 응할 응, 변할 변

❶ **속뜻** 어떤 시기(時機)가 닥치면[臨] 그에 부응(副應)하여 변화(變化)함.
When a certain situation[時機] arises[臨], changes[變] are made in response[應] to it.

❷ 그때 그때 형편에 따라 알맞게 일을 처리함. Doing things properly according to the circumstances of the right time.

302 입신양명 立身揚名 설 립, 몸 신, 드러낼 양, 이름 명

❶ **속뜻** 입신(立身)하여 이름[名]을 세상에 날림[揚].
Spreading[揚] one's name[名] widely by rising in the world[立身].

❷ 출세하여 이름을 세상에 떨침.
Making one's name famous in the world by achieving social success.

303 자격지심 自₇₂激₄₀之₃₂心₇₀ 스스로 자, 격할 격, 어조사 지, 마음 심

❶ **속뜻** 스스로[自]를 격(激)하게 다그치는 마음[心].
The mind[心] that urges oneself[自] vigorously[激].
❷ 스스로 부족함을 느껴 분발하려는 마음.
The feeling of self-reproach for one's insufficiency.

自	激	之	心	自	激	之	心

304 자중지란 自₇₂中₈₀之₃₂亂₄₀ 스스로 자, 가운데 중, 어조사 지, 어지러울 란

❶ **속뜻** 자기(自己) 편 중(中)에서 일어나는 분란(紛亂).
A fight[紛亂] which the group members[自己] have among[中] themselves.
❷ 자기 편 내부에서 일어난 싸움질.
A fight that occurred within one's own side.

自	中	之	亂	自	中	之	亂

305 전화위복 轉₄₀禍₃₂爲₄₂福₅₂ 옮길 전, 재화 화, 할 위, 복 복

❶ **속뜻** 재화(災禍)가 바뀌어[轉] 도리어 복(福)이 됨[爲].
Disaster[禍] changes[轉] and becomes[爲] all the more a blessing[福].
❷ 위기를 극복하여 좋은 기회가 됨.
Overcoming a crisis makes a good opportunity.

轉	禍	爲	福	轉	禍	爲	福

306 절치부심 切₅₂齒₄₂腐₃₂心₇₀ 벨 절, 이 치, 썩을 부, 마음 심

❶ **속뜻** 이[齒]를 갈며[切] 속[心]을 썩임[腐].
Grinding[切] one's teeth[齒] and rotting[腐] one's heart[心].

❷ 몹시 분하여 갖은 노력을 다함.
Despite being furious with rage, one makes every effort.

切	齒	腐	心	切	齒	腐	心

307 점입가경 漸₃₂入₇₀佳₃₂境₄₂ 점점 점, 들 입, 아름다울 가, 지경 경

❶ **속뜻** 점점[漸] 들어갈수록[入] 아름다운[佳] 경지(境地)에 이름.
The scenery becomes more beautiful[佳] as one gradually[漸] goes
into[入] the place[境].

❷ 일이 점점 재미있어짐.
Things are getting more and more funny.

漸	入	佳	境	漸	入	佳	境

308 족탈불급 足₇₂脱₄₀不₇₂及₃₂ 발 족, 벗을 탈, 아닐 불, 미칠 급

❶ **속뜻** 발[足] 벗고[脱] 뛰어가도 따라잡지[及] 못함[不].
Even if one takes off[脱] his shoes[足] to run, he can't[不] catch
up[及] with someone.

❷ '능력이나 역량, 재주 따위가 도저히 따라가지 못할 정도임'을 비유하여
이르는 말. It is a metaphor for 'the level of ability, capacity, skill, etc.
that one cannot catch up'.

足	脱	不	及	足	脱	不	及

309 존망지추 存亡之秋 있을 존, 망할 망, 어조사 지, 때 추

❶ **속뜻** 살아남느냐[存] 망(亡)하느냐 하는 아주 절박한 때[秋].
A very desperate time[秋] to survive[存] or perish[亡].
❷ 생존이 달려 있는 중대한 시기.
A very important time when survival depends.

存 亡 之 秋 存 亡 之 秋

310 종횡무진 縱橫無盡 세로 종, 가로 횡, 없을 무, 다할 진

❶ **속뜻** 남북[縱]으로 동서[橫]로 다니며 다함[盡]이 없음[無].
Going north and south[縱] and east and west[橫], without[無] any limit[盡].
❷ 자유자재로 행동하여 거침이 없는 상태.
The state of being free to act without restraint.

縱 橫 無 盡 縱 橫 無 盡

311 좌불안석 坐不安席 앉을 좌, 아니 불, 편안할 안, 자리 석

❶ **속뜻** 앉아도[坐] 편안(便安)하지 않는[不] 자리[席].
A seat[席] that is not[不] comfortable[安] to sit on[坐].
❷ 가만히 앉아 있지 못하고 안절부절 걱정함.
Being unable to sit still and worrying restlessly.

坐 不 安 席 坐 不 安 席

312 좌정관천 坐₃₂井₃₂觀₅₂天₇₀ 앉을 좌, 우물 정, 볼 관, 하늘 천

❶ **속뜻** 우물[井] 속에 앉아[坐] 하늘[天]을 봄[觀].
Sitting[坐] in a water well[井] and watching[觀] the sky[天].
❷ 견문과 안목이 좁아 마음이 옹졸함.
Being narrow-minded with little knowledge and a narrow
perspective.

坐	井	觀	天	坐	井	觀	天

313 좌지우지 左₇₂之₃₂右₇₂之₃₂ 왼 좌, 갈 지, 오른쪽 우, 갈 지

❶ **속뜻** 왼쪽[左]으로 갔다[之] 다시 오른쪽[右]으로 갔다[之] 함.
Going[之] to the left[左] and then going[之] to the right[右] again.
❷ 제 마음대로 다루거나 휘두름.
Handling or wielding something of one's own free will.

左	之	右	之	左	之	右	之

314 좌충우돌 左₇₂衝₃₂右₇₂突₃₂ 왼 좌, 부딪힐 충, 오른쪽 우, 부딪힐 돌

❶ **속뜻** 왼쪽[左]에 부딪쳤다가[衝] 다시 오른쪽[右]에 부딪침[突].
Hitting[衝] the left[左] and colliding[突] with the right[右] again.
❷ 닥치는 대로 마구 치고받고 함.
Randomly causing troubles with dash and rush.
Ⓑ 左右衝突(좌우충돌).

左	衝	右	突	左	衝	右	突

315 주경야독 晝$_{60}$耕$_{32}$夜$_{60}$讀$_{62}$ 낮 주, 밭갈 경, 밤 야, 읽을 독

❶ **속뜻** 낮[晝]에는 밭을 갈고[耕] 밤[夜]에는 글을 읽음[讀].
　Plowing[耕] the field during the day[晝] and reading[讀] at night[夜].
❷ 어려운 여건 속에서도 꿋꿋이 공부함.
　Perseveringly studying even in difficult circumstances.
Ⓗ 晴耕雨讀(청경우독)

晝	耕	夜	讀	晝	耕	夜	讀

316 주지육림 酒$_{40}$池$_{32}$肉$_{42}$林$_{70}$ 술 주, 못 지, 고기 육, 수풀 림

❶ **속뜻** 술[酒]이 못[池]을 이루고 안주로 쓸 고기[肉]가 숲[林]을 이룸.
　Alcohol[酒] forms a pond[池], and meat[肉], to be used as a side
　dish, forms a forest[林].
❷ '호사스런 술잔치'를 비유하여 이르는 말.
　It is a metaphor for a 'luxurious drinking party'.
【故事】 중국 은나라 주(紂)왕이 못을 파 술을 채우고 숲의 나뭇가지에
　고기를 걸어 놓고 술잔치를 즐겼다는 고사에서 유래(출처:『史記』).
　King Ju of the Eun dynasty in China dug a pond for wine storage
　and hung meat on tree branches in the forest to enjoy drinking
　parties. This story appears in *Sagi*.

酒	池	肉	林	酒	池	肉	林

何 어찌 하 how

317 중과부적 衆₄₂寡₃₂不₇₂敵₄₂ 무리 중, 적을 과, 아닐 불, 대적할 적

❶ **속뜻** 수적으로 많고[衆] 적은[寡] 경우 서로 대적(對敵)하지 못함[不].
If there are many[衆] and few[寡], they cannot[不] compete
against[敵] each other.
❷ 적은 수로는 많은 수를 이길 수 없음.
Small numbers of people cannot beat large numbers of people.

衆　寡　不　敵　衆　寡　不　敵

318 지리멸렬 支₄₂離₄₀滅₃₂裂₃₂ 가를 지, 떼놓을 리, 없앨 멸, 찢을 렬

❶ **속뜻** 갈라지고[支] 흩어지고[離] 없어지고[滅] 찢김[裂].
Being cracked[支], scattered[離], extinguished[滅], and torn[裂].
❷ 이리저리 흩어져 없어짐.
Scattered all over the place only to disappear.

支　離　滅　裂　支　離　滅　裂

319 지명지년 知₅₂命₇₀之₃₂年₈₀ 알 지, 목숨 명, 어조사 지, 해 년

❶ **속뜻** 천명(天命)을 아는[知] 나이[年].
The age[年] to know[知] the mandate[命] from Heaven.
❷ '쉰 살의 나이'를 달리 이르는 말.
Another word for 'the age of fifty-years'.

知　命　之　年　知　命　之　年

320 진퇴유곡 進退維谷 나아갈 진, 물러날 퇴, 오직 유, 골 곡

❶ **속뜻** 앞으로 나가도[進] 뒤로 물러서도[退] 오직[維] 깊은 골짜기[谷] 뿐임.
Whether going forward[進] or stepping back[退], there is only[維]
a deep valley[谷].

❷ 어떻게 할 수 없는 매우 난처한 경우에 처함.
Being in a very embarrassing situation where no solution is possible.
ⓑ 進退兩難(진퇴양난).

進 退 維 谷 進 退 維 谷

321 차일피일 此日彼日 이 차, 날 일, 저 피, 날 일

❶ **속뜻** 이[此] 날[日] 저[彼] 날[日].
This[此] day[日] or that[彼] day[日].

❷ '약속이나 기한 따위를 미적미적 미루는 태도'를 비유한 말.
A metaphor for 'an attitude of constantly putting off promises or
deadlines'. ⓑ 此月彼月(차월피월).

此 日 彼 日 此 日 彼 日

322 천고마비 天高馬肥 하늘 천, 높을 고, 말 마, 살찔 비

❶ **속뜻** 하늘[天]이 높고[高] 말[馬]이 살찜[肥].
The sky[天] is high[高] and the horse[馬] is fat[肥].

❷ 가을이 좋은 계절임을 비유적으로 이르는 말.
A metaphorical saying that autumn is a good season.
ⓑ 秋高馬肥(추고마비).

天 高 馬 肥 天 高 馬 肥

323 천양지차 天₇₀壤₃₂之₃₂差₄₀ 하늘 천, 땅 양, 어조사 지, 다를 차

❶ **속뜻** 하늘[天]과 땅[壤]처럼 큰 차이(差異).
A big difference[差] like the sky[天] and the earth[壤].
❷ 사물이 서로 엄청나게 다름.
Things are vastly different from each other.
Ⓗ 天壤之判(천양지판), 雲泥之差(운니지차).

324 철두철미 徹₃₂頭₆₀徹₃₂尾₃₂ 통할 철, 머리 두, 통할 철, 꼬리 미

❶ **속뜻** 처음[頭]부터 끝[尾]까지 모두 통함[徹].
From the beginning[頭] to the end[尾], everything is checked[徹].
❷ 전혀 빼놓지 않고 샅샅이.
All the way through without missing anything.
❸ 처음부터 끝까지 철저함. Thorough from the beginning to end.

325 취생몽사 醉₃₂生₈₀夢₃₂死₆₀ 취할 취, 살 생, 꿈 몽, 죽을 사

❶ **속뜻** 술에 취해[醉] 살다가[生] 꿈을 꾸다[夢] 죽음[死].
Being drunk[醉] while living[生] and dying[死] during a dream[夢].
❷ 멍청하게 살다가 허망하게 죽음.
Living idly and dying in vain.

326 치지도외 置₄₂之₃₂度₆₀外₈₀ 둘 치, 그것 지, 법도 도, 밖 외

❶ 속뜻 내버려두고[置] 도외시(度外視) 함.
Leaving[置] out[外] of consideration[度] and ignoring it.
❷ 중요하게 여기거나 관심을 두지 않음.
Not taking any account of something and not paying attention to it.

置	之	度	外	置	之	度	外

327 칠거지악 七₈₀去₅₀之₃₂惡₅₂ 일곱 칠, 물리칠 거, 어조사 지, 나쁠 악

❶ 속뜻 내쫓을[去] 수 있는 이유가 되는 일곱[七] 가지의 나쁜[惡] 행실.
The seven[七] bad[惡] deeds of wives for which they could be
driven out[去].
❷ 예전에 결혼한 여자가 남편에게 버림받을 수 있는 일곱 가지 이유.
Seven causes the wifes could be abandoned by their husbands in
the past.

七	去	之	惡	七	去	之	惡

鷄 닭 계 chicken

328 타산지석 他₅₀山₈₀之₃₂石₆₀ 다를 타, 뫼 산, 어조사 지, 돌 석

❶ **속뜻** 다른[他] 산[山]의 돌[石]이라도 쓸모가 있음.
Even stones[石] from other[他] mountains[山] are useful.

❷ 다른 사람의 별 것 아닌 언행이 자기의 덕을 닦는 데 도움이 됨.
Other people's insignificant words and actions help cultivate one's own virtue.

故事 다른 산에 있는 하찮은 돌이라도 자기의 옥(玉)을 가는 데 도움이 된다는 말이 『詩經』(시경)에 나온다.
Even an insignificant stone from another mountain helps sharpen one's jade. This word appears in the *Book of Poetry*.

保 지킬 보 to protect

329 태산북두 泰₃₂山₈₀北₈₀斗₄₂ 클 태, 뫼 산, 북녘 북, 말 두

❶ **속뜻** 태산(泰山)과 북두칠성(北斗七星).
The great mountain Taesan[泰山] and the Big Dipper[北斗七星].

❷ '사람들에게 존경을 받는 사람'을 비유하여 이르는 말.
A word used to describe someone who is respected by people.

330 파사현정 破邪顯正 깨뜨릴 파, 간사할 사, 드러낼 현, 바를 정

❶ **속뜻** 사악(邪惡)한 것을 깨뜨리고[破] 올바른[正] 것을 드러냄[顯].
Destroying[破] evil[邪] and showing[顯] rightousness[正].

❷ **불교** 사견(邪見)과 사도(邪道)를 깨고 정법(正法)을 드러내는 일. 삼론종의
근본 교의임. Repudiating wrong views and evil ways, and then revealing
the righteous law. This is the fundamental tenet of Samnonjong.

破	邪	顯	正	破	邪	顯	正

331 파안대소 破顏大笑 깨뜨릴 파, 얼굴 안, 큰 대, 웃을 소

❶ **속뜻** 얼굴[顏]이 일그러질[破] 듯 크게[大] 웃음[笑].
A big[大] laugh[笑] as if the face[顏] were distorted[破].

❷ 크게 웃음. 또는 그런 모습.
Laughing out loud, or such an appearance.

(비) 破顏一笑(파안일소).

破	顏	大	笑	破	顏	大	笑

332 파죽지세 破竹之勢 쪼갤 파, 대나무 죽, 어조사 지, 형세 세

❶ **속뜻** 대나무[竹]가 단번에 쭉 쪼개지는[破] 것 같은 형세(形勢).
The situation[形勢] where the bamboo[竹] splits[破] all at once.

❷ 맹렬하고 거침없는 기세.
The fierce and irresistible force.

破	竹	之	勢	破	竹	之	勢

333 표리부동 表$_{62}$裏$_{32}$不$_{72}$同$_{70}$ 겉 표, 속 리, 아니 불, 같을 동

❶ **속뜻** 겉[表]과 속[裏]이 같지[同] 아니함[不].
The outside[表] and the inside[裏] are not[不] the same[同].

❷ 마음이 음흉하고 불량함.
The mind is sinister and bad.

表	裏	不	同	表	裏	不	同

334 피골상접 皮$_{32}$骨$_{40}$相$_{52}$接$_{42}$ 가죽 피, 뼈 골, 서로 상, 닿을 접

❶ **속뜻** 살갗[皮]과 뼈[骨]가 서로[相] 맞닿아[接] 있음.
Skin[皮] and bones[骨] are in contact[接] with each other[相].

❷ 몸이 몹시 여윔.
The body is very skinny.

皮	骨	相	接	皮	骨	相	接

335 피차일반 彼$_{32}$此$_{32}$一$_{80}$般$_{32}$ 저 피, 이 차, 한 일, 모두 반

❶ **속뜻** 저것이나[彼] 이것[此]이나 하나[一] 같이 모두[般] 같음.
That[彼] or this[此] is one[一] thing[般].

❷ 두 편이 서로 같음.
Both sides are equal.

彼	此	一	般	彼	此	一	般

336 하석상대 下72石60上72臺32 아래 하, 돌 석, 위 상, 돈대 대

❶ **속뜻** 아랫[下]돌[石]로 윗[上]대[臺]를 굄.
Propping up the upper[上] stand[臺] with the lower[下] stone[石].

❷ 임시변통으로 이리저리 둘러맞춤.
Patching something up here and there in a makeshift way.

下	石	上	臺	下	石	上	臺

337 학수고대 鶴32首52苦60待60 학 학, 머리 수, 괴로울 고, 기다릴 대

❶ **속뜻** 학(鶴)처럼 머리[首]를 쭉 빼고 애태우며[苦] 기다림[待].
Anxiously[苦] waiting[待] with the head[首] pulled out like a crane[鶴].

❷ 간절한 마음으로 애타게 기다림.
Waiting anxiously with an earnest heart.

鶴	首	苦	待	鶴	首	苦	待

338 항다반사 恒32茶32飯32事72 늘 항, 차 다, 밥 반, 일 사

❶ **속뜻** 차[茶]를 마시는 일이나 밥[飯]을 먹는 것처럼 항상(恒常) 있는 일[事].
Things[事] that always[恒] happen like drinking tea[茶] or eating rice[飯].

❷ 흔하게 늘 있는 일.
Something that happens commonly all the time.
    ㊤ 恒事(항사), 茶飯事(다반사).

恒	茶	飯	事	恒	茶	飯	事

136

339 현모양처 賢₄₂母₈₀良₅₂妻₃₂ 어질 현, 어머니 모, 좋을 량, 아내 처

❶ **속뜻** 어진[賢] 어머니[母]이면서 착한[良] 아내[妻].
A wise[賢] mother[母] and good[良] wife[妻].

❷ 남편과 자식 모두에게 잘하는 훌륭한 여자.
A wonderful woman who is good to both her husband and children.
㊙ 良妻賢母(양처현모).

340 호연지기 浩₃₂然₇₀之₃₂氣₇₂ 클 호, 그러할 연, 어조사 지, 기운 기

❶ **속뜻** 바르고 큰[浩] 그러한[然] 모양의 기운(氣運).
Upright[浩] and noble[然] spirit[氣].

❷ 하늘과 땅 사이에 가득 찬 넓고 큰 원기.
A wide and large vigor filled between heaven and earth.

❸ 한량없이 넓고 거침없는 기개.
Unlimitedly broad-minded and irresistible conviction.

341 홍노점설 紅₄₀爐₃₂點₄₀雪₆₂ 붉을 홍, 화로 로, 점 점, 눈 설

❶ **속뜻** 벌겋게[紅] 단 화로(火爐)에 떨어지는 한 점(點)의 눈[雪].
A single piece[點] of snow[雪] falling on a red-hot[紅] furnace[爐].

❷ 풀리지 않던 의혹 따위가 눈 녹듯이 단번에 깨쳐짐. The unresolved doubt is realized at once like melting snow.

❸ 큰 것 앞에서 맥을 못추는 매우 작은 것. A very small thing that is powerless when facing a big thing. ㊙ 紅爐上一點雪(홍로상일점설).

342 흥망성쇠 興₄₂亡₅₀盛₄₂衰₃₂ 일어날 흥, 망할 망, 가득할 성, 쇠할 쇠

❶ **속뜻** 흥(興)하고 망(亡)하고 성(盛)하고 쇠(衰)함.
Rise[興], fall[亡], prosper[盛] and decline[衰].
❷ 흥성과 쇠망의 기복.
The ups and downs of prosperity and decline.

興	亡	盛	衰	興	亡	盛	衰

343 희로애락 喜₄₀怒₄₂哀₃₂樂₆₂ 기쁠 희, 성낼 노, 슬플 애, 즐거울 락

❶ **속뜻** 기쁨[喜]과 노여움[怒]과 슬픔[哀]과 즐거움[樂].
Joy[喜], anger[怒], sorrow[哀], and pleasure[樂].
❷ 사람의 온갖 감정.
All kinds of human emotions.

喜	怒	哀	樂	喜	怒	哀	樂

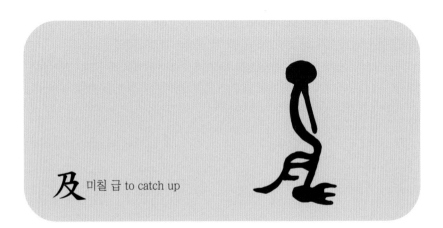

及 미칠 급 to catch up

138

344 가담항설 街談巷說 ₄₂ ₅₀ ₃₀ ₅₂ 거리 가, 말씀 담, 골목 항, 말씀 설

❶ **속뜻** 거리[街]에 떠도는 말[談]과 골목[巷]에 떠도는 이야기[說].
Words[談] circulating in the streets[街] and stories[說] floating in the alleys[巷].

❷ 길거리에 떠도는 소문이나 이야기. 세상의 풍문.
Rumors or stories floating around the streets. Rumors of the world.

| 街 | 談 | 巷 | 說 | 街 | 談 | 巷 | 說 |

345 각골난망 刻骨難忘 ₄₀ ₄₀ ₄₂ ₃₀ 새길 각, 뼈 골, 어려울 난, 잊을 망

❶ **속뜻** 뼈[骨] 속 깊이 새겨[刻] 놓아 잊기[忘] 어려움[難].
Being deeply engraved[刻] in the bones[骨], so that it is difficult[難] to forget[忘].

❷ 은혜에 대한 고마움이 뼈 속 깊이 사무쳐 잊히지 아니함.
The gratitude for grace penetrated deep into the bones so that it is not forgotten.

　　⊕ 白骨難忘(백골난망), 刻骨銘心(각골명심). ⊕ 刻骨痛恨(각골통한).

| 刻 | 骨 | 難 | 忘 | 刻 | 骨 | 難 | 忘 |

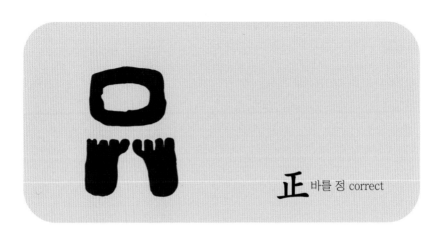

正 바를 정 correct

346 각주구검 刻舟求劍 새길 각, 배 주, 구할 구, 칼 검

❶ **속뜻** 강물에 칼을 빠뜨린 곳을 배[舟]에다 표시해[刻] 두었다가 나중에 그 표시를 보고 칼[劍]을 찾으려고 함[求].

Marking[刻] the place on the boat[舟] where the sword fell into the river, so that one can find[求] the sword[劍] later using the mark.

❷ '어리석고 미련함'을 비유하여 이르는 말.

A metaphor for 'stupidity and foolishness'.

故事 초(楚)나라 사람이 배를 타고 놀다가 칼을 물에 떨어뜨렸는데, 떨어뜨린 위치를 뱃전에 표시를 해 놓았다가 후에 배가 앞으로 옮겨간 것은 생각 않고 그 표시를 해 놓은 뱃전 밑의 물속에서 칼을 찾으려다 허탕을 쳤다는 미련한 사람의 이야기가 『여씨춘추(呂氏春秋)』에 전한다.

Once upon a time, an assheaded person in the Cho dynasty period was playing in a boat and dropped a sword into the water. He marked the location where the sword was dropped on the side of the boat. Later, without realizing that the boat had moved forward, he tried in vain to find the sword in the water under the mark made on the boat. This story appears in *Yeossichunchu*.

刻 舟 求 劍 　 刻 舟 求 劍

347 감개무량 感慨無量 느낄 감, 슬퍼할 개, 없을 무, 헤아릴 량

❶ **속뜻** 마음에 사무치는[慨] 느낌[感]이 헤아릴[量] 수 없음[無].

An immeasurable[無量] poignant[慨] feeling[感].

❷ 감동이나 느낌이 한이 없음.

Unlimited impressions or feelings.

感 慨 無 量 　 感 慨 無 量

348 거안제미 擧案齊眉 들 거, 책상 안, 가지런할 제, 눈썹 미

❶ **속뜻** 밥상[案]을 들어[擧] 눈썹[眉]과 가지런하도록[齊] 하여 남편 앞에 가지고 감. Raising[擧] the table[案] of meals to be even with[齊] the eyebrows[眉] and putting it in front of the husband.
❷ 남편을 깍듯이 공경함.
Respecting the husband politely.

擧	案	齊	眉	擧	案	齊	眉

349 걸인련천 乞人憐天 빌 걸, 사람 인, 가엾을 련, 하늘 천

❶ **속뜻** 거지[乞人]가 하늘을[天] 불쌍히 여김[憐].
A beggar[乞人] feeling pity[憐] for heaven[天].
❷ 자기 분수에 넘치는 일을 하는 부질없는 사람.
A useless person who does things beyond his capacity.

乞	人	憐	天	乞	人	憐	天

350 견강부회 牽強附會 끌 견, 굳셀 강, 붙을 부, 모일 회

❶ **속뜻** 억지로[強] 끌어다[牽] 대어[附] 자기 주장에 맞도록[會] 함.
Drawing[牽] illogic forcefully[強] and connecting[附] it to create[會] something reasonable.
❷ 가당치도 않은 말을 함부로 함. 또는 그런 일.
Saying inappropriate words carelessly.

牽	強	附	會	牽	強	附	會

351 계명구도 鷄鳴狗盜 닭 계, 울 명, 개 구, 훔칠 도

❶ **속뜻** 닭[鷄] 울음소리[鳴]를 잘 내는 사람과 개[狗]같이 남의 물건을 잘 훔치는[盜] 사람.

A person who is good at making a rooster's crowing sound[鷄鳴] and a person who steals[盜] other people's things well like a dog[狗].

❷ 남을 잘 속이는 하찮은 재주, 또는 그런 재주를 가진 사람.

A petty knack for deceiving others or someone with that skill.

故事 옛날 중국에 맹상군이라는 사람이 큰 위기에 처하자, 닭 울음소리를 잘 내는 사람과 개같이 물건을 잘 훔치는 사람을 이용하여 죽을 고비를 넘긴 이야기가 『史記』(사기)에 전한다.

Once upon a time in China, when a man named Maengsanggun was in great danger, he took advantage of a person who was good at making a rooster's crowing sound and a person who was good at stealing things well like dogs. With their help he got over the crisis of death. This story is written in *Sagi*.

鷄	鳴	狗	盜	鷄	鳴	狗	盜

352 고침안면 高枕安眠 높을 고, 베개 침, 편안할 안, 잠잘 면

❶ **속뜻** 베개[枕]를 높게[高] 하여 편안(便安)하게 잠[眠].

Sleeping[眠] comfortably[安] by raising[高] the pillow[枕] high.

❷ 편안하게 잠을 잘 잠.

Sleeping well and comfortably.

高	枕	安	眠	高	枕	安	眠

353 교각살우 矯角殺牛 바로잡을 교, 뿔 각, 죽일 살, 소 우

❶ 속뜻 소의 뿔[角]을 바로잡으려다[矯] 소[牛]를 죽임[殺].
Attempting to straighten[矯] the horns[角] of a cow[牛] results in
killing[殺] it.
❷ 잘못 된 점을 고치려다 방법이나 정도가 지나쳐 오히려 일을 그르치게 됨.
Trying to correct something wrong but instead spoiling it due to
an excessive method or degree.

| 矯 | 角 | 殺 | 牛 | 矯 | 角 | 殺 | 牛 |

354 구밀복검 口蜜腹劍 입 구, 꿀 밀, 배 복, 칼 검

❶ 속뜻 입[口]에는 꿀[蜜]이 있고 배[腹] 속에는 칼[劍]이 있음.
There is honey[蜜] in the mouth[口] but a knife[劍] in the belly[腹].
❷ 말은 달콤하게 하지만 속으로는 해칠 생각을 하고 있음.
Speaking sweetly, but thinking of harming inwardly.

| 口 | 蜜 | 腹 | 劍 | 口 | 蜜 | 腹 | 劍 |

355 구상유취 口尚乳臭 입 구, 아직 상, 젖 유, 냄새 취

❶ 속뜻 입[口]에서 아직[尚] 젖[乳] 냄새[臭]가 남.
There is still[尚] a milk[乳] smell[臭] from the mouth[口].
❷ 말이나 행동이 어리고 유치함.
Words or actions are still young and childish.

| 口 | 尚 | 乳 | 臭 | 口 | 尚 | 乳 | 臭 |

356 권선징악 勸40善50懲52惡52 권할 권, 착할 선, 혼낼 징, 악할 악

❶ **속뜻** 착한[善] 일을 권장(勸奬)하고 악(惡)한 일을 징계(懲戒)함.
Encouraging[勸] good[善] deeds and punishing[懲] evil[惡] deeds.
❷ 착한 사람을 상주고 악한 사람을 처벌함.
Rewarding the good and punishing the bad.

勸	善	懲	惡	勸	善	懲	惡

357 금상첨화 錦32上72添30花70 비단 금, 위 상, 더할 첨, 꽃 화

❶ **속뜻** 비단[錦] 위[上]에 꽃[花]을 더함[添].
Putting[添] a flower[花] on[上] the silk[錦].
❷ '좋은 일 위에 또 좋은 일이 더하여짐'을 비유하여 이르는 말.
A word that metaphorically refers to 'a good thing is added to a
good thing'. ⑪ 雪上加霜(설상가상).

錦	上	添	花	錦	上	添	花

358 녹양방초 綠60楊30芳32草70 초록빛 록, 버들 양, 꽃다울 방, 풀 초

❶ **속뜻** 푸른[綠] 버드나무[楊]와 향기로운[芳] 풀[草].
The green[綠] willow[楊] and the fragrant[芳] grass[草].
❷ 아름다운 여름철의 자연경관.
Beautiful scenery of nature in summer.

綠	楊	芳	草	綠	楊	芳	草

359 당구풍월 堂₆₂狗₃₀風₆₂月₈₀ 집 당, 개 구, 바람 풍, 달 월

❶ **속뜻** 서당(書堂)의 개[狗]가 풍월(風月)을 읊음.
The dog[狗] in the school hall[堂] recites poetry[風月].

❷ 아무리 무식한 사람이라도 유식한 사람들과 함께 오래 생활하다보면 유식해짐. No matter how ignorant a person is, if they live with learned people for a long time, they become learned.

360 도탄지고 塗₃₀炭₅₀之₃₂苦₆₀ 진흙 도, 숯 탄, 어조사 지, 괴로울 고

❶ **속뜻** 진흙탕[塗]에 빠지고 숯불에[炭] 타는 듯한 고통(苦痛).
The pain[苦] of falling in mud[塗] and being burnt by a charcoal fire[炭].

❷ '몹시 곤궁하여 고통스러운 지경'을 비유하는 말.
A metaphor for 'a state of extreme poverty and suffering'.

361 독야청청 獨₅₂也₃₀靑₈₀靑₈₀ 홀로 독, 어조사 야, 푸를 청, 푸를 청

❶ **속뜻** 홀로[獨] 푸르디[靑] 푸름[靑].
Being blue[靑] and blue[靑] alone[獨].

❷ 홀로 절개를 굳세게 지키고 있음.
Preserving one's chastity firmly alone.

362 동병상련 同70病60相52憐30 같을 동, 병 병, 서로 상, 가엾을 련

❶ **속뜻** 같은[同] 병(病)에 걸린 환자끼리 서로[相] 가엾게[憐] 여김.
Patients suffering from the same[同] disease[病] treat each other[相] with pity[憐].

❷ 똑같이 어려운 처지에 있는 사람끼리 서로 동정하고 도움.
People who are in the same difficult situation sympathize with one another and offer assistance.

同	病	相	憐	同	病	相	憐

363 망극지은 罔30極42之32恩42 없을 망, 다할 극, 어조사 지, 은혜 은

❶ **속뜻** 끝이[極] 없이[罔] 넓고 큰 은혜(恩惠).
Endlessly[罔極] wide and great grace[恩].

❷ '부모나 임금에게 받은 한없이 큰 은혜'를 일컫는 말.
A metaphor for 'immeasurable grace from parents and favor from the king'.

罔	極	之	恩	罔	極	之	恩

364 망연자실 茫30然70自72失60 아득할 망, 그러할 연, 스스로 자, 잃을 실

❶ **속뜻** 자신[自]의 넋을 잃어버린[失] 듯이 멍함[茫然].
Being dazed[茫然] as if one[自] has lost[失] one's soul.

❷ 감당하기 어려울 정도로 놀라운 일을 당하여 넋을 잃고 어리둥절함.
Losing one's mind and feeling bewildered due to being shocked by an unbearably strange affair.

茫	然	自	失	茫	然	自	失

146

365 문전걸식 門80前72乞30食72 문 문, 앞 전, 빌 걸, 먹을 식

❶ 속뜻 문(門) 앞[前]에서 빌어[乞] 먹음[食].
Begging[乞] to eat[食] in front[前] of the door[門].

❷ 이집 저집 돌아다니며 빌어먹음.
Going from house to house to beg for food.

門	前	乞	食	門	前	乞	食

366 방약무인 傍30若32無50人80 곁 방, 같을 약, 없을 무, 사람 인

❶ 속뜻 곁[傍]에 아무 사람[人]도 없는[無] 것같이[若] 행동함.
Acting as if[若] there is no one[無人] else besides[傍].

❷ 거리낌 없이 함부로 행동함.
Acting recklessly without hesitation.

傍	若	無	人	傍	若	無	人

367 배은망덕 背42恩42忘30德52 등질 배, 은혜 은, 잊을 망, 베풀 덕

❶ 속뜻 은혜(恩惠)를 저버리고[背] 은덕(恩德)을 잊음[忘].
Abandoning[背] grace[恩] and forgetting[忘] virtue[德].

❷ 은혜를 잊고 배신함.
Forgetting favors and betraying them.

背	恩	忘	德	背	恩	忘	德

368 백골난망 白₈₀骨₄₀難₄₂忘₃₀ 흰 백, 뼈 골, 어려울 난, 잊을 망

❶ **속뜻** 죽어 백골(白骨)이 되어도 잊기[忘] 어려움[難].
Being difficult[難] to forget[忘] even after dying and becoming
white[白] bones[骨].

❷ 남에게 큰 은덕을 입어 고마움을 표할 때 쓰는 말.
A word that is used when expressing gratitude to someone for a
great favor.

白　骨　難　忘　　白　骨　難　忘

369 백팔번뇌 百₇₀八₈₀煩₃₀惱₃₀ 일백 백, 여덟 팔, 답답할 번, 괴로울 뇌

❶ **속뜻** 108[百八]가지의 번뇌(煩惱).
There are 108[百八] kinds of passions[煩惱].

❷ **불교** 중생의 몸과 마음의 번뇌 수효가 108이라는 말. 육관(六官 : 눈·
코·귀·입·몸·뜻)을 만날 때마다 호(好), 악(惡), 평등(平等)의 세 가지가
서로 같지 않아 18번뇌를 일으키고, 또 고(苦), 락(樂), 사(捨)의
3수(受)가 있어 18번뇌를 내니, 모두 합하여 36종이 되며, 또 이를
다시 삼세(三世 : 과거, 현재, 미래)에 배(配)하면 108번뇌가 된다.
The 108 passions that disturb or pollute the mind and body of
sentient beings. The number 108 derives from the multiplication
of the six senses(eye, ear, nose, tongue, body, and mind) by
three discriminations(likes, dislikes, and equanimity) equals
18; then the six senses are multiplied again by three
emotions(suffering, pleasure, and renunciation) equals 36, and
then it is multiplied again by three generations(past, present,
and future), which equals 108.

百　八　煩　惱　　百　八　煩　惱

370 붕우유신 朋₃₀友₅₂有₇₀信₆₂ 벗 붕, 벗 우, 있을 유, 믿을 신

❶ **속뜻** 벗[朋=友] 사이는 믿음[信]이 있어야함[有].
There must be[有] faith[信] between friends[朋=友].

❷ 친구 사이에 지켜야할 도리는 '믿음'이다.
A duty to keep among friends is 'faith'.

朋	友	有	信	朋	友	有	信

371 사고무친 四₈₀顧₃₀無₅₀親₆₀ 넉 사, 돌아볼 고, 없을 무, 친할 친

❶ **속뜻** 사방(四方)을 둘러보아도[顧] 친척(親戚)이라곤 아무도 없음[無].
Even when looking[顧] all around[四方], no[無] relatives[親] are found.

❷ 의지할 만한 사람이 전혀 없음.
There is no one to rely on at all.

四	顧	無	親	四	顧	無	親

企 발돋움 기 to step up

372 새옹지마 塞32翁30之32馬50 변방 새, 늙은이 옹, 어조사 지, 말 마

❶ 속뜻 변방[塞] 노인[翁]의 말[馬].

The horse[馬] possessed by the old man[翁] of the frontier[塞].

❷ 인생의 운명은 늘 바뀌어 예측할 수 없음을 이르는 말.

It means that the fate of life is always changing and unpredictable.

　비 塞翁得失(새옹득실), 人間萬事塞翁之馬(인간만사새옹지마).

고사 옛날 중국 북방의 한 노인이 기르던 암말이 달아났는데, 얼마 뒤 그 말이 숫말을 데리고 돌아왔다. 그의 어린 아들이 그 말을 타다가 떨어져 절름발이가 되었으나, 훗날 그로 인하여 전쟁터에 불려 나가는 일을 면함으로써 목숨을 보전하게 됐다는 이야기가 『淮南子』(회남자)라는 책에 나온다.

Once upon a time in northern China, an old man's female horse ran away. After a while, the horse returned with a male horse. His little son fell off while riding and became crippled. Later, due to this, he saved his life by avoiding being called to the battlefield. This story appears in a book titled *Hoenamja*.

塞	翁	之	馬	塞	翁	之	馬

373 소인묵객 騷30人80墨32客52 떠들 소, 사람 인, 먹 묵, 손 객

❶ 속뜻 풍류를 읊는[騷] 사람[人]과 먹[墨]을 다루는 사람[客].

A person who recites poetry[騷人] and a person who grinds ink[墨客].

❷ 시인과 서예가, 화가 등 풍류를 아는 사람을 통칭하는 말.

A general term used to refer to people who know art, such as poets, calligraphers, and painters.

騷	人	墨	客	騷	人	墨	客

150

374 소탐대실 小₈₀貪₃₀大₈₀失₆₀ 작을 소, 탐낼 탐, 큰 대, 잃을 실

❶ **속뜻** 작은[小] 것을 탐(貪)내다가 큰[大] 것을 잃음[失].
Losing[失] the big[大] thing while coveting[貪] the small[小] thing.
❷ 사소한 욕심을 내다가 중요한 것을 잃게 되는 어리석음을 표할 때 쓰는 말.
A word that describes the foolishness of losing significant things
due to insignificant greed.

小	貪	大	失	小	貪	大	失

375 순망치한 脣₃₀亡₅₀齒₄₂寒₅₀ 술 순, 잃을 망, 이 치, 찰 한

❶ **속뜻** 입술[脣]이 없어지면[亡] 이[齒]가 차갑게[寒] 됨.
When the lips[脣] disappear[亡], the teeth[齒] become cold[寒].
❷ '이해관계가 서로 밀접하여 한쪽이 망하면 다른 한쪽도 어렵게 됨'을
비유하여 이르는 말.
It is a metaphor for 'the relationship of interest which is so close
that if one side fails, the other side will also have difficulties'.

脣	亡	齒	寒	脣	亡	齒	寒

376 승승장구 乘₃₂勝₆₀長₈₀驅₃₀ 탈 승, 이길 승, 길 장, 말 몰 구

❶ **속뜻** 싸움에 이긴[勝] 여세를 타고[乘] 계속[長] 몰아침[驅].
Riding[乘] on the winning[勝] momentum and continuing[長] to
drive[驅].
❷ 계속 좋은 일이 많이 생김.
Many good things continue to happen.

乘	勝	長	驅	乘	勝	長	驅

377 식소사번 食少事煩 먹을 식, 적을 소, 일 사, 번거로울 번

❶ **속뜻** 먹을[食] 것은 적고[少] 할 일[事]은 많음[煩].
There is little[少] food[食] available, but there are many[煩] things[事] to do.
❷ 소득 없이 할 일만 많음.
There is a lot of work to do with no income.

食 少 事 煩 食 少 事 煩

378 애걸복걸 哀乞伏乞 슬플 애, 빌 걸, 엎드릴 복, 빌 걸

❶ **속뜻** 애처롭게[哀] 빌고[乞] 또 엎드려[伏] 빎[乞].
Pitifully[哀] begging[乞] and pronely[伏] begging[乞].
❷ 소원이나 요구 따위를 간절히 빎.
Praying earnestly for a wish or request.

哀 乞 伏 乞 哀 乞 伏 乞

379 양두구육 羊頭狗肉 양 양, 머리 두, 개 구, 고기 육

❶ **속뜻** 양(羊)의 머리[頭]를 걸어 놓고 개[狗]고기[肉]를 팜.
Hanging the head[頭] of a sheep[羊] and selling the meat[肉] of a dog[狗].
❷ 겉보기만 그럴듯하게 보이고 속은 변변하지 아니함.
Looking good on the outside, but being poor on the inside.
⑪ 羊質虎皮(양질호피).

羊 頭 狗 肉 羊 頭 狗 肉

380 영고성쇠 榮42枯30盛42衰32 꽃필 영, 쇠할 고, 번성할 성, 쇠퇴할 쇠

❶ **속뜻** 꽃이 핌[榮]과 나무가 말라죽음[枯] 그리고 번성(繁盛)함과 쇠(衰)함.
Flower blooming[榮], tree withering[枯], prospering[盛], and
declining[衰].
❷ 개인이나 사회의 흥성하고 쇠망함.
The rise and fall of individuals and societies. **비** 興亡盛衰(흥망성쇠).

榮	枯	盛	衰	榮	枯	盛	衰

381 오리무중 五80里70霧30中80 다섯 오, 거리 리, 안개 무, 가운데 중

❶ **속뜻** 오(五) 리(里)나 되는 짙은 안개[霧] 속[中].
Inside[中] thick fog[霧] that is five[五] li[里] as of 2 kilometers far.
❷ 먼 데까지 낀 안개 속에서 길을 찾기 어려움.
Finding one's way in the distant fog is difficult.
❸ 사물의 행방이나 사태의 추이에 대하여 전혀 알 수 없는 상황을 말함.
It refers to a situation in which there is no way of knowing the
whereabouts of an object or the progress of a situation.

五	里	霧	中	五	里	霧	中

得 얻을 득 to pick up

382 오비삼척 吾鼻三尺 나 오, 코 비, 석 삼, 자 척

❶ **속뜻** 내[吾] 코[鼻]가 석[三] 자[尺].
My[吾] nose[鼻] is three[三] *cheog*[尺] as of one meter long.
❷ 자신의 문제의 해결에 여념이 없어 남의 일은 거들떠볼 시간이 없음.
Preoccupied with solving one's own problems, so he has no time to worry about other people's business

吾	鼻	三	尺	吾	鼻	三	尺

383 오비이락 烏飛梨落 까마귀 오, 날 비, 배 리, 떨어질 락

❶ **속뜻** 까마귀[烏] 날자[飛] 배[梨]가 떨어짐[落].
A pear[梨] drops[落] as a crow[烏] flies[飛] from the tree.
❷ 우연의 일치로 오해를 받게 됨.
Misunderstood by the strangest coincidence.

烏	飛	梨	落	烏	飛	梨	落

384 오상고절 傲霜孤節 오만할 오, 서리 상, 외로울 고, 지조 절

❶ **속뜻** 오만[傲]할 정도로 서리[霜]에도 굴하지 아니하고 외로이[孤] 절개(節槪)를 지킴. Not giving in to the frost[霜] and keeps one's uprightness[節] alone[孤] to the extent of being arrogant[傲].
❷ '충신'(忠臣)이나 '국화'(菊花)를 비유적으로 이르는 말.
A metaphorical term of 'loyal subject' or 'chrysanthemum'.

傲	霜	孤	節	傲	霜	孤	節

385 왈가왈부 曰可曰否 가로 왈, 옳을 가, 가로 왈, 아닐 부

❶ **속뜻** 어떤 이는 옳다고[可] 말하고[曰] 어떤 이는 아니라고[否] 말함[曰].
Some say[曰] it is right[可] and some[曰] say it is not[否].

❷ 어떤 일에 대하여 옳거니 옳지 않거니 옥신각신함.
Arguing about what is right or wrong about something.

曰	可	曰	否	曰	可	曰	否

386 요지부동 搖之不動 흔들 요, 어조사 지, 아닐 부, 움직일 동

❶ **속뜻** 흔들어도[搖] 움직이지[動] 아니함[不].
Not[不] move[動] even when shaken[搖].

❷ 흔들어도 꼼짝달싹 하지 않음.
Never moving and standing firm even when shaken.

搖	之	不	動	搖	之	不	動

387 원화소복 遠禍召福 멀 원, 재앙 화, 부를 소, 복 복

❶ **속뜻** 화(禍)를 멀리하고[遠] 복(福)을 불러들임[召].
Keeping away[遠] from calamities[禍] and bringing in[召]
blessings[福].

❷ 부정적인 상황이나 곤경에서 벗어나 복을 얻음.
Escaping from a negative situation or predicament and gain blessings.

遠	禍	召	福	遠	禍	召	福

388 유아독존 唯30**我**32**獨**52**尊**42 오직 유, 나 아, 홀로 독, 높을 존

❶ **속뜻** 오직[唯] 우리[我] 인간만이 홀로[獨] 존경(尊敬)을 독차지함.
Only[唯] we[我] humans alone[獨] hold respect[尊].

❷ 불교에서 쓰는 '天上天下, 唯我獨尊(천상천하, 유아독존)'에서 온 것이다.
'唯我獨尊'의 '我'는 개인의 '나'를 뜻하는 것이 아니라 '우리', 즉 '모든
인간'을 지칭한다고 한다. 고대 인도의 카스트(caste)제도라는 계급주의를
타파하려는 깊은 의도가 깔려 있다. 따라서 이 말은 모든 인간의 존귀함을
뜻하는 것이므로 더 이상 '자기 자신만의 존귀함'으로 오해하면 안 된다.
It is a word derived from the words "天上天下, 唯我獨尊" used in
Buddhism. This word means the dignity of all human beings.
Therefore, this word should no longer be misunderstand as 'one's
own dignity'.

唯　我　獨　尊　唯　我　獨　尊

389 음풍농월 吟30**風**62**弄**32**月**80 읊을 음, 바람 풍, 놀 농, 달 월

❶ **속뜻** 바람[風]을 읊고[吟] 달[月]을 가지고 놂[弄].
Reciting[吟] the wind[風] and playing with[弄] the moon[月].

❷ 자연에 대해 시를 짓고 흥취를 자아내며 즐김.
Enjoying writing poems about nature and creating excitement.

吟　風　弄　月　吟　風　弄　月

390 이전투구 泥32田42鬪40狗30 진흙 니, 밭 전, 싸울 투, 개 구

❶ **속뜻** 진흙[泥] 밭[田]에서 싸우는[鬪] 개[狗].
Dogs[狗] fighting[鬪] in a mud[泥] field[田].
❷ 자기의 이익을 위하여 비열하게 다툼.
Fighting viciously for one's own interests.

泥	田	鬪	狗	泥	田	鬪	狗

391 일련탁생 一80蓮32托30生80 한 일, 연꽃 련, 맡길 탁, 날 생

❶ **속뜻** 죽은 뒤 함께 극락왕생(極樂往生)하여, 하나[一]의 연대(蓮臺)에 생(生)을 의탁함[托]. After death, they will be reborn together in paradise, entrusting[托] their lives[生] to one[一] lotus stand[蓮臺].
❷ 좋든지 나쁘든지 행동과 운명을 같이 함.
Sharing deeds and destinies, whether good or bad.

一	蓮	托	生	一	蓮	托	生

392 일어탁수 一80魚50濁30水80 한 일, 물고기 어, 흐릴 탁, 물 수

❶ **속뜻** 한[一] 마리의 물고기[魚]가 물[水]을 흐리게[濁] 함.
A[一] fish[魚] obscures[濁] the whole water[水].
❷ 한 사람의 잘못으로 여러 사람이 피해를 보게 됨.
One person's mistake does damage to many people.

一	魚	濁	水	一	魚	濁	水

393 자포자기 自72暴42自72棄30 스스로 자, 사나울 포, 스스로 자, 버릴 기

❶ **속뜻** 스스로[自]를 해치고[暴] 스스로[自]를 버림[棄].
Harm[暴] oneself[自] and abandon[棄] oneself[自].
❷ 절망 상태에 빠져서 모든 것을 포기함.
Falling into despair to give up everything.

自	暴	自	棄	自	暴	自	棄

394 조령모개 朝60令50暮30改50 아침 조, 명령 령, 저녁 모, 고칠 개

❶ **속뜻** 아침[朝]에 내린 명령(命令)을 저녁[暮]에 다시 고침[改].
An order[令] issued in the morning[朝] is revised[改] again in the evening[暮].
❷ 법령을 자꾸 고쳐서 갈피 잡기가 어려움.
It is difficult to keep track of the laws and regulations because they are frequently revised. ⓑ 朝令夕改(조령석개).

朝	令	暮	改	朝	令	暮	改

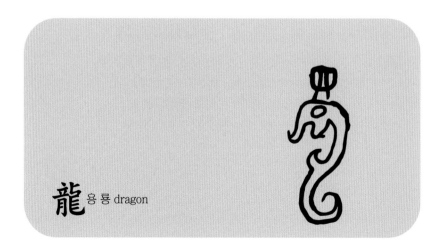

龍 용 룡 dragon

158

395 조삼모사 朝三暮四 아침 조, 석 삼, 저녁 모, 넉 사

❶ **속뜻** 아침[朝]에 세[三]개, 저녁[暮]에 네[四]개를 줌.

Giving three[三] in the morning[朝] and four[四] in the evening[暮].

❷ 간사한 꾀로 남을 속여 희롱함.

Deceiving and making fun of others with cunning tricks.

❸ 똑같은 것을 가지고 간사한 말주변으로 남을 속임.

Using the same thing, deceiving others with deceitful words

故事 중국 송나라에 원숭이를 기르는 사람이 있었는데 원숭이들에게 도토리를 아침에 세 개 저녁에 네 개 준다고 하니 원숭이들이 모두 성을 내므로, 다시 아침에 네 개 저녁에 세 개를 주겠다니까 모두 좋아했다는 이야기가 『列子』 (열자)에 나온다.

Once upon a time in Song dynasty in China, there was a man who raised monkeys. When he told the monkeys that he would give them three acorns in the morning and four in the evening, they all got angry. So he said he would give them four in the morning and three in the evening, and they all liked it. This story appears in *Yeolja*.

朝 三 暮 四 朝 三 暮 四

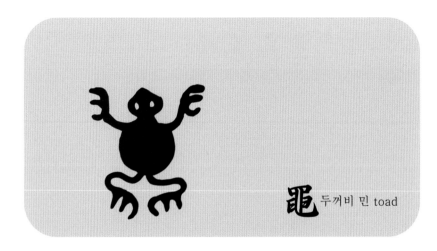

黽 두꺼비 민 toad

396 지록위마 指鹿爲馬 가리킬 지, 사슴 록, 할 위, 말 마

❶ 속뜻 사슴[鹿]을 가리켜[指] 말[馬]이라고 함[爲].
Pointing[指] at a deer[鹿] and calling[爲] it a horse[馬].

❷ 윗사람을 농락하여 권세를 마음대로 함.
Coquetting the superiors and controlling the power as one pleases.

❸ '모순된 것을 우겨서 남을 속이려는 짓'을 비유하여 이르는 말.
A metaphor for 'an act of trying to deceive others by insisting on something contradictory'.

故事 진(秦)나라의 조고(趙高)가 승상 자리에 올라 반대파를 골라내기 위하여 이런 꾀를 생각해 냈다. 영문을 모르는 어린 황제(皇帝)에게 사슴을 바치며 그것을 말이라고 하자, 신하들 가운데 말이 아니라 사슴이라고 직언하는 자들이 있었다. 그 사람들을 가려내어 자기 말을 믿지 않는 자라고 여겨 처벌하였다는 이야기가 『史記』(사기)에 전한다.
When Jogo of Jin dynasty in China had been promoted to prime minister, he devised a trick to find out those who were against him. He offered a deer to the young emperor who did not know the reason, and called it a horse. Among the subjects, there were those who made the forthright statement that it was a deer, not a horse. He sorted them out and punished them as disbelievers. This story appears in *Sagi*.

指 鹿 爲 馬 指 鹿 爲 馬

397 천신만고 千辛萬苦 일천 천, 매울 신, 일만 만, 괴로울 고

❶ 속뜻 천(千) 가지 고생[辛]과 만(萬) 가지 괴로움[苦].
A thousand[千] hardships[辛] and ten thousand[萬] pains[苦].

❷ 온갖 고생을 다 함.
Undergoing all kinds of hardships
비 千苦萬難(천고만난), 千難萬苦(천난만고).

千 辛 萬 苦 千 辛 萬 苦

398 취사선택 取₄₂捨₃₀選₅₀擇₄₀ 가질 취, 버릴 사, 가릴 선, 고를 택

❶ **속뜻** 가질[取] 것과 버릴[捨] 것을 가리고[選] 고름[擇].
Sorting out[選擇] what needs to be possessed[取] and what needs to be discarded[捨].

❷ 버릴 것은 버리고 취할 것은 취함. Throwing away what needs to be thrown away and taking what needs to be taken.

取	捨	選	擇	取	捨	選	擇

399 탐관오리 貪₃₀官₄₂汚₃₀吏₃₂ 탐할 탐, 벼슬 관, 더러울 오, 벼슬아치 리

❶ **속뜻** 탐욕(貪慾)이 많고 행실이 더러운[汚] 벼슬아치[官=吏].
A high official[官=吏] who is very greedy[貪] and has bad[汚] conduct.

❷ 자기 욕심만 챙기는 공무원.
Civil servants who only take care of their own greed.

貪	官	汚	吏	貪	官	汚	吏

400 포복절도 抱₃₀腹₃₂絶₄₂倒₃₂ 안을 포, 배 복, 끊을 절, 넘어질 도

❶ **속뜻** 배[腹]를 안고[抱] 기절(氣絶)하여 넘어짐[倒].
Holding[抱] the stomach[腹] and falling[倒] faint[絶].

❷ 기절할 정도로 크게 웃음. Laughing loud to the extent to faint.
㊤ 抱腹(포복). ㊫ 捧腹絶倒(봉복절도).

抱	腹	絶	倒	抱	腹	絶	倒

401 포식난의 **飽₃₀食₇₂暖₄₂衣₆₀** 배부를 포, 먹을 식, 따뜻할 난, 옷 의

❶ 속뜻 배부르게[飽] 먹고[食] 따뜻하게[暖] 옷을 입음[衣].
Eating[食] well[飽] and dressing[衣] warmly[暖].

❷ 입을 옷과 먹을 음식이 넉넉함.
There are plenty of clothes to wear and food to eat.
　　비 暖衣飽食(난의포식).

飽	食	暖	衣	飽	食	暖	衣

402 필부필부 **匹₃₀夫₇₀匹₃₀婦₄₂** 하나 필, 사나이 부, 하나 필, 여자 부

❶ 속뜻 한[匹] 남자[夫]와 한[匹] 여자[婦].
An ordinary[匹] man[夫] and an ordinary[匹] woman[婦].

❷ 평범한 사람들.
Ordinary people.
　　비 甲男乙女(갑남을녀).

匹	夫	匹	婦	匹	夫	匹	婦

蝠 박쥐 복 bat

403 함흥차사 咸30興42差40使60 다 함, 일 흥, 보낼 차, 보낼 사

❶ **속뜻** 함흥(咸興)으로 심부름을 보낸[差] 사람[使].
A man who sent errands[差使] to Hamheung[咸興].

❷ 심부름을 가서 오지 아니하거나 늦게 온 사람.
A person who does not come back or arrives late after being sent on an errand.

[故事] 조선의 太祖(태조)가 아들 태종에게 임금 자리를 물려주고 함흥으로 가서 은거하고 있을 때, 사신을 보내어 서울로 오시라고 하자 태조가 그 사신들을 죽이거나 혹은 잡아 가두어 돌려보내지 아니하여 돌아오는 사신이 한 명도 없었다는 이야기에서 유래된 말이다.
When King Taejo of Joseon dynasty abdicated the position of king to his son Taejong and went to Hamheung to live in seclusion, Taejong sent envoys to tell Taejo to come to Seoul. Taejo killed or imprisoned the envoys and did not send them back. So, there was not a single envoy who went to Hamheung and came back. This is what this story derives from.

咸　興　差　使　咸　興　差　使

404 헌헌장부 軒30軒30丈32夫70 처마 헌, 처마 헌, 어른 장, 사내 부

❶ **속뜻** 기골이 처마[軒]같이 장대한 대장부(大丈夫).
A great man[丈夫] with a magnificent appearance like a roof[軒].

❷ 외모가 준수하고 풍채가 당당한 남자.
A man of good looks and a dignified appearance.

軒　軒　丈　夫　軒　軒　丈　夫

405 형설지공 螢₃₀雪₆₂之₃₂功₆₂ 반딧불 형, 눈 설, 어조사 지, 공로 공

❶ **속뜻** 반딧불[螢]과 눈[雪] 빛 아래에서 공부하여 세운 공(功).
Achievements[功] made by studying under the light of fireflies[螢] and snow[雪].

❷ 등불을 밝힐 수 없을 정도로 가난한 생활에서도 고생을 무릅쓰고 학문을 닦은 보람.
The reward of diligent study through overcoming hardships while living in such poverty that one could not even light a lamp.

406 혼정신성 昏₃₀定₆₀晨₃₀省₆₂ 어두울 혼, 정할 정, 새벽 신, 살필 성

❶ **속뜻** 날이 어두워진[昏] 저녁에는 잠자리를 정(定)해 드리고 아침[晨]에는 밤새 안부를 살핌[省].
In the evening when the day is dark[昏], the son arranges[定] a bed for his parents, and in the morning[晨] he looks after[省] his parents' well-being.

❷ 자식이 아침저녁으로 부모의 안부를 물으며 보살펴 드림.
Children taking care of their parents by asking them how they are doing in the morning and evening.
㉥ 定省(정성). ㉙ 冬溫夏淸(동온하정).

407 홍익인간 弘₃₀益₄₂人₈₀間₇₀ 넓을 홍, 더할 익, 사람 인, 사이 간

❶ **속뜻** 널리[弘] 많은 사람들[人間]을 이롭게[益] 함.
　Expanding[弘] the benefit[益] of people[人間].
❷ 세상의 모든 사람들을 도와 줌. 단군의 건국이념.
　Helping everyone in the world. Dangun's founding ideology.

弘	益	人	間	弘	益	人	間

408 화사첨족 畵₆₀蛇₃₂添₃₀足₇₂ 그릴 화, 뱀 사, 더할 첨, 발 족

❶ **속뜻** 뱀[蛇]을 그리는[畵] 데 발[足]을 덧붙여[添] 넣음.
　Drawing[畵] a snake[蛇] and adding[添] with the feet[足].
❷ 쓸데없는 일을 하여 일을 그르침.
　Doing unnecessary work may spoil the final result.
　㊰ 蛇足(사족)

畵	蛇	添	足	畵	蛇	添	足

409 간담상조 肝₃₂膽₂₀相₅₂照₃₂ 간 간, 쓸개 담, 서로 상, 비칠 조

❶ **속뜻** 간(肝)과 쓸개[膽]를 서로[相]에게 내비쳐[照] 보임.
　The liver[肝] and the gallbladder[膽] are shown[照] to each other[相].
❷ 속마음을 터놓고 가까이 사귐.
　Opening up one's heart and getting close to each other.

肝	膽	相	照	肝	膽	相	照

410 과전이하 瓜₂₀田₄₂李₆₀下₇₂ 오이 과, 밭 전, 오얏 리, 아래 하

❶ **속뜻** 오이[瓜] 밭[田]과 자두[李] 밭 아래[下].
In the cucumber[瓜] field[田] and under[下] the plum[李] trees.
❷ 남에게 혐의를 받기 쉬운 장소. 혹은 그러한 경우.
A place where it is easy to be suspected by others or such situation.

瓜	田	李	下	瓜	田	李	下

411 남부여대 男₇₂負₄₀女₈₀戴₂₀ 사내 남, 질 부, 여자 녀, 일 대

❶ **속뜻** 남자[男]는 등에 짐을 지고[負] 여자[女]는 머리에 물건을 임[戴].
A man[男] carries[負] a load on his back, and a woman[女]
carries[戴] an object on her head.
❷ 가난한 사람들이 집을 떠나 떠돌아다님. 또는 그런 모습. Poor people
leave their homes and become wanderers or such situation.

男	負	女	戴	男	負	女	戴

豪 호걸 호 hero

412 남가일몽 南₈₀柯₂₀一₈₀夢₃₂ 남녘 남, 나뭇가지 가, 한 일, 꿈 몽

❶ **속뜻** 남쪽[南]으로 뻗은 가지[柯] 아래에서 낮잠을 자다가 꾼 한[一] 꿈[夢].
One[一] day dream[夢] a person had while taking a nap under a branch[柯] extending to the south[南].

❷ 꿈과 같이 헛된 한때의 부귀영화.
Temporary wealth that is as vain as a dream.

故事 중국 당 나라 때 순우분이라는 사람이 나무 아래에서 잠을 자다가 오랫동안 부귀영화를 누리는 꿈을 꾸었다는 이야기에서 유래된 말이다.
In the Tang dynasty in China, a man named Sunwoobun slept under a tree and dreamed of enjoying wealth and prosperity for a long time. It is a word derived from this story.

413 노심초사 勞₅₂心₇₀焦₂₀思₅₀ 일할 로, 마음 심, 태울 초, 생각 사

❶ **속뜻** 애[心]를 쓰고[勞] 속을 태우며[焦] 골똘히 생각함[思].
Exerting[勞] oneself with all the heart[心], being anxious[焦], and thinking[思] deeply.

❷ 몹시 애를 태움.
Being extremely anxious.

414 단순호치 丹₃₂脣₃₀皓₂₂齒₄₂ 붉을 단, 입술 순, 흴 호, 이 치

❶ **속뜻** 붉은[丹] 입술[脣]과 하얀[皓] 이[齒].
Red[丹] lips[脣] and white[皓] teeth[齒].
❷ 매우 아름다운 여자의 얼굴.
A very beautiful woman's face.
⑪ 朱脣皓齒(주순호치), 皓齒丹脣(호치단순).

丹	脣	皓	齒	丹	脣	皓	齒

415 두문불출 杜₂₂門₈₀不₇₂出₇₀ 막을 두, 문 문, 아니 불, 날 출

❶ **속뜻** 문(門)을 닫아걸고[杜] 밖을 나가지[出] 아니[不] 함.
Closing[杜] the door[門] and not[不] going out[出].
❷ 외부와 소식을 끊고 홀로 지냄.
Cutting off news from the outside world and living alone.

杜	門	不	出	杜	門	不	出

416 불구대천 不₇₂俱₃₀戴₂₀天₇₀ 아닐 불, 함께 구, 일 대, 하늘 천

❶ **속뜻** 하늘[天]을 함께[俱] 이지[戴] 못함[不].
Not[不] being able to carry[戴] the sky[天] together[俱].
❷ 이 세상에서 같이 살 수 없을 만큼 큰 원한을 가짐.
Hating each other so greatly that they cannot coexist in this world.
⑪ 不俱戴天之讐(불구대천지수), 不共戴天之讐(불공대천지수).

不	俱	戴	天	不	俱	戴	天

168

417 불철주야 不撤晝夜 아니 불, 거둘 철, 낮 주, 밤 야

❶ **속뜻** 밤[夜]과 낮[晝]을 가리지[撤] 아니함[不].
Not[不] distinguishing[撤] between night[夜] and day[晝].

❷ 밤낮 없이 노력함.
Working hard day and night.

不	撤	晝	夜	不	撤	晝	夜

418 붕정만리 鵬程萬里 붕새 붕, 거리 정, 일만 만, 거리 리

❶ **속뜻** 붕새[鵬]가 날아가는 거리[程] 만큼 머나먼[萬] 거리[里].
A long way[里] as far away[萬] as the distance[程] that a *peng*[鵬] flies.

❷ 앞길이 아득히 멂. The road ahead is very long.

❸ 장래가 밝지만 멀고 멂. The future is bright, but far away.

鵬	程	萬	里	鵬	程	萬	里

兔 토끼 토 rabbit

419 삼고초려 三顧草廬 ₈₀₃₀₇₀₂₂ 석 삼, 돌아볼 고, 풀 초, 초막 려

❶ 속뜻 초막[草廬]에서 사는 귀인을 세[三] 번이나 찾아감[顧].

Visiting[顧] a nobleman who lived in a cottage[草廬] three[三] times.

❷ 인재를 맞아 들이려고 끈질기게 노력함.

Making relentless efforts to recruit a competent person.

故事 중국 삼국 시대 촉한(蜀漢)의 임금인 유비(劉備)가 시골에서 은거하던 제갈량(諸葛亮)을 초빙하기 위하여 그의 초막을 세 번이나 찾아간 이야기에서 유래된 말이다.

The word originates from a story in which Lyubi, the king of Choghan in the Three Kingdoms Period in China, visited Jegal Lyang, who was living in seclusion in a cottage in the countryside, three times to invite him.

420 설부화용 雪膚花容 ₆₂₂₀₇₀₄₂ 눈 설, 살갗 부, 꽃 화, 얼굴 용

❶ 속뜻 눈[雪]처럼 흰 피부[膚]와 꽃[花]처럼 아름다운 얼굴[容].

Skin[膚] as white as snow[雪] and a face[容] as beautiful as a flower[花].

❷ 미인의 아름다운 용모.

The beauty of a beautiful woman.

421 섬섬옥수 纖纖玉手 가늘 섬, 가늘 섬, 옥 옥, 손 수

❶ **속뜻** 가냘프고[纖纖] 고운[玉] 손[手].
Slender and fine[纖纖] hands[手] like jade[玉].

❷ 곱고 예쁜 여자의 손.
Hands of a beautiful woman.

纖	纖	玉	手	纖	纖	玉	手

422 신체발부 身體髮膚 몸 신, 몸 체, 터럭 발, 살갗 부

❶ **속뜻** 몸[身=體]과 머리털[髮]과 살갗[膚].
body[身=體], hair[髮], and skin[膚].

❷ 몸의 모든 부분.
All parts of the body.

身	體	髮	膚	身	體	髮	膚

423 창해일속 滄海一粟 큰바다 창, 바다 해, 한 일, 조 속

❶ **속뜻** 큰 바다에[滄=海] 떠 있는 한[一] 알의 좁쌀[粟].
One[一] grain[粟] of millet floating in the great sea[滄=海].

❷ '매우 작음' 또는 '보잘것없는 존재'를 비유하여 이르는 말.
A word used to describe something 'very small' or 'insignificant'.
ⓑ 大海一滴(대해일적).

滄	海	一	粟	滄	海	一	粟

424 청출어람 靑₈₀出₇₀於₃₀藍₂₀ 푸를 청, 날 출, 어조사 어, 쪽 람

❶ **속뜻** 푸른[靑] 색은 쪽[藍] 풀에서[於] 나왔음[出].

The color blue[靑] came[出] from[於] the indigo grass[藍].

❷ '제자가 스승이나 선배보다 나음'을 비유한 말.

A metaphor for 'a disciple is better than a teacher or senior'.

故事 푸른 물감을 쪽 풀에서 채취했는데, 그것이 쪽 풀보다 더 푸르다 (靑出於藍, 而靑於藍/청출어람, 이청어람)는 말이 『荀子』(순자)의 권학(勸學)편에 나온다.

"The blue paint was taken from the indigo plant, but it is bluer than the indigo plant." This word appears in the Gwonhag section of *Sunja*.

| 靑 | 出 | 於 | 藍 | 靑 | 出 | 於 | 藍 |

羊 양 양 sheep

색인(1) 가나다순 _(일련번호)

176

색인(2) 한자급수순

048 견리사의 見利思義	075 시시비비 是是非非	102 자강불식 自強不息
049 결초보은 結草報恩	076 시종여일 始終如一	103 조족지혈 鳥足之血
050 경세제민 經世濟民	077 신상필벌 信賞必罰	104 종두득두 種豆得豆
051 공전절후 空前絶後	078 실사구시 實事求是	105 죽마고우 竹馬故友
052 구우일모 九牛一毛	079 안빈낙도 安貧樂道	106 중구난방 衆口難防
053 권모술수 權謀術數	080 안하무인 眼下無人	107 지성감천 至誠感天
054 권불십년 權不十年	081 약육강식 弱肉強食	108 진퇴양난 進退兩難
055 극악무도 極惡無道	082 어동육서 魚東肉西	109 천인공노 天人共怒
056 기사회생 起死回生	083 언어도단 言語道斷	110 촌철살인 寸鐵殺人
057 난형난제 難兄難弟	084 여출일구 如出一口	111 출장입상 出將入相
058 노발대발 怒發大發	085 연전연승 連戰連勝	112 충언역이 忠言逆耳
059 논공행상 論功行賞	086 온고지신 溫故知新	113 탁상공론 卓上空論
060 다다익선 多多益善	087 우왕좌왕 右往左往	114 풍전등화 風前燈火
061 독불장군 獨不將軍	088 우이독경 牛耳讀經	115 호의호식 好衣好食
062 등하불명 燈下不明	089 유비무환 有備無患	**4급**
063 등화가친 燈火可親	090 이열치열 以熱治熱	116 각골통한 刻骨痛恨
064 무소불위 無所不爲	091 인과응보 因果應報	117 감불생심 敢不生心
065 박학다식 博學多識	092 인사유명 人死留名	118 감언이설 甘言利說
066 백전노장 百戰老將	093 일거양득 一擧兩得	119 거안사위 居安思危
067 백중지세 伯仲之勢	094 일맥상통 一脈相通	120 경천근민 敬天勤民
068 부귀재천 富貴在天	095 일석이조 一石二鳥	121 경천동지 驚天動地
069 부부유별 夫婦有別	096 일언반구 一言半句	122 계란유골 鷄卵有骨
070 비일비재 非一非再	097 일의대수 一衣帶水	123 고립무원 孤立無援
071 빈자일등 貧者一燈	098 일취월장 日就月將	124 고진감래 苦盡甘來
072 사생결단 死生決斷	099 일파만파 一波萬波	125 골육상잔 骨肉相殘
073 생불여사 生不如死	100 자업자득 自業自得	126 구절양장 九折羊腸
074 설왕설래 說往說來	101 자초지종 自初至終	127 군신유의 君臣有義

128 근주자적 近朱者赤	155 옥골선풍 玉骨仙風	3급 Ⅱ
129 금과옥조 金科玉條	156 위기일발 危機一髮	181 각골명심 刻骨銘心
130 기상천외 奇想天外	157 유유상종 類類相從	182 감지덕지 感之德之
131 낙락장송 落落長松	158 이구동성 異口同聲	183 갑남을녀 甲男乙女
132 난공불락 難攻不落	159 이란격석 以卵擊石	184 개과천선 改過遷善
133 난신적자 亂臣賊子	160 이용후생 利用厚生	185 개세지재 蓋世之才
134 대경실색 大驚失色	161 이합집산 離合集散	186 격세지감 隔世之感
135 대동소이 大同小異	162 일각천금 一刻千金	187 견마지로 犬馬之勞
136 만시지탄 晚時之歎	163 일벌백계 一罰百戒	188 견인불발 堅忍不拔
137 명경지수 明鏡止水	164 일사불란 一絲不亂	189 결자해지 結者解之
138 목불식정 目不識丁	165 일희일비 一喜一悲	190 겸인지용 兼人之勇
139 무위도식 無爲徒食	166 자화자찬 自畵自讚	191 경거망동 輕擧妄動
140 미사여구 美辭麗句	167 장삼이사 張三李四	192 경국지색 傾國之色
141 박람강기 博覽强記	168 적재적소 適材適所	193 고군분투 孤軍奮鬪
142 백가쟁명 百家爭鳴	169 주마간산 走馬看山	194 고대광실 高臺廣室
143 백절불굴 百折不屈	170 진충보국 盡忠報國	195 고식지계 姑息之計
144 사필귀정 事必歸正	171 천려일득 千慮一得	196 고육지책 苦肉之策
145 살신성인 殺身成仁	172 천려일실 千慮一失	197 고장난명 孤掌難鳴
146 선공후사 先公後私	173 천생연분 天生緣分	198 곡학아세 曲學阿世
147 송구영신 送舊迎新	174 천재일우 千載一遇	199 과유불급 過猶不及
148 신언서판 身言書判	175 천차만별 千差萬別	200 교언영색 巧言令色
149 악전고투 惡戰苦鬪	176 천편일률 千篇一律	201 구곡간장 九曲肝腸
150 약방감초 藥房甘草	177 허장성세 虛張聲勢	202 국태민안 國泰民安
151 언중유골 言中有骨	178 회자정리 會者定離	203 군계일학 群鷄一鶴
152 여필종부 女必從夫	179 흥진비래 興盡悲來	204 군웅할거 群雄割據
153 연목구어 緣木求魚	180 가인박명 佳人薄命	205 군위신강 君爲臣綱
154 오곡백과 五穀百果		206 궁여지책 窮餘之策

207 극기복례 克己復禮	234 망양지탄 亡羊之歎	261 설상가상 雪上加霜
208 근묵자흑 近墨者黑	235 면종복배 面從腹背	262 속수무책 束手無策
209 금란지계 金蘭之契	236 멸사봉공 滅私奉公	263 수구초심 首丘初心
210 금석지교 金石之交	237 명실상부 名實相符	264 수복강녕 壽福康寧
211 금성탕지 金城湯池	238 명약관화 明若觀火	265 수불석권 手不釋卷
212 금의야행 錦衣夜行	239 명재경각 命在頃刻	266 수신제가 修身齊家
213 금의옥식 錦衣玉食	240 목불인견 目不忍見	267 수어지교 水魚之交
214 금의환향 錦衣還鄉	241 무릉도원 武陵桃源	268 수주대토 守株待兔
215 금지옥엽 金枝玉葉	242 물실호기 勿失好機	269 숙호충비 宿虎衝鼻
216 기고만장 氣高萬丈	243 박장대소 拍掌大笑	270 시종일관 始終一貫
217 길흉화복 吉凶禍福	244 발본색원 拔本塞源	271 식자우환 識字憂患
218 내우외환 內憂外患	245 백계무책 百計無策	272 신출귀몰 神出鬼沒
219 내유외강 內柔外剛	246 부위부강 夫爲婦綱	273 심사숙고 深思熟考
220 노갑이을 怒甲移乙	247 부위자강 父爲子綱	274 심산유곡 深山幽谷
221 노기충천 怒氣衝天	248 부지기수 不知其數	275 아전인수 我田引水
222 누란지위 累卵之危	249 부화뇌동 附和雷同	276 양상군자 梁上君子
223 단기지계 斷機之戒	250 불치하문 不恥下問	277 어두육미 魚頭肉尾
224 단도직입 單刀直入	251 불편부당 不偏不黨	278 어부지리 漁夫之利
225 대기만성 大器晚成	252 빙탄지간 氷炭之間	279 억조창생 億兆蒼生
226 대성통곡 大聲痛哭	253 사분오열 四分五裂	280 억강부약 抑強扶弱
227 동가홍상 同價紅裳	254 사상누각 沙上樓閣	281 엄처시하 嚴妻侍下
228 동분서주 東奔西走	255 산자수명 山紫水明	282 여리박빙 如履薄氷
229 동상이몽 同床異夢	256 삼라만상 森羅萬象	283 역지사지 易地思之
230 등고자비 登高自卑	257 삼순구식 三旬九食	284 오거지서 五車之書
231 막상막하 莫上莫下	258 삼종지도 三從之道	285 오합지졸 烏合之卒
232 막역지우 莫逆之友	259 상전벽해 桑田碧海	286 용두사미 龍頭蛇尾
233 만경창파 萬頃蒼波	260 선견지명 先見之明	287 용미봉탕 龍尾鳳湯

288 우유부단 優柔不斷	315 주경야독 晝耕夜讀	342 흥망성쇠 興亡盛衰
289 유방백세 流芳百世	316 주지육림 酒池肉林	343 희로애락 喜怒哀樂
290 유유자적 悠悠自適	317 중과부적 衆寡不敵	**3급**
291 은인자중 隱忍自重	318 지리멸렬 支離滅裂	344 가담항설 街談巷說
292 인면수심 人面獸心	319 지명지년 知命之年	345 각골난망 刻骨難忘
293 일구월심 日久月深	320 진퇴유곡 進退維谷	346 각주구검 刻舟求劍
294 일도양단 一刀兩斷	321 차일피일 此日彼日	347 감개무량 感慨無量
295 일이관지 一以貫之	322 천고마비 天高馬肥	348 거안제미 擧案齊眉
296 일일지장 一日之長	323 천양지차 天壤之差	349 걸인련천 乞人憐天
297 일장춘몽 一場春夢	324 철두철미 徹頭徹尾	350 견강부회 牽强附會
298 일촉즉발 一觸卽發	325 취생몽사 醉生夢死	351 계명구도 鷄鳴狗盜
299 일편단심 一片丹心	326 치지도외 置之度外	352 고침안면 高枕安眠
300 일필휘지 一筆揮之	327 칠거지악 七去之惡	353 교각살우 矯角殺牛
301 임기응변 臨機應變	328 타산지석 他山之石	354 구밀복검 口蜜腹劍
302 입신양명 立身揚名	329 태산북두 泰山北斗	355 구상유취 口尙乳臭
303 자격지심 自激之心	330 파사현정 破邪顯正	356 권선징악 勸善懲惡
304 자중지란 自中之亂	331 파안대소 破顏大笑	357 금상첨화 錦上添花
305 전화위복 轉禍爲福	332 파죽지세 破竹之勢	358 녹양방초 綠楊芳草
306 절치부심 切齒腐心	333 표리부동 表裏不同	359 당구풍월 堂狗風月
307 점입가경 漸入佳境	334 피골상접 皮骨相接	360 도탄지고 塗炭之苦
308 족탈불급 足脫不及	335 피차일반 彼此一般	361 독야청청 獨也靑靑
309 존망지추 存亡之秋	336 하석상대 下石上臺	362 동병상련 同病相憐
310 종횡무진 縱橫無盡	337 학수고대 鶴首苦待	363 망극지은 罔極之恩
311 좌불안석 坐不安席	338 항다반사 恒茶飯事	364 망연자실 茫然自失
312 좌정관천 坐井觀天	339 현모양처 賢母良妻	365 문전걸식 門前乞食
313 좌지우지 左之右之	340 호연지기 浩然之氣	366 방약무인 傍若無人
314 좌충우돌 左衝右突	341 홍노점설 紅爐點雪	367 배은망덕 背恩忘德

368 백골난망 白骨難忘
369 백팔번뇌 百八煩惱
370 붕우유신 朋友有信
371 사고무친 四顧無親
372 새옹지마 塞翁之馬
373 소인묵객 騷人墨客
374 소탐대실 小貪大失
375 순망치한 脣亡齒寒
376 승승장구 乘勝長驅
377 식소사번 食少事煩
378 애걸복걸 哀乞伏乞
379 양두구육 羊頭狗肉
380 영고성쇠 榮枯盛衰
381 오리무중 五里霧中
382 오비삼척 吾鼻三尺
383 오비이락 烏飛梨落
384 오상고절 傲霜孤節
385 왈가왈부 曰可曰否
386 요지부동 搖之不動
387 원화소복 遠禍召福
388 유아독존 唯我獨尊
389 음풍농월 吟風弄月
390 이전투구 泥田鬪狗
391 일련탁생 一蓮托生
392 일어탁수 一魚濁水
393 자포자기 自暴自棄
394 조령모개 朝令暮改

395 조삼모사 朝三暮四
396 지록위마 指鹿爲馬
397 천신만고 千辛萬苦
398 취사선택 取捨選擇
399 탐관오리 貪官汚吏
400 포복절도 抱腹絶倒
401 포식난의 飽食暖衣
402 필부필부 匹夫匹婦
403 함흥차사 咸興差使
404 헌헌장부 軒軒丈夫
405 형설지공 螢雪之功
406 혼정신성 昏定晨省
407 홍익인간 弘益人間
408 화사첨족 畵蛇添足

2급

409 간담상조 肝膽相照
410 과전이하 瓜田李下
411 남부여대 男負女戴
412 남가일몽 南柯一夢
413 노심초사 勞心焦思
414 단순호치 丹脣皓齒
415 두문불출 杜門不出
416 불구대천 不俱戴天
417 불철주야 不撤晝夜
418 붕정만리 鵬程萬里
419 삼고초려 三顧草廬
420 설부화용 雪膚花容

421 섬섬옥수 纖纖玉手
422 신체발부 身體髮膚
423 창해일속 滄海一粟
424 청출어람 靑出於藍

상용속담 240
Common Proverbs

일러두기
Introduction

고품격 한국어를 구사하기 위해서는 속담을 많이 알아야 합니다. 한국어에 널리 사용되는 속담의 수는 무수히 많습니다. 그 가운데 일반 문장에도 자주 등장하는 고빈도 속담 240개를 모아서 알기 쉽게 한국어와 영어로 풀이해 놓았습니다. 특히 해당 속담의 비유적인 의미를 이해하기 힘든 경우, **속뜻** 항목을 따로 설정해 놓았습니다. 그 속에 담긴 뜻을 이해하기 쉽게 풀이해 둠으로써 학습자들이 쉽게 익힐 수 있도록 한 것입니다. 240개 속담은 찾아보기 편리하도록 첫 글자의 가나다순으로 일련번호를 부여하여 순서대로 배열하였습니다. 한국 속담과 거의 같은 의미의 영어 속담 **【영속】** 이 있으면 말미에 인용해 놓았습니다. 한국 학생들의 영어 공부, 외국 학생의 한국어 이해에 도움이 되길 바랍니다.

In order to improve your ability to express high-quality Korean, you need to know many proverbs. There are countless proverbs that are widely used in the Korean language. Among them, we have collected 240 high-frequency proverbs that often appear in general sentences and explained them in Korean and English for easy understanding. In particular, in cases where it is difficult to understand the metaphorical meaning of the relevant proverb, inner meaning items have been set separately. This is to explain the meaning contained in it in easy terms so that learners can easily learn it. The 240 proverbs are arranged in Korean alphabetical order of the first letter with serial numbers to make them easier to find. In cases where there is an English proverb with the same meaning as the Korean proverb, it is quoted at the end. We hope that this will help Korean students study English and foreign students understand Korean.

한-영 속담 풀이
Korean-English Proverbs Explained

001 가난한 집 제사 돌아오듯.
Like the days of ancestral rites coming to a poor family.

❶ **속뜻** 가난한 집에 제삿날이 자꾸 돌아와서 그것을 치르느라 매우 어려움을 겪는다는 뜻.
This means that a poor family has difficulties because the days of ancestral rites keep coming and they have to perform these rites.

❷ 힘든 일이 자주 닥쳐옴을 비유적으로 이르는 말.
The figurative meaning is that hard times come often.

002 가는 날이 장날.
The day one goes out is market day.

❶ **속뜻** 일을 보러 가니 공교롭게 장이 서는 날이었다는 뜻.
This means that when one went somewhere to do something, it happened to be a market day there.

❷ 어떤 일을 하려고 하는데 뜻하지 않은 일을 공교롭게 당함을 비유적으로 이르는 말. The figurative meaning is that when one intends to do a certain task, something unexpected comes up at the time, indicating that the timing is bad.

003 가는 말에 채찍질.
Whipping a running horse.

❶ **속뜻** 달리고 있는 말에게 더 빨리 달리라고 자꾸 채찍질을 한다는 뜻.
This figuratively refers to whipping an already running horse to urge it to gallop faster.

❷ 열심히 하고 있는데도 더 빨리 하라고 독촉함을 비유적으로 이르는 말. This figuratively refers to urging someone who is doing something diligently to do it faster.

❸ 형편이나 힘이 한창 좋을 때라도 더욱 마음을 써서 힘써야 함을 비유적으로 이르는 말. The figurative meaning is that one should exert more earnest effort even when the circumstances and the strength are at their best.

(※ 주마가편 走馬加鞭)

---

004 가는 말이 고와야 오는 말이 곱다.
If the outgoing words are beautiful, then the incoming words will be beautiful, too.

❶ 속뜻 저편이 공손해야 이편에서도 공손하게 대해 준다는 뜻. This means that one party will treat the other party politely only when the other party is polite.

❷ 남에게 말을 공손하게 해야 대접을 잘 받을 수 있음을 비유적으로 이르는 말. The figurative meaning is that one can be treated well only when they speak politely to others.

【영속】Good words cost nothing but are worth much.

---

005 가랑잎에 불붙듯.
Like fallen leaves catching on fire.

❶ 속뜻 바싹 마른 가랑잎에 불을 지르면 걷잡을 수 없이 잘 탄다는 뜻. This means that dried leaves will burn quickly and uncontrollably when set on fire.

❷ 성미가 조급하고 도량이 좁아 걸핏하면 발끈하고 화를 잘 내는 것을 비유적으로 이르는 말. This figuratively refers to someone who is impatient and narrow-minded and thus easily flies into a rage.

---

006 가물에 콩 나듯 = 가뭄에 콩 나듯.
Like beans growing in a drought.

❶ 속뜻 가뭄에는 심은 콩이 제대로 싹이 트지 못하여 드문드문 난다는 뜻. This means that during droughts, the soybeans planted do not germinate properly and sprout sparsely.

❷ 어떤 일이나 물건이 어쩌다 하나씩 드문드문 있는 경우를 비유적으로 이르는 말. This figuratively refers to a case where something or an object occurs occasionally and rarely.

007 가재는 게 편.
Crawfish is always on the crab's side.

❶ **속뜻** 모양이나 형편이 서로 비슷하고 인연이 있는 것끼리 서로 잘 어울리고, 사정을 보아주며 감싸 주기 쉬움을 비유적으로 이르는 말. The figurative meaning is that things that are similar in shape or circumstances and have ties to each other get along well, and it is easy for them to take care of and protect each other.
❷ 비슷한 속성이나 배경을 가진 사람들은 서로 잘 어울린다. People with similar traits or backgrounds usually stick together.
【영속】 Birds of a feather flock together.

008 간에 기별도 안 간다.
Even a piece of a message does not go to the liver.

❶ **속뜻** 간(肝)에 먹었다는 소식이 전해지지 아니한다는 뜻. This means that no news that something was eaten has reached the liver.
❷ 먹은 것이 너무 적어 먹으나 마나 함을 비유적으로 이르는 말. The figurative meaning is that the thing eaten is so small that it does not make any difference whether it was eaten or not.
(※ 奇別: 기이할 기, 나눌 별: 소식을 전함)

009 간에 붙었다 쓸개에 붙었다 한다.
One sometimes sticks to the liver, or sometimes to the gallbladder.

자기에게 조금이라도 이익이 된다면, 이편에 붙었다 저편에 붙었다가 함을 비유적으로 이르는 말. The figurative meaning is that someone is on this side sometimes and on the other side other times if it is beneficial to them even slightly.

010 갓 쓰고 자전거 타는 격.
It's like riding a bicycle wearing an old hat.

❶ **속뜻** 자전거가 도입된 시기에 한국의 전통적인 모자를 쓰고 서구의 현대적인 자전거를 타는 것이 서로 조화롭게 보이지 않았다는 것을 말함. This refers to the fact that wearing a traditional Korean hat and riding a modern Western bicycle did not seem harmonious when bicycles were introduced.

❷ 상황이나 분위기에 전혀 어울리지 않은 차림새나 행동을 놀림조로 이르는 말. This refers jocularly to an outfit or behavior that does not suit the situation or atmosphere at all.

011 강 건너 불구경하듯 한다.
It's like looking at fire breaking out across a river.

❶ **속뜻** 자기에게 관계없는 일이라고 무관심하게 옆에서 보기만 한다는 뜻. This means that someone just looks at something indifferently, thinking that it has nothing to do with them.

❷ 위기 상황에서 중요한 문제를 해결하지 않거나 조치를 취하지 않는 사람에 대한 좌절감이나 비판을 표현할 때 쓰는 말. Words used to express frustration or a criticism of someone who is not dealing with or solving a very serious problem during a dangerous situation.

【영속】 Fiddling while Rome burns.

© Euihwan Cho

012 강물도 쓰면 준다.
Even river water can decrease if it is used.

❶ **속뜻** 굉장히 많은 강물도 자꾸 쓰다 보면 줄어든다는 뜻.
This means that even if there is a lot of river water, it will gradually decrease when used continuously.

❷ 풍부하다고 하여 함부로 헤프게 쓰지 말라는 말.
An expression that means that even something that is abundant should not be used wastefully.
【영속】 Waste makes want.

013 같은 값이면 다홍치마.
If it's the same price, a red skirt is better.

값이 같다면 다홍치마같이 예쁘고 품질이 좋은 것을 택한다는 말.
An expression that means that if the price is the same, people will choose a better-looking and better-quality product, like a red skirt.
【영속】 Better a castle of bones than of stones.

014 개구리 올챙이 적 생각 못 한다.
Frogs can't remember when they were tadpoles.

성공하고 나서 지난날 어려웠을 때의 일을 생각지 아니하고,
본래부터 잘난 듯이 뽐냄을 비유적으로 이르는 말.
This figuratively refers to someone showing off after succeeding as if they have been good from the beginning, without thinking about the difficult times they had in the past.
【영속】 The parish priest forgets that ever he has been holy water clerk.

015 개도 닷새가 되면 주인을 안다.
Even a dog knows its owner in five days.

❶ **속뜻** 짐승인 개도 자기를 돌봐 주는 주인을 안다는 뜻.
This means that even a dog, as an animal, recognizes its owner who takes care of it.

❷ 은혜를 잊은 배은망덕한 사람을 꾸짖을 때 하는 말.
Words used to scold an ungrateful person who has forgotten grace.

Feed a dog for three days, and he'll remember your kindness for three years.

016 개천에서 용 난다.
A dragon rises up from a small stream.

가난한 집안이나 부모에게서 훌륭한 인물이 나는 경우를 이르는 말.
This refers to a case where a great person comes from a poor family or parents.
【영속】 From rags to riches.

017 객주가 망하려니 짚단만 들어온다.
As the bar goes bankrupt, only straw bales come in.

❶ 속뜻 장사가 안 되려니까 손님은 안 들어오고 자리만 차지하는 짚단만 들어온다는 뜻.
This means that since business is not going well, no customers come in, but only straw bales that take up space come in.
❷ 일이 안 되려면 해롭고 귀찮은 일만 생긴다는 말.
An expression that means that if things don't work out, only harmful and annoying things happen.

018 거미도 줄을 쳐야 벌레를 잡는다.
Even spiders need a string to catch insects.

무슨 일이든지 필요한 준비를 해놓아야 그 결과를 얻을 수 있다는 말.
An expression that means that the result of anything, no matter what it is, can only be obtained with the necessary preparations.
【영속】 No gains without pains.

019 걷기도 전에 뛰려고 한다.
Trying to run before learning to walk.

쉽고 작은 일도 해낼 수 없으면서 어렵고 큰일을 하려고 나섬을 이르는 말.
This refers to someone who is trying to do a difficult and major thing when they are incapable of doing a small and minor thing.
【영속】 You must learn to crawl before you can walk.

020 고래 싸움에 새우 등 터진다.
During a fight between whales, the shrimp's back is broken.

강한 자들끼리 싸우는 통에 아무 상관도 없는 약한 자가 중간에 끼어 피해를 입게 됨을 비유적으로 이르는 말.

The figurative meaning is that in the middle of the conflict between the powerful, the weak who have nothing to do with it suffer damage.

【영속】 When elephants fight, it is the grass that suffers.

---

021 고생 끝에 낙이 온다.
At the end of hardship comes happiness.

어려운 일이나 고된 일을 겪은 뒤에는 반드시 즐겁고 좋은 일이 생긴다는 말.

An expression that means that after experiencing something difficult or painful, something pleasant and good always happens.

ⓑ 고진감래(苦盡甘來), ⓐ 흥진비래(興盡悲來).

【영속】 Every cloud has a silver lining. No pain, no gain.

---

022 공든 탑이 무너지랴.
Will the elaborately built tower collapse?

❶ 【속뜻】 공들여 쌓은 탑은 무너질 리 없다는 뜻.

This means that a tower built with great care cannot collapse.

❷ 힘을 다하고 정성을 다하여 한 일은 그 결과가 반드시 헛되지 아니함을 비유적으로 이르는 말.

The figurative meaning is that if you do something with all your might and sincerity, the results will not be futile.

【영속】 Steady work overcomes all things.

---

023 공짜라면 양잿물이라도 먹는다.
If it's free of charge, people will even drink lye.

공짜라면 무엇이든지 가리지 않고 닥치는 대로 다 받는 것을 비꼬는 말.

Words that sarcastically refer to someone who is eager for anything regardless of what it is if it is for free.

024 광에서 인심 난다 = 곳간에서 인심 난다.
Generosity is born from the storehouse.

❶ **속뜻** 광에 가득한 곡식을 보면 남을 도울 마음이 생긴다는 뜻.
This means that when anyone sees a storehouse full of grain, they feel motivated to help others.

❷ 자신이 넉넉해야 다른 사람도 도울 수 있음을 비유적으로 이르는 말.
The figurative meaning is that one can afford to help others only when they are wealthy.

【영속】 Charity begins at home.

025 구관이 명관이다.
The former governor is the wiser governor.

❶ **속뜻** 알고 보니 구관이 이름난[名] 관리(官吏)라는 뜻.
(※ 舊官: 옛 구, 벼슬 관; 名官: 이름 명, 벼슬 관).
This means that it turns out that the previous official was a famous official.

❷ 경험이 많거나 익숙한 이가 더 잘하는 법임을 비유적으로 이르는 말.
The figurative meaning is people with more experience or familiarity do better.

❸ 나중 사람을 겪어 봄으로써 먼저 사람이 좋은 줄을 알게 된다는 말.
An expression that means that people will come to know that the former person is good after experiencing the latter person.

【영속】 You don't know what you've got until you've lost it.

026 구더기 무서워 장 못 담글까.
Maggots cannot be an excuse for not making soybean paste.

다소 걸림이 되는 것이 있다 하더라도 마땅히 할 일은 하여야 함을 비유적으로 이르는 말.
The figurative meaning is that even if there are some obstacles, you must do what you need to do.

【영속】 You cannot succeed if you are afraid of failure.

027 구슬이 서 말이라도 꿰어야 보배.

Even three bags of beads become a treasure only when they are strung together.

아무리 훌륭하고 좋은 것이라도 다듬고 정리하여 쓸모 있게 만들어 놓아야 값어치가 있음을 비유적으로 이르는 말.

The figurative meaning is that no matter how great or good something is, it becomes valuable only when it is refined, organized, and made useful.

【영속】 Nothing is complete unless you put in final shape.

028 굶어 보아야 세상을 안다.

Having experienced hunger makes one understand the world.

굶주려 죽을 정도로 고생을 겪어 보아야 세상을 알게 된다는 말.

An expression that means that you will understand the world only after undergoing hardships to the extent that you have starved.

【영속】 Adversity comes with instruction in its hand.

029 굽은 나무가 선산을 지킨다.

The curved tree protects the mountain where the graves of ancestors are located.

❶ **속뜻** 자손이 가난해지면 조상의 무덤이 있는 산에 있는 나무까지 팔아 버리는데, 이 때 줄기가 굽어 쓸모없는 것은 그대로 남게 된다는 뜻. (※先山: 먼저 선, 메 산).

This means that when descendants become poor, they even sell the trees on the mountain where their ancestors' graves are located. At this time, only bent and useless trees remain.

❷ 쓸모없어 보이는 것이 도리어 제구실을 하게 됨을 비유적으로 이르는 말.

The figurative meaning is that something that seems useless turns out to fulfill its function.

【영속】 Every man for his own trade.

030 귀에 걸면 귀걸이 코에 걸면 코걸이.
It is an earring if it is hung on the ear, and a nose ring if it is hung on the nose.

❶ **속뜻** 어떤 원칙이 정해져 있는 것이 아니라 둘러대기에 따라 이렇게도 되고 저렇게도 될 수 있음을 비유적으로 이르는 말.
The figurative meaning is that there are no fixed principles, but they can change this way or that way depending on making up.

❷ 어떤 사물은 보는 관점에 따라 이렇게도 될 수 있고 저렇게도 될 수 있음을 비유적으로 이르는 말.
The figurative meaning is that an object can become this or that depending on the perspective from which it is viewed.
(※ 이현령비현령 耳懸鈴鼻懸鈴).
【영속】 Perception is reality

031 그물에 든 고기.
Fish in net.

이미 잡혀 옴짝달싹 못 하고 죽을 지경에 빠졌음을 비유적으로
이르는 말. This figuratively refers to someone who has already been caught, is unable to move, and is on the verge of death.
【영속】 Like a fish out of water.

© Euihwan Cho

032 금강산도 식후경.
Even sightseeing at Geumgang Mountain begins with a full stomach.

❶ **속뜻** 금강산도 밥을 먹은 뒤에 보아야 그 경치가 아름답게 보인다는 뜻.
(※ 食後景: 먹을 식, 뒤 후, 경치 경).
This means that even the beautiful Geumgang Mountain can be seen
beautifully only after eating.

❷ 배가 불러야 흥이 나지 배가 고프면 아무 일에도 흥이 나지 않음을
비유적으로 이르는 말.
The figurative meaning is that people feel happy only when their
stomach is full, and will not be excited about anything when they
are hungry.

【영속】Bread is better than the song of many birds.

033 기둥보다 서까래가 더 굵다.
The rafters are thicker than the pillars.

주(主)가 되는 것과 그에 따르는 것이 뒤바뀌어 사리에 어긋남을
비유적으로 이르는 말.
The figurative meaning is that what is important and what is
subordinate to it are reversed, which is against the logic of things.

034 기르던 개에게 다리가 물렸다.
My leg was bitten by the dog I bred.

자기가 도와주고 은혜를 베풀어 준 사람한테서 도리어 해를 입음을
비유적으로 이르는 말.
This figuratively refers to suffering harm from someone to whom
one has extended help and shown grace.

【영속】In trust is treason.

035 길고 짧은 것은 대어 보아야 안다.
You can determine which is long and which is short only by comparing them.

크고 작고, 이기고 지고, 잘하고 못하는 것은 실지로 겨루어 보거나
겪어 보아야 알 수 있다는 말.

An expression that means that big or small, winning or losing, good or bad, can only be known by actually competing or experiencing.
【영속】 The proof of the pudding is in the eating.

---

036 까마귀가 검기로 마음도 검겠나.
Although the crow is black, should the heart also be black as well?

❶ **속뜻** 겉이 검은 까마귀라고 속도 검을 리 없다는 뜻.
An expression that means that a crow that is black on the outside cannot be black at heart.

❷ 사람을 평가할 때 겉모양만 보고 할 것이 아니라는 뜻으로 이르는 말.
An expression that means that when evaluating people, one should not just look at their outer appearance.
【영속】 Things are not always what they seem.

---

037 꼬리가 길면 밟힌다.
If the tail is long, it will get stepped on.

나쁜 일을 아무리 남모르게 한다고 해도 오래 두고 여러 번 계속하면 결국에는 들키고 만다는 것을 비유적으로 이르는 말.
The figurative meaning is that no matter how secretly one does something bad, it is bound to be revealed eventually if they repeat it many times for a long time.
【영속】 Crime doesn't pay.

---

038 꾸어다 놓은 보릿자루.
Borrowed barley sack.

❶ **속뜻** 여럿이 모여 이야기하는 자리에서 아무 말도 하지 않고 옆에 가만히 있는 사람을 비유적으로 이르는 말.
This figuratively refers to a person who stays on the side without saying anything when a group of people are gathered together to talk.

❷ 차지하고 있는 위치에서 자기 역할을 다하지 못하는 사람을 비유적으로 이르는 말.
This figuratively refers to a person who cannot fulfill their role in the position they hold.
【영속】 Like a fish out of water.

039 꿀 먹은 벙어리.
The speechless person who ate honey.

❶ **속뜻** 말을 잘하지 못하여 가만히 있기만 한 사람을 비유적으로 이르는 말.
This figuratively refers to a person who just stays quiet because they cannot speak well.

❷ 남몰래 일을 저지르고도 모르는 체 시치미를 떼는 사람을 비유적으로 이르는 말.
This figuratively refers to a person who secretly did something wrong but pretends not to know about it.

【영속】 Cat got your tongue?

040 꿈보다 해몽이 좋다.
The interpretation of the dream is better than the dream itself

❶ **속뜻** 꿈보다 그 꿈에 대한 풀이가 더 좋다는 뜻.
This means that the interpretation of a dream is better than the dream itself.

❷ 어떤 사실에 대하여 그럴듯하게 돌려 생각하여 좋게 풀이함을 비유적으로 이르는 말. (※ 解夢: 풀 해, 꿈 몽).
This figuratively refers to thinking about a fact plausibly differently so that it is interpreted to be favorable.

【영속】 Fair words please the conversation.

041 나무에 오르라 하고 흔드는 격.
It's like making someone climb a tree and then shaking it.

남을 꾀어 위험한 곳이나 불행한 처지에 빠지게 함을 비유적으로 이르는 말.
This figuratively refers to luring others into dangerous places or unfortunate situations.

042 나중 난 뿔이 우뚝하다.
A new antler is more prominent.

❶ **속뜻** 나중에 생긴 것이 먼저 것보다 훨씬 나음을 비유적으로 이르는 말.
The figurative meaning is that what came later was much better

than what came first.

❷ 후배가 선배보다 훌륭하게 되었음을 비유적으로 이르는 말.

The figurative meaning is that the junior became better than the senior. (※ 청출어람 靑出於藍).

【영속】 Blue dye comes from the indigo plant but is bluer than the plant itself.

---

043 낙숫물이 댓돌을 뚫는다.
Falling water breaks through the terrace stone.

❶ **속뜻** 작은 낙숫물이라도 계속해서 떨어지면 단단한 댓돌도 뚫을 수 있다. (※ 落水: 떨어질 락, 물 수).

Even a small drop of water can pierce even a hard stone if it continues to fall.

❷ 작은 힘이라도 꾸준히 계속하면 큰일을 이룰 수 있음을 비유적으로 이르는 말.

The figurative meaning is that even small efforts can achieve great things if the efforts are continued.

【영속】 Constant dropping wears away the stone.

---

044 날면 기는 것이 능하지 못하다.
A bird that is good at flying is not good at crawling.

훌륭한 재주가 있는 사람이라도 모든 일을 다 잘할 수는 없음을 비유적으로 이르는 말.

The figurative meaning is that even people with great talent cannot be good at everything. (※ 각자무치 角者無齒).

【영속】 Every man has his faults.

---

045 남의 말 하기는 식은 죽 먹기.
Talking about others is like eating cold porridge.

남의 잘못을 드러내어 말하는 것은 아주 쉬운 일임을 비유적으로 이르는 말.

The figurative meaning is that it is very easy to reveal and speak out about someone else's mistakes.

【영속】 It's a piece of cake.

046 남의 밥에 든 콩이 굵어 보인다.
The beans in someone else's rice look thicker.

물건은 남의 것이 제 것보다 더 좋아 보임을 비유적으로 이르는 말.
The figurative meaning is that other people's things seem better than mine.

【영속】 The grass is always greener on the other side.

047 남의 잔치에 감 놔라 배 놔라 한다.
Indicating the place where persimmons or pears are put at other people's feasts.

남의 일에 쓸데없이 이래라저래라 간섭함을 비유적으로 이르는 말.
The figurative meaning is that one keeps meddling in others' affairs and telling them what to do.

【영속】 That's none of your business.

048 낮말은 새가 듣고 밤말은 쥐가 듣는다.
Words from the daytime are heard by a bird, words from the night are heard by a rat.

아무리 남몰래 한 말이라도 반드시 남의 귀에 들어가게 되니, 말조심해야 한다는 말.
An expression that means that no matter how secretly you say something, it will inevitably reach other people's ears, so you must be careful about what you say.

【영속】 The walls have ears.

049 내리사랑은 있어도 치사랑은 없다.
There is love downward, but no love upward.

❶ 【속뜻】 윗사람이 아랫사람을 사랑하기는 쉬워도 아랫사람이 윗사람을 사랑하기는 좀처럼 어렵다는 말.
An expression that means that even though it is easy for older people to love younger people, it is very difficult for younger people to love older people.

❷ 부모가 자식을 사랑하는 것은 쉽고 일반적인 일이지만 자식이 부모를 사랑하는 일은 어렵고 드문 일이라는 뜻.

This means that it is easy and common for parents to love their children, but it is difficult and rare for children to love their parents.

---

050 내 배가 부르니 종의 배고픔을 모른다.
When one's own stomach is full, they do not know the hunger of their servant.

자기만 만족하면 남의 곤란함을 모르고 돌보아 주지 아니함을 비유적으로 이르는 말.

The figurative meaning is that when people are satisfied, they are unaware of the difficulties of others and do not take care of them.

【영속】He that is warm thinks all so.

---

051 내 코가 석 자.
My nose is three feet long.

❶ **속뜻** 콧물을 석 자나 흘리면서도 닦을 시간이 없을 정도로 자신이 처한 상황이나 해결해야 할 문제가 몹시 급하다는 말.

An expression that means that the situation you are in or the problem you need to solve is so urgent that you don't have time to wipe it off, even though you have three feet of snot.

❷ 내 사정이 급해서 남을 돌볼 여유가 없음을 비유적으로 이르는 말.

The figurative meaning is that my situation is so urgent that I have no time to take care of others.

【영속】I have bigger fish to fry.

---

052 누울 자리 봐 가며 발 뻗어라.
Find a place to lie down and stretch out your feet.

❶ **속뜻** 결과가 어떻게 되리라는 것을 미리 살핀 다음에 일을 시작하라는 말.

An expression that means that one should know in advance what the result will be before starting the work.

❷ 시간과 장소를 가려 행동하라는 말.

An expression that means that one should act considering the time and place.

053 누워서 떡 먹기.
Eating rice cake while lying down.

하기가 매우 쉬운 것을 비유적으로 이르는 말.

This figuratively refers to something that is very easy to do.

【영속】 It's a piece of cake.

054 누워서 침 뱉기.
Lying down and spitting.

남을 해치려고 하다가 도리어 자기가 해를 입게 된다는 것을
비유적으로 이르는 말.

The figurative meaning is that the outcome of someone's attempt to
harm others is harming themselves on the contrary.

【영속】 Don't cut off your nose to spite your face.

055 누이 좋고 매부 좋다.
It is good for the sister and good for the brother-in-law.

❶ 【속뜻】 누이와 매부가 결혼하는 것과 같이 양쪽 모두에게 좋은 경우를
일컫는 말. (※妹夫: 누이 매, 지아비 부: 누이의 남편).

This refers to cases where something is good for both parties, such
as a case where one's sister and brother-in-law are getting married
to each other.

❷ 어떤 일에 있어 서로 다 이롭고 좋음을 비유적으로 이르는 말.

This figuratively refers to a certain event that is beneficial and good
for everyone.

【영속】 What's good for the goose is good for the gander.

056 눈 가리고 아웅.
Cover one's eyes and make cat noises.

❶ 【속뜻】 얕은 수로 남을 속이려 한다는 말.

An expression that means that someone is trying to deceive others
with a mild trick.

❷ 실제로 보람도 없을 일을 공연히 형식적으로 하는 체하며 부질없는 짓을
함을 비유적으로 이르는 말.

This figuratively refers to pretending to do something perfunctory and doing something useless that actually has no value.

【영속】 The cat that ate the canary.

057 다람쥐 쳇바퀴 돌 듯.
Like a squirrel spinning in a treadmill.

❶ **속뜻** 같은 일만 반복적으로 계속한다는 뜻.
This means repeating the same thing over and over again.

❷ 앞으로 나아가지 못하고 제자리걸음만 함을 비유적으로 이르는 말.
This figuratively refers to being unable to move forward, and marching in place.

【영속】 Going round and round.

058 달걀로 바위 치기.
Hitting a rock with an egg.

도저히 이길 수 없는 경우를 비유적으로 이르는 말.
This refers to cases where one can never win.

【영속】 Throw straws against the wind.

059 닭 잡아먹고 오리발 내놓기.
Putting out duck legs after having eaten chicken.

옳지 못한 일을 저질러 놓고 엉뚱한 수작으로 속여 넘기려 하는 일을 비유적으로 이르는 말.
This figuratively refers to doing something wrong and trying to deceive it by using a wild trick.

【영속】 One does the scathe, and another has the scorn.

060 닭 쫓던 개 지붕 쳐다보듯.
Like a dog that has been chasing a chicken watching a roof.

❶ **속뜻** 개에게 쫓기던 닭이 지붕으로 올라가자 개가 쫓아 올라가지 못하고 지붕만 쳐다본다는 뜻.
This means that when a chicken that had been chased by a dog went up on a roof, the dog couldn't chase it up there and just stared at the

roof.

❷ 애써 하던 일이 실패로 돌아가거나 남보다 뒤떨어져 어찌할 도리가 없음을 비유적으로 이르는 말.

The figurative meaning is that there is nothing one can do because their hard work has failed, or their ability falls behind others.

【영속】So much for that plan.

---

061 닭의 볏이 될지언정 소의 꼬리는 되지 마라.
Be the cockscomb of a chicken, but not the tail of a cow.

크고 훌륭한 자의 뒤를 쫓아다니는 것보다는 차라리 작고 보잘것없는 데서 남의 우두머리가 되는 것이 낫다는 말.

An expression that means that it is better to be the leader of others in something small and insignificant than to chase after someone big and great.

【영속】Better be the head of a dog than the tail of a lion.

---

062 대들보 썩는 줄 모르고 기왓장 아끼는 격.
It's like saving roof tiles without knowing that the beams will rot.

❶ 【속뜻】값비싼 대들보까지 다 부식되기 전에 깨어진 지붕의 타일을 새것으로 갈아서 새는 부분을 수리하는 것을 권장하는 말.

This recommends repairing small leaks in roofs by replacing broken roof tiles before the rot spreads to the expensive beams.

❷ 장차 더 크게 손해 볼 것은 모르고 당장 돈이 조금 든다고 사소한 것을 아끼려는 어리석은 행동을 비유적으로 이르는 말.

This figuratively refers to a foolish act of trying to save on trivial things just because it costs less money right now, without knowing that there will be bigger losses in the future.

【영속】Penny wise, pound foolish.

---

063 도둑에게 열쇠 준다.
Giving the key to the thief.

믿지 못할 사람에게 큰일을 맡기는 어리석음을 비유적으로 이르는 말.

This figuratively refers to the foolishness of someone to entrust a big task to a person who is not trustworthy.

---

064 도둑을 맞으려면 개도 안 짖는다.
Even a dog will not bark if it is meant to be stolen.

운수가 나쁘면 모든 것이 제대로 되지 않음을 비유적으로 이르는 말.
The figurative meaning is that when one has bad luck, everything keeps going wrong.

【영속】 The bread always falls buttered side down.

---

065 도둑이 없으면 법도 쓸데없다.
Without thieves, laws are useless.

❶ 속뜻 도둑을 없애기 위해서 법이 만들어졌다는 뜻.
This means that laws were created to eliminate thieves.

❷ 도둑질이 가장 나쁨을 비유적으로 이르는 말.
The figurative meaning is that stealing is the worst thing.

---

066 도둑이 제 발 저리다.
The thief's own foot is numb.

지은 죄가 있으면 자연히 마음이 조마조마하여짐을 비유적으로 이르는 말.
The figurative meaning is that if one commits a sin, they naturally become anxious.

【영속】 A guilty conscience needs no accuser.

© Euihwan Cho

067 돌다리도 두드려 보고 건너라.

Even a stone bridge should be tested by knocking on it before crossing.

❶ **속뜻** 아무리 단단한 돌다리라 할지라도 부서질 수 있으니, 확인한 후에 건너야 한다는 말.

An expression that means that no matter how strong a stone bridge may be, it can break, so you must check it before crossing.

❷ 잘 아는 일이라도 꼼꼼하게 확인하고 주의를 하라는 말.

An expression that means that one should pay attention to and carefully check their work, even if it's something they know well.

【영속】 Look before you leap.

068 동에 번쩍 서에 번쩍.

Flashing in the east, and flashing in the west.

어디에 있는지 짐작하기가 어려울 정도로 여기저기를 왔다 갔다 한다는 말.

An expression that means that someone moves from place to place so much that it is difficult to estimate where they are.

【영속】 Sudden appearance and disappearance from nowhere.

069 될성부른 나무는 떡잎부터 알아 본다.

A well-shaped tree can be recognized by its cotyledons.

장래에 크게 될 사람은 어릴 때부터 다르다는 말.

An expression that means that someone who will become great in the future stands out from the time they are young.

【영속】 As the twig is bent, so grows the tree.

070 드는 줄은 몰라도 나는 줄은 안다.

People tend to be unaware when things come in, but are aware when things go out.

사람이나 재물이 불어나는 것은 눈에 잘 띄지 않아도 그것이 줄어드는 것은 금방 알 수 있다는 말.

An expression that means that people can hardly realize when they gain a personal relationship or fortune, but they immediately realize when they lose that person or fortune.

【영속】 Don't let your money slip away on mindless spending.

---

071 등잔 밑이 어둡다.
It is dark under the lamp.

가까이 있는 것을 오히려 잘 알기 어렵다는 말.

An expression that means that it is more difficult to know well something that is close to oneself.

【영속】 The foot of the candle is dark.

---

072 땅 짚고 헤엄치기.
Swimming while touching the ground.

일이 매우 쉬운 것임을 비유하여 이르는 말.

This figuratively refers to a very easy task.

【영속】 It is a piece of cake.

---

073 떡 본 김에 제사 지낸다.
When you see the rice cake, you perform a ancestral rite.

우연히 운 좋은 기회가 생겨서 그동안 하려고 했던 일을 한다는 말.

An expression that means that one does something that they have long intended to do because a good opportunity happens to arise.

【영속】 Make hay while the sun shines.

---

074 떡 줄 사람은 생각도 안 하는데 김칫국부터 마신다.
Although the person who will give the rice cake does not think so, someone else drinks the kimchi soup first.

상대방은 뭔가 해 줄 생각도 없는데 다 된 일로 착각하여 미리 행동함.

An expression that means that although the other party has no intention to do something, one acts in advance with the misunderstanding that the other party would do it.

【영속】 Don't count your chickens before they hatch.

075 떼어 놓은 당상.
The position assigned to someone.

❶ **속뜻** 맡아 놓은 당상(堂上) 벼슬자리가 바뀔 리 없다는 뜻.
An expression that means that it is certain that the high-ranking
government position assigned to someone will not change.
❷ 어떤 일이 확정되었음을 이르는 말.
An expression that means that something has been confirmed.
【영속】 It's in the bag.

076 똥 누러 갈 적 마음 다르고 올 적 마음 다르다.
People have different feelings before and after they go to poop.

자기 일이 아주 급한 때는 통사정하며 매달리다가 그 일을 무사히
다 마치고 나면 모른 체한다는 말.
An expression that means that when someone's work is very urgent,
they cling to the person for it, but when the work is completed
safely, they pretend not to notice the person.
【영속】 Danger past, god forgotten.

077 똥 묻은 개가 겨 묻은 개 나무란다.
The dung-stained dog reproaches the chaff-stained dog.

❶ **속뜻** 자기에게 있는 큰 허물은 생각하지 않고 다른 사람의 작은 허물을
흉본다는 뜻.
This means that one thinks nothing of their own big mistake and
criticizes another person's small error.
❷ 결점이 있기는 마찬가지임을 비유하여 이르는 말.
The figurative meaning is that everyone has flaws as well.
【영속】 The pot calls the kettle black.

078 뚝배기보다 장맛이 좋다.
**The earthenware bowl is not good, but the taste of soy sauce in it
is good.**

❶ **속뜻** 겉모양은 보잘 것 없으나 내용은 훨씬 훌륭함을 이르는 말.
An expression that means that even though something has a humble

outer appearance, its contents are excellent.

❷ 겉보다 내용을 중요하게 여겨야 함을 비유하여 이르는 말.

The figurative meaning is that the content should be regarded as more important than the appearance.

【영속】Don't judge a book by its cover.

---

079 뛰는 놈 위에 나는 놈 있다.
Above the one who runs, there is the one who flies.

❶ 【속뜻】 재주가 뛰어나다 하더라도 그보다 더 뛰어난 사람이 있다는 뜻.

This means that no matter how outstanding someone's talents are, there is always someone else who is even more talented.

❷ 잘났다고 뽐내는 사람을 훈계하여 이르는 말.

Words said to admonish someone who boasts about themselves.

【영속】There is no limit to excellence.

---

080 마른 하늘에 날벼락.
Lightning strikes in the dry sky.

뜻하지 아니한 상황에서 갑작스런 돌발상황으로 인해 뜻밖에 재난을 당하는 것을 이르는 말.

This refers to suffering an unexpected disaster in an unanticipated situation.

【영속】Nothing is certain but uncertainty.

---

081 마파람에 게 눈 감추듯.
Like a crayfish hiding its eyes from the south wind.

❶ 【속뜻】 남쪽에서 불어오는 마파람이 불면, 게가 금방 눈을 감춘다는 뜻.

This means that when the wind blows from the south, the crab quickly closes its eyes.

❷ 음식을 매우 빨리 먹어 버리는 모습을 비유적으로 이르는 말.

This figuratively refers to eating food extremely quickly.

---

082 말 안 하면 귀신도 모른다.
Even ghosts don't know if one does not say it.

❶ 【속뜻】 혼자 속으로 애만 태울 것이 아니라 밖으로 말을 해야 그 속사정을 남들이 알아주게 된다는 말.

An expression that means that others will know one's inner circumstances only when they speak out rather than just worrying inside.

❷ 자신의 진심을 정확하게 전달하는 것이 문제해결의 지름길이라는 뜻.

This means that communicating one's true feelings accurately is the shortcut to solving a problem.

【영속】 Even the evil spirits don't know.

---

083 말 타면 경마 잡히고 싶다.
Once mounted on a horse, one wants to have a groom lead it by the halter.

사람의 욕심이란 한이 없음을 비유적으로 나타낸 말.

The figurative meaning is that people's greed is endless.

【영속】 Greed has no limits.

---

084 말 한마디에 천냥 빚도 갚는다.
One word can repay a thousand nyang(old Korean currency) debt.

말만 잘하면 문제를 해결할 수 있기에 말할 때는 조심해야 한다는 것을 비유적으로 나타낸 말.

The figurative meaning is that since a problem can be solved if one only talks well, one should speak carefully.

【영속】 Good words cost nothing but are worth much.

---

085 말이 고마우면 비지 사러 갔다 두부 사 온다.
If one appreciates the store owner's words, they will buy bean curd instead of the bean-curd dregs they originally intended to purchase.

상대편이 고맙게 여기도록 말을 잘하면 생각했던 것보다 훨씬 더 후한 대접을 받게 된다는 말.

An expression that means that if you speak well so that the other person feels grateful, you will be treated much more generously than you expected.

【영속】 Kindness always pays.

086 망건 쓰고 세수한다.

Wearing a hairband and washing the face.

❶ **속뜻** 망건은 머리카락이 흘러 내려오지 않도록 머리에 두른 물건이며, 세수를 한 후에 망건을 쓰는데 망건을 쓰고난 후에 세수하는 것은 올바른 방법이 아니다. (※ 網巾: 그물 망, 수건 건; 洗手: 씻을 세, 손 수).
A mangeon, a traditional Korean hairband, is an item worn around the head to prevent hair from falling down after washing the face. It is not the correct way to wash one's face after wearing a mangeon.

❷ 일의 순서가 뒤바뀜을 놀림조로 이르는 말.
A tongue-in-cheek way of saying that the order of work is reversed.
【영속】 Don't put the cart before the horse.

087 맞은 놈은 펴고 자고 때린 놈은 오그리고 잔다.

The person who was beaten up sleeps stretched out, while the person who beat sleeps curled up.

❶ **속뜻** 남을 괴롭힌 사람은 뒷일이 걱정되어 마음이 불안하나, 해를 입은 사람은 마음만은 편하다는 말.
An expression that means that if you bully others, you will worry about what will happen next, but the person who suffered will be comfortable.
【영속】 A clean conscience makes a soft pillow.

088 모기 보고 칼 빼기.

Drawing a sword at a mosquito.

❶ **속뜻** 작은 모기를 잡으려고 큰 칼을 빼어든다는 뜻.
This means taking out a big sword to catch a small mosquito.

❷ 사소한 일로 소란을 피움을 비유적으로 이르는 말.
This figuratively refers to making too much noise about things of little importance.

❸ 목적에 비해 지나치게 강력한 수단을 사용하는 것을 비유적으로 이르는 말.
This figuratively refers to using means that are too powerful compared to the purpose. (※ 견문발검 見蚊拔劍)
【영속】 Killing a fly with a long spear.

089 모난 돌이 정 맞는다.
An angular stone is hit by a hammer.

❶ **속뜻** 성격이 원만하지 못하거나 두각을 나타내는 사람은 미움을 받게 된다는 말.

An expression that means that a person who does not have an easygoing personality and who stands out among many people will incur the hatred of others.

❷ 잘난 체하는 사람은 남의 공격을 받게 된다는 말.

An expression that means that people who show off will be attacked by others.

【영속】Tall poppy gets cut down.

090 모로 가도 서울만 가면 된다.
It will be fine if you arrive in Seoul even if you go sideways.

❶ **속뜻** 목적지인 서울에 도착할 수만 있다면, 가는 방법은 문제가 되지 않는다.

It does not matter how you go, as long as you go to Seoul.

❷ 수단이나 방법은 어찌 되었든 간에 목적만 이루면 된다는 말.

An expression that means that as long as the goal is achieved, it doesn't matter what means or method is used.

【영속】All is well that ends well.

091 모르면 약 아는 게 병.
Ignorance is medicine, knowledge is sickness.

모르면 차라리 마음이 편하여 좋으나, 좀 알게 되면 그것 때문에 걱정거리가 생기게 된다는 말.

An expression that means that people will be at ease if they don't know anything, but if they know even a little bit about something, they will end up worrying because of it.

【영속】Ignorance is bliss.

092 목구멍이 포도청.
The throat is the police bureau.

❶ **속뜻** 먹고 살기 위하여, 포도청 가는 일도 감수한다는 뜻.

(※ 捕盜廳 : 잡을 포, 도둑 도, 관청 청).

This means that in a situation where one is forced to do so to make a living, they will do something banned against the risk of imprisonment in the podocheong, the police bureau in the Chosun dynasty.

❷ 막다른 지경이 되면 행동하는 데 있어서 수단과 방법을 가리지 않게 됨을 이르는 말.

An expression that means that when facing a dead end, one will not hesitate to choose any means or methods to take action.

【영속】 There is no virtue in poverty.

---

093 목마른 놈이 우물 판다.
A thirsty man digs a well.

제일 급하고 일이 필요한 사람이 그 일을 서둘러 하게 되어 있다는 말.

An expression that means that the person who needs work most urgently is bound to do it in a hurry.

【영속】 He that would eat the fruit must climb the tree.

---

094 못 먹는 감 찔러나 본다.
Poking a persimmon that I can't eat.

제 것으로 만들지 못할 바에야 남도 갖지 못하게 만들자는 뒤틀린 마음을 이르는 말.

© Euihwan Cho

An expression that means that when someone is unable to possess something, they have a twisted mind to prevent others from having it as well.

【영속】 Calling it sour grapes.

095 못된 송아지 엉덩이에 뿔이 난다.
A naughty calf grows horns on its buttocks.

❶ **속뜻** 송아지는 제멋대로 뛰어다니는 말썽꾸러기인데 엉덩이에 뿔까지 생긴다면 그 뿔로 온갖 못된 짓을 하고 다닐 것은 뻔한 일이라는 뜻.
This means that a calf is a troublemaker that runs around as it pleases, and if it has horns on its buttocks, it is obvious that it will do all kinds of naughty things with those horns.

❷ 못된 사람이 자신의 잘못을 뉘우치기는커녕 새로운 방법까지 동원해 나쁜 짓만 하고 다닌다는 말.
An expression that means that rather than regretting their mistakes, bad people resort to new methods to continue to do bad things.

【영속】 The lean weed lifts its head high.

096 무소식이 희소식.
No news is good news.

소식이 없음은 무사히 잘 있다는 것이니, 곧 기쁜 소식이나 다름 없다는 말. (※ 無: 없을 무; 喜: 기쁠 희).
An expression that means that no news means nothing has happened and everyone is safe, so it's not different from receiving good news.

【영속】 Bad news travels fast.

097 무쇠도 갈면 바늘 된다.
You can make a needle by grinding iron.

꾸준히 노력하면 어떤 어려운 일이라도 이룰 수 있다는 말.
An expression that means that if one keeps working hard, they can achieve whatever they want, no matter how difficult it is.

【영속】 Constant dropping wears away the stone.

098 물에 빠지면 지푸라기라도 잡는다.

If someone falls into the water, they will even grab at straws.

위급한 때를 당하면 그 상황을 벗어나기 위해 무엇이나 닥치는 대로
잡고 늘어지게 됨을 이르는 말. (※ 危急: 위태할 위, 급할 급).

An expression that means that when faced with an emergency, one
will grab or hold whatever they finds to escape from that situation.

【영속】A drowning man will catch at a straw.

099 물에 빠진 놈 건져 놓으니까 내 봇짐 내라 한다.

**Save a man from drowning, and he will demand you to give his
bundle back.**

남에게 은혜를 입고서도 그 고마움을 모르고 오히려 생트집을 잡음을
이르는 말.

This refers to a case where even though someone received a favor
from another person, the person does not show gratitude but instead
picks a fault out of their own greed.

【영속】Give them an inch, and they'll take a mile.

100 미꾸라지 한 마리가 온 웅덩이를 흐려 놓는다.

One loach clouds the entire puddle.

❶ **속뜻** 많은 물고기가 헤엄쳐도 물이 흐려지지 않지만, 미꾸라지는 한 마리만
지나가도 웅덩이 전체가 온통 다 흐려진다는 뜻.

This means that the water does not become clouded even if many
fish swim by, but the entire puddle will become clouded if just one
loach passes by.

❷ 한 사람의 좋지 않은 행동이 그 집단 전체나 여러 사람에게 나쁜 영향을
미침을 비유하여 이르는 말.

The figurative meaning is that a person's bad behavior has a negative
impact on the entire group or several people.

【영속】One rotten apple spoils the barrel.

101 믿는 도끼에 발등 찍힌다.

Getting stabbed in the foot by an ax that one trusts.

잘 되리라고 믿고 있던 일이 어긋나거나, 믿던 사람이 배반하여 오히려 해를 입음을 비유적으로 이르는 말.

This figuratively refers to cases where something that was expected to succeed turned out to go wrong, or a person that had been trusted betrayed and caused harm.

【영속】 Trust is the mother of deceit.

102 밑 빠진 독에 물 붓기.
Pouring water into a bottomless pot.

❶ **속뜻** 밑 빠진 독에 아무리 물을 부어도 독이 채워질 수 없다는 뜻.
This means that no matter how much water you pour into a bottomless pot, it cannot be filled.

❷ 아무리 힘이나 밑천을 들여도 보람 없이 헛된 일이 되는 상태를 비유적으로 이르는 말.
This figuratively refers to cases where no matter how much effort or money one puts into something, their endeavors will be fruitless and in vain.

【영속】 The beggar's bag is bottomless.

103 밑져야 본전이다.
Despite losing money, you still break even.

❶ **속뜻** 밑져도 본전은 남아 있다는 뜻. (※ 本錢: 뿌리 본, 돈 전).
This means that even if one loses money, the principal will remain.

❷ 일이 잘못되어도 손해 볼 것은 없다는 말.
An expression that means that even if something goes awry, there will be nothing to lose.

❸ 손해 볼 것이 없으니 한번 해 보아야 한다는 말.
An expression that means that you have nothing to lose, so give it a try.

【영속】 Here goes nothing.

104 바늘 도둑이 소 도둑 된다.
A needle thief becomes a cattle thief.

❶ **속뜻** 바늘을 훔치던 사람이 계속 반복하다 보면 결국은 소까지도 훔친다는 뜻.

This means that a person who continuously steals needles will eventually progress to stealing cows as well.

❷ 아무리 작은 일이라도 나쁜 일을 자꾸해서 버릇이 되면 나중에는 큰 죄를 짓게 된다는 것을 비유적으로 이르는 말.

The figurative meaning is that if someone keeps doing bad things, no matter how small they are, and it becomes a habit, the person may commit a serious crime later.

【영속】 He that will steal a pin will steal an ox.

105 바다는 메워도 사람의 욕심은 못 채운다.
Even if the ocean were filled, people's greed can never be satisfied.

❶ **속뜻** 아무리 넓고 깊은 바다라도 메울 수는 있지만, 사람의 욕심은 끝이 없어 메울 수 없다는 뜻.

This means that no matter how wide and deep the ocean is, it can be filled, but man's greed is endless and cannot be filled.

❷ 사람의 욕심이 한이 없음을 비유적으로 이르는 말.

The figurative meaning is that there is no limit to human greed.

【영속】 Man's greed is greater than the sea.

106 바람 앞의 등불.
A lit lantern in front of the wind.

❶ **속뜻** 언제 꺼질지 모르는 바람 앞의 등불이란 뜻.

This means that because the lit lantern is before the wind, no one knows when it will go out.

❷ 매우 위태롭고 불안한 처지에 놓여 있음을 비유적으로 이르는 말.

The figurative meaning is that one is in an extremely perilous and insecure position.

107 발 없는 말이 천 리 간다.
A word without feet travels a thousand miles.

❶ **속뜻** 말은 비록 발이 없지만 천 리 밖까지도 순식간에 퍼져 간다는 뜻.

This means that even though words have no feet, they spread instantly across distances of thousands of miles.

❷ 말은 빠르게 퍼지기 때문에 말할 때는 항상 조심해야 함을 비유적으로

이르는 말.

The figurative meaning is that because words spread fast, one should always be careful of the things they say.

【영속】 Bad news travels fast.

108 방귀 뀐 놈이 성낸다.
The one who farted gets angry.

❶ **속뜻** 방귀 뀌는 것은 주변 사람에게 피해주는 일이기에 미안하게 생각해야 함에도 자기가 방귀를 뀌고 오히려 성낸다는 뜻.

This means that someone farts and becomes angry with others, despite the fact that they should feel apologetic.

❷ 잘못을 저지른 쪽에서 오히려 남에게 성냄을 비꼬는 말.

Words sarcastically saying that a person who made a mistake gets angry at others.

【영속】 Getting angry at others for ones own mistakes.

109 배보다 배꼽이 더 크다.
The belly button is bigger than the belly.

❶ **속뜻** 당연히 커야 할 것이 작고 작아야 할 것이 오히려 크다.

What should be large is small and what should be small is rather large.

❷ 기본이 되는 것이나 주가 되는 것보다 그것에 따르는 것이 더 많거나 큰 경우를 비유적으로 이르는 말.

This figuratively refers to a case where an incidental thing is more or greater than the basic or important things.

【영속】 It is the tail wagging the dog.

110 백지장도 맞들면 낫다.
Even a blank piece of paper is lighter together.

쉬운 일이라도 협력하여 하면 훨씬 쉽다는 말.
(※ 白紙張: 흰 백, 종이 지, 낱장 장).

This means that even easy tasks are much easier if people help each other.

【영속】 Many hands make light work.

111 뱁새가 황새를 따라가면 가랑이가 찢어진다.
If a small bird follows a large bird, its crotch will be torn.

자신의 능력이나 분수를 생각하지 않고 남을 따라 하다가는 도리어
해만 입는다는 말.

An expression that means that people will only suffer harm if they
attempt to follow others without considering their own abilities or
position.

【영속】Don't bite off more than you can chew.

112 번갯불에 콩 볶아 먹겠다.
He roasts beans with lightning and eats them.

❶ **속뜻** 번개가 번쩍하는 잠깐 순간에도 그 불로 콩을 볶아서 먹음.
This means that even during a brief flash of lightning, one roasts
beans using the fire and then eats them.

❷ 행동이 매우 민첩하거나, 급하게 행동하는 모습을 이르는 말.
This refers to someone who behaves in an agile and hasty manner.

【영속】Good and quickly seldom meet.

113 벙어리 냉가슴 앓듯.
As if a mute suffers from their chilly heart.

❶ **속뜻** 벙어리가 안타까운 마음을 하소연할 길이 없어 속만 썩인다는 뜻.
This means that a mute person has no way to express their feelings
of sadness to others, so they only feel sorry for themselves.

❷ 답답한 사정이 있어도 남에게 말하지 못하고 혼자서 괴로워하며 걱정하는
경우를 비유적으로 이르는 말.
This figuratively refers to a case where even if someone is in a
frustrating situation, they can't tell others, so they suffer and worry
alone.

【영속】Don't keep it bottled up.

114 벼는 익을수록 고개를 숙인다.
As rice plants ripen, they lower their heads.

교양이 있고 수양을 쌓은 사람일수록 겸손하고 남 앞에서 자기를

내세우려 하지 않는다는 것을 비유적으로 이르는 말.

The figurative meaning is that the more cultured and disciplined a person is, the more humbly they act and the less they try to show off in front of others.

【영속】 Still waters run deep.

115 벽에도 귀가 있다.
Even walls have ears.

아무도 듣는 사람이 없는 것 같아도 말이 퍼질 수 있으니 함부로 말을 해서는 안된다는 것을 비유적으로 이르는 말.

The figurative meaning is that one should not speak carelessly, because even if it seems like no one is listening, word can still spread.

116 병 주고 약 준다.
Giving medicine after giving disease.

❶ **속뜻** 남을 해치고 나서 약을 주며 그를 구해주는 체 한다는 뜻.

This means that someone pretends to save another person by giving them medicine after causing them harm.

❷ 손해를 끼친 후 도와주는 척하는 교활하고 음흉한 자의 행동을 비유적으로 이르는 말.

This figuratively refers to a deceptive or duplicitous person who would first cause harm and then give help.

【영속】 Carrying fire in one hand and water in the other.

117 부부 싸움은 칼로 물 베기.
The quarrels of a married couple are cutting water with a knife.

❶ **속뜻** 부부 싸움은 칼로 물을 베는 것과 같아서 금방 원래 상태로 돌아간다는 뜻.

This means that since a fight between a married couple is like cutting water with a knife; the married couple quickly returns to their original state.

❷ 부부는 싸움을 하여도 금방 다시 좋아하게 됨을 비유적으로 이르는 말.

The figurative meaning is that even if a married couple fights, they soon make up with each other.

【영속】A husband-and-wife quarrel is inconsequential.

118 부자는 망해도 삼 년 먹을 것이 있다.
Even if a rich person goes bankrupt, they have enough to eat for three years.

본래 부자이던 사람은 망했다 하더라도 얼마 동안은 살아 나갈 수 있음을 비유적으로 이르는 말.

The figurative meaning is that a person who was originally rich can survive for a while even if they go bankrupt.

119 부지런한 물방아는 얼 새도 없다.
A busy watermill never freezes.

❶ 속뜻 물방아는 쉬지 아니하고 돌기 때문에 추워도 얼지 아니한다는 뜻.

This means that because a watermill spins continuously, it does not freeze even when it is cold.

❷ 무슨 일이든 쉬지 아니하고 부지런히 하여야 실수가 없고 순조롭게 이루어짐을 비유적으로 이르는 말.

The figurative meaning is that whatever you do, if you do it diligently without resting, there will be no mistakes and it will be accomplished smoothly.

【영속】Standing pools gather filth.

© Euihwan Cho

120 불난 집에 부채질한다.
Fan a house on fire.

나쁜 일을 당한 사람을 더 힘들게 만들거나 성난 사람을 더욱 성나게 함을
비유적으로 이르는 말.

The figurative meaning is that someone makes another person who
has experienced something bad suffer even more, or someone makes
an angry person even angrier.

【영속】 Don't add fuel to the fire.

121 비 온 뒤에 땅이 굳어진다.
The ground hardens after rain.

❶ **속뜻** 비에 젖어 질척거리던 흙이 마르고 나면 더욱 단단하게 굳어진다는 뜻.
This means that soil that is muddy after getting wet in the rain will
become even harder after drying.

❷ 어떤 시련을 겪은 뒤에 더 강해짐을 비유적으로 이르는 말.
The figurative meaning is that one becomes stronger after suffering
hardships.

【영속】 No person can become strong without struggle.

122 빈 수레가 요란하다.
The empty cart rattles loudly.

❶ **속뜻** 실속 없는 사람이 겉으로 더 떠들어 댐을 비유적으로 이르는 말.
(※ 擾亂: 어지러울 요, 어지러울 란).
The figurative meaning is that a shallow person makes the most fuss.

❷ 잘 알지 못하는 사람이 말이 많음을 비유적으로 이르는 말.
The figurative meaning is that those who know the least are often
the most talkative.

【영속】 Barking dogs seldom bite.

123 빈대도 낯짝이 있다.
Even a bedbug has a mug.

지나치게 낯부끄러움이 없는 사람을 나무라는 말.
This refers critically to those who have no shame at all.

【영속】 He that has no shame has no conscience.

124 빛 좋은 개살구.
A wild apricot that has a nice shine on the outside.

❶ **속뜻** 겉보기에는 고운 빛깔을 띠고 있지만 맛은 없는 게 개살구라는 뜻.
This means that a wild apricot has a beautiful color on the outside, but has no taste.

❷ 겉만 그럴 듯 하고 실속이 없는 경우를 비유적으로 이르는 말.
This figuratively refers to something that looks good on the surface but is lacking substance inside.

【영속】 Never judge from appearance.

125 사공이 많으면 배가 산으로 간다.
If there are many boatmen, the boat will go to the mountain.

❶ **속뜻** 여러 사람이 저마다 제 주장대로 배를 몰려고 하면 결국에는 배가 물로 못 가고 산으로 올라간다는 뜻. (※ 沙工 : 모래 사, 장인 공).
This means that if several people try to steer a boat according to their own opinions, in the end the boat cannot go to the water and will go up a mountain.

❷ 책임자가 없이 여러 사람이 자기 주장만 내세우면 일이 제대로 되기 어려움을 비유적으로 이르는 말.
The figurative meaning is that it is difficult to get things done properly if several people assert only their opinions without a responsible leader.

【영속】 Too many cooks spoil the broth.

126 사돈 남 말 한다.
My in-law talks about another person.

자기도 같은 잘못을 했으면서 제 잘못은 제쳐 두고 남의 잘못만 나무란다는 말.
This means that even though one has made the same mistake, they put aside their own mistake and blame only others.

【영속】 You can see the mote in another's eye but cannot see the beam in your own.

127　사람 위에 사람 없고 사람 밑에 사람 없다.
No human is above a human, and no human is below a human.

사람은 본래 태어날 때부터 권리나 의무가 평등함을 이르는 말.

An expression that means that people are equal in rights and duties from the time they are born.

【영속】On the turf all men are equal and under it.

128　사촌이 땅을 사면 배가 아프다.
If my cousin buys land, it gives me a bellyache.

남이 잘되는 것을 기뻐해 주지는 않고 오히려 질투하고 시기하는 경우를 비유적으로 이르는 말.

This figuratively refers to cases where someone is unhappy, envious, and jealous of another person's success.

【영속】An envious man waxes lean with the fatness of his neighbor.

129　사흘에 한 끼 입에 풀칠하기도 어렵다.
It's difficult to eat just one meal every three days.

늘 굶고 살 정도로 살림이 매우 가난함을 비유적으로 이르는 말.

The figurative meaning is that one's life is so poor that they are always starving.

【영속】Living hand to mouth.

130　산 넘어 산이다.
There is a mountain after mountains.

❶ 【속뜻】 어렵게 산을 넘어 가니 또 산이 있다는 뜻.

This means that after going over a mountain with difficulty, there is another mountain.

❷ 고생이 끝나지 않고 계속되거나 점점 더 심하여짐을 비유적으로 이르는 말.

The figurative meaning is that suffering continues without end or becomes increasingly severer.

【영속】Out of the frying pan, into the fire.

131 산 입에 거미줄 치랴.

Would a living person have a web in his mouth?

❶ **속뜻** 산 사람의 입 안에 거미줄을 칠 정도로 먹을 것이 없어야 하겠는가.

This means, would it be so hard to get something to eat that a living person would have a spider web inside their mouth?

❷ 아무리 살림이 어려운 사람이라도 그럭저럭 죽지 않고 먹고 살아가기 마련임을 비유적으로 이르는 말.

The figurative meaning is that no matter how difficult it is for a person to make a living, they would manage to eat and live without dying.

【영속】 Everyday brings its bread with it.

132 산에 가야 꿩을 잡고 바다에 가야 고기를 잡는다.

You have to go to the mountains to catch pheasants, and you have to go to the sea to catch fish.

❶ **속뜻** 무슨 일이든지 가만히 앉아 있어서는 이루어지지 않으며, 발 벗고 나서서 힘을 들여야 이루어짐을 비유적으로 이르는 말.

The figurative meaning is that nothing can be accomplished by sitting still; achievements can only be attained by stepping forward and exerting effort.

❷ 목적하는 방향을 제대로 잡아 노력해야만 목적을 제대로 이룰 수 있음을 비유적으로 이르는 말.

The figurative meaning is that one can achieve their goal only if they set the right direction and work hard.

【영속】 He that would eat the fruit must climb the tree.

133 삼십육계 줄행랑이 제일.

Of the 36 stratagems, running away is the best.

❶ **속뜻** 적을 만났을 때 불리하면 싸우거나 다른 계책을 세우기보다 우선 피하는 것이 최상책이라는 말. 36가지 계책 중 제일 마지막에 나오는 전략임. (※ 計策: 꾀 계, 대책 책).

This means that when faced with an enemy in an unfavorable situation, the best strategy is to escape first rather than engage in a fight or contemplate an alternative plan. Running away is the last of the 36 stratagems.

❷ 잘못한 사람이 매우 급하게 도망간다는 말.

An expression that means that someone who did something wrong runs away with great haste.

【영속】Discretion is the better part of valor.

---

134 새끼 많이 둔 소 길마 벗을 날 없다.
A cow with many calves never removes the packsaddle.

❶ **속뜻** 새끼 많은 소는 일에서 벗어나 편히 쉴 사이가 없다는 뜻.

This means that cows with many calves have no time to relax after work.

❷ 자식이 많은 부모는 자식을 먹여 키우기 위하여 쉴 새 없이 고생만 하게 됨을 비유적으로 이르는 말.

The figurative meaning is that parents who have many children have to work hard to feed and raise their children.

【영속】A mother with a large brood never has a peaceful day.

---

135 새벽달 보자고 초저녁부터 기다린다.
Waiting for a pale morning moon from early evening.

❶ **속뜻** 새벽에 뜰 달을 보겠다고 초저녁부터 나가서 기다리고 있다는 뜻.

This means that someone has been waiting since early evening to see the moon that will rise at dawn.

❷ 일을 너무 일찍부터 서두름을 비유적으로 이르는 말.

The figurative meaning is that someone rushes to work too early.

---

136 서당개 삼 년에 풍월을 읊는다.
After three years at a village schoolhouse, even a dog can recite a poem.

❶ **속뜻** 서당에서 삼 년 동안 살면서 매일 글 읽는 소리를 듣다 보면 개 조차도 글 읽는 소리를 내게 된다는 뜻.

This means that if a dog lives in a school for three years and hears the sound of reading every day, it will also start making the sound of reading.

❷ 어떤 분야에 대하여 지식과 경험이 전혀 없는 사람이라도 그 부문에 오래

있으면 얼마간의 지식과 경험을 갖게 된다는 것을 비유적으로 이르는 말.

The figurative meaning is that even a person who does not know anything about a certain field can gain a certain level of knowledge and experience if they stay in that field for a long time.

137 서울 가서 김 서방 찾기.
Going to Seoul to find Mr. Kim.

❶ **속뜻** 넓은 도시인 서울에 가서 주소도 모르고 덮어놓고 김 서방을 찾는다는 뜻.

This means that someone goes to the large city of Seoul, and looks for Mr. Kim even without knowing his address.

❷ 주소도 성명도 모르고 무턱대고 막연하게 사람을 찾아가는 경우를 비유적으로 이르는 말.

This figuratively refers to trying to visit a person blindly and vaguely without knowing their address or full name.

【영속】 Searching for a needle in a haystack.

138 서쪽에서 해가 뜨다.
The sun rises in the west.

❶ **속뜻** 누군가 평소와는 다르게 좋은 행동을 보일 때, 믿어지지 않는다는 뜻으로 하는 말.

An expression that means disbelief when someone behaves unusually.

❷ 전혀 예상 밖의 일이나 절대로 있을 수 없는 일을 비유적으로 이르는 말.

This figuratively refers to something that is completely unexpected or absolutely impossible.

【영속】 Pigs might fly if they had wings.

139 서투른 무당이 장구만 나무란다.
A clumsy shaman blames only the janggu.

자기 기술이나 능력이 부족한 것은 생각하지 않고 애매한 도구나 조건만 가지고 나쁘다고 탓함을 비꼬는 말.

Words that sarcastically refer to blaming innocent tools or conditions that they are bad without thinking about one's lack of skills or abilities.

【영속】 A bad workman always blames his tools.

140 선무당이 사람 잡는다.
A novice shaman kills a person.

❶ **속뜻** 의술에 서투른 사람이 치료해 준다고 하다가 사람을 죽이기까지 한다는 뜻.

This means that a person clumsy in medicine can even kill a person while claiming to provide a cure.

❷ 능력이 부족하거나 미숙한 사람이 함부로 일을 처리하다가 큰 문제를 일으키게 됨을 비유적으로 이르는 말.

The figurative meaning is that someone who lacks the ability or is unskilled takes care of things recklessly and causes big problems.

【영속】 A little knowledge is a dangerous thing.

141 선불 맞은 호랑이 뛰듯 한다.
It's like a tiger hopping mad after being hit by a stray bullet.

선불을 맞은 호랑이가 분에 못 이겨 매우 사납게 날뛰는 모양을 비유적으로 이르는 말. (※선불: 급소에 바로 맞지 아니한 총알)

This figuratively refers to the scene of a tiger rushing about in a frenzy after being hit by a stray bullet.

【영속】 Rushing about in a frenzy.

142 설마가 사람 잡는다.
Overconfidence kills people.

❶ **속뜻** 마음을 놓거나 요행을 바라는 데에서 탈이 난다는 뜻.
(※ 僥倖: 바랄 요, 요행 행).

This means that feeling relieved or wishing for good luck leads to mishaps.

❷ 요행을 바라지 말고 있을 수 있는 모든 것을 미리 예방해 놓아야 한다는 말.

An expression that means that one should prevent everything that could happen in advance instead of wishing for good luck.

【영속】 Eggs and oaths are easily broken.

143 섶을 지고 불로 들어가려 한다.
Going into a fire carrying a fascine bundle.

❶ **속뜻** 당장에 불이 붙을 섶을 지고 이글거리는 불 속으로 뛰어든다는 뜻.
This means that someone jumps into a blazing fire carrying a fascine bundle that will catch fire immediately.

❷ 앞뒤 가리지 못하고 미련하게 행동하거나 부적절한 행위를 함으로써 상황을 더욱 악화시키는 것을 놀림조로 이르는 말.
This refers with tongue-in-cheek to worsening a situation either by behaving recklessly or by acting inappropriately.

144 소 닭 보듯.
Like a cow watching a chicken.

❶ **속뜻** 서로 무심하게 보는 모양을 비유적으로 이르는 말.
This figuratively refers to looking at each other indifferently.

❷ 상대방 하는 일에 아무런 관심을 두지 않고 각자가 제멋대로 행동하는 것을 비유적으로 표현한 말.
This figuratively refers to individuals who act as they please without paying attention to each other's actions.

145 소 잃고 외양간 고친다.
Repairing the stable after the cow is stolen.

❶ **속뜻** 소를 도둑맞은 다음에서야 빈 외양간의 허물어진 데를 고치느라 수선을 떤다는 뜻.

© Euihwan Cho

230

This means that one makes a fuss to repair the collapsed part of an empty stable only after the cow is stolen.

❷ 일이 이미 잘못된 뒤에는 손을 써도 소용이 없음을 비꼬는 말.
Words sarcastically saying that taking action after things have already gone wrong is no good.

【영속】 It is no use crying over spilt milk.

---

146 소경 문고리 잡듯.
Like a blind man holding a doorknob.

❶ **속뜻** 전혀 능력이 없는 사람이 요행으로 어떤 일을 이룬 경우를 비유적으로 이르는 말.
This figuratively refers to a case where a person with no ability at all achieves something by chance.

❷ 가까이 두고도 찾지 못하고 헤맴을 이르는 말.
This refers to a case where someone is wandering around without finding something that is close to them.

【영속】 A blind man may sometimes hit the mark.

---

147 소도 언덕이 있어야 비빈다.
Even a cow needs a hillside to scratch.

❶ **속뜻** 언덕이 있어야 소도 가려운 곳을 비빌 수 있다는 뜻.
This means that even a cow can scratch its itchy spot only when there is a hillside.

❷ 누구나 의지할 곳이 있어야 무슨 일이든 시작하거나 이룰 수가 있음을 비유적으로 이르는 말.
The figurative meaning is that everyone needs a place they can depend on in order to start or accomplish something.

---

148 소문난 잔치에 먹을 것 없다.
A well-known party offers nothing special to eat.

떠들썩한 소문이나 큰 기대에 비하여 실속이 없거나 소문이 실제와 일치하지 아니하는 경우를 비유적으로 이르는 말.
This figuratively refers to cases where there is no substance compared to the loud rumors or high expectations, or the rumors do

not match reality.

【영속】 Great boast and small roast.

---

149 속 빈 강정.
A rice cookie with nothing inside.

겉만 그럴 듯 하고 실속이 없는 경우를 비유적으로 이르는 말.

This figuratively refers to something that is specious but has no substance.

【영속】 Never judge from appearance.

---

150 손가락에 장을 지지겠다.
I will put my fingers into boiling soy sauce.

❶ **속뜻** 상대편이 어떤 일을 하는 것에 대하여 도저히 할 수가 없을 것이라고 장담할 때 하는 말.

Words said when someone guarantees that another person will not be able to do something.

❷ 자기가 주장하는 것이 틀림없음을 장담하는 말.

Words assuring that what one claims is true.

【영속】 I'll apologize when pigs fly.

---

151 손톱 밑에 가시 드는 줄은 알아도 염통 안이 곪는 것은 모른다.
People knows that there is a thorn under the fingernail, but they do not know that the inside of the heart is festering.

❶ **속뜻** 겉에 있는 사소한 결함은 알아도, 속에 있는 큰 결함은 모른다는 말.

An expression that means that everyone knows the minor flaws on the outside, but they don't know the major flaws on the inside.

❷ 눈앞에 보이는 사소한 이해관계에는 밝아도, 잘 드러나지 아니하는 큰 문제는 잘 깨닫지 못함을 비유적으로 나타낸 말.

The figurative meaning is that while people may have a good sense of trivial interests visible in front of their eyes, they may be unable to understand big problems that are not readily apparent.

152 쇠귀에 경 읽기.

Reading sutras into a cow's ears.

❶ **속뜻** 소의 귀에 대고 경(經, 경전 경)을 읽어 봐야 단 한 마디도 알아듣지 못한다는 뜻.

This means that even if one reads a sutra into a cow's ear, the cow will not understand a single word.

❷ 아무리 가르치고 일러 주어도 알아듣지 못하거나 효과가 없는 경우를 이르는 말.

This refers to cases where no matter how much one tries to teach and tell someone something, that person can't understand or it has no effect.

【영속】 It is useless to knock at the door of a deaf man.

153 쇠뿔도 단김에 빼라.

Take out the ox's horn while it is heated.

❶ **속뜻** 단단히 박힌 소의 뿔을 뽑으려면 뿔뿌리가 열로 달구어 졌을 때 해치워야 한다는 뜻.

This means that to remove a cow's firmly stuck horn, it must be pulled out when its root is heated.

❷ 어떤 일이든지 하려고 생각했으면 한창 열이 올랐을 때 망설이지 말고 곧 행동으로 옮겨야 함을 비유적으로 이르는 말.

The figurative meaning is that if one has thought of doing something, they should take action immediately without hesitation when they are in the heat of the moment.

【영속】 Strike while the iron is hot.

154 수박 겉핥기.

Licking the surface of a watermelon.

❶ **속뜻** 속 내용은 제대로 알지 못하고 겉만 대강 알아보는 것을 이르는 말.

This refers to getting a rough idea of the outside not knowing the inner details.

❷ 어떤 일의 핵심을 파악하거나 충분히 이해하지 못한 채 겉만 보고 제멋대로 판단해버리는 어리석음을 지적하는 말.

Words pointing out the foolishness of someone who judges

something as they please without getting the gist or understanding it fully.

【영속】 Beauty is only skin deep.

---

155 수염이 대 자라도 먹어야 양반이다.
Even if you have a long beard, you have to eat well to become a nobleman.

❶ **속뜻** 멋있게 보이기 위하여 수염을 길게 가꾼 양반이라도 배가 고프면 체면을 차리기 어렵다는 뜻.

This means that even if you are a nobleman who grows a long beard, you can hardly keep up appearances when you are hungry.

❷ 배가 불러야 체면도 차릴 수 있기 때문에 먹는 것이 중요함을 비유적으로 이르는 말.

The figurative meaning is that eating is important because you can keep up appearances only when you are full.

【영속】 Poverty is an enemy to good manners.

---

156 순풍에 돛 단 듯.
Like sailing on a favorable wind.

❶ **속뜻** 돛을 단 배가 나아가는 방향으로 부는 바람을 타고 나아가는 것과 같다는 뜻.

This means that it is similar to a ship with a sail, riding the wind in the direction it is moving.

❷ 무슨 일을 하는 데 어려움이나 시련이 없이 뜻한 바대로 순조롭게 잘 되어 나가는 것. (※ 順風: 순할 순, 바람 풍).

In doing something, it progresses smoothly as planned without any difficulties or troubles.

【영속】 Hoist your sail when the wind is fair.

---

157 순풍에 돛을 달고 뱃놀이 한다.
Go sailing with a favorable wind.

아주 순탄한 환경 속에서 편안하고 안일하게 지냄을 비유적으로 이르는 말.

The figurative meaning is that someone is living comfortably and easefully in a very smooth environment.

158 숭어가 뛰니까 망둥이도 뛴다.
If a gray mullet jumps, a goby also tries to do so.

❶ **속뜻** 힘이 좋은 물고기인 숭어가 뛰는 것을 멋있게 본 힘없는 물고기인 망둥이가 따라서 펄쩍 뛰어 오르려한다는 뜻.

This means that a goby, a weak fish, thinks that the jumping of gray mullet, a strong fish, is nice and tries to jump following the gray mullet.

❷ 자신의 분수나 처지는 생각하지 않고 잘난 사람을 덮어놓고 따르는 사람을 비꼴 때 쓰는 말.

Words used to satirize someone who blindly follows a distinguished person without considering their own worth or circumstances.

159 숯이 검정 나무란다.
Charcoal rebukes black dye.

❶ **속뜻** 숯과 검정은 둘 다 검은색인데 숯이 검정을 검다고 나무란다는 뜻.

This means that charcoal rebukes black dye for being black, even though both charcoal and black dye are black.

❷ 제 허물은 생각하지 않고 남의 허물을 들추어냄을 비유적으로 이르는 말.

This figuratively refers to cases where someone reveals the faults of others without thinking of their own faults.

【영속】 The pot calls the kettle black.

160 시작이 반이다.
The beginning is half of the whole.

무슨 일이든지 시작하기가 어렵지 일단 시작하면 일을 끝마치기는 그리 어렵지 아니함을 비유적으로 이르는 말.

The figurative meaning is that it's hard to start something, but it is not that difficult to finish it once started.

【영속】 Well begun is half done.

161 시장이 반찬.
Hunger is a side dish.

배가 고프면 반찬이 없어도 밥이 맛있음을 비유적으로 이르는 말.
(※ 飯饌: 밥 반, 반찬 찬).

The figurative meaning is that when one is hungry, boiled rice is delicious even without side dishes.

【영속】 Hunger is the best sauce.

162 식초병보다 병마개가 더 시다.
The bottle cap is sourer than the vinegar bottle.

본래의 것보다 그것에 딸린 것이 오히려 그 속성을 더 잘 드러내는 경우를 비유적으로 이르는 말. (※ 食醋甁: 먹을 식, 초 초, 병 병).

This figuratively refers to cases where the attachment to something better reveals its properties compared to the original.

163 신선 놀음에 도끼 자루 썩는 줄 모른다.
Because of immortals' play, one does not notice that their axe handle is rotting.

❶ 속뜻 어떤 나무꾼이 신선들이 바둑 두는 것을 정신없이 보다가 제정신이 들어보니 세월이 흘러 도낏자루가 다 썩었다는 데서 유래한 말.

Words originating from a story about a woodcutter who was absorbed in watching the immortals playing baduk, and when he recovered consciousness, he found that a very long time passed to the extent that his axe handle had rotted.

❷ 아주 재미있는 일에 정신이 팔려서 시간 가는 줄 모르는 경우를 비유적으로 이르는 말. (※ 神仙: 귀신 신, 신선 선).

The figurative meaning is that someone is so absorbed in something interesting that they fail to notice the passing of time.

【영속】 Good times pass fast.

164 싼 것이 비지떡.
The cheapest ones are cakes made from bean-curd dregs.

❶ 속뜻 하찮은 물건은 값이 싸기 마련이라는 뜻.

This means that trumperies are bound to be cheap.

❷ 값이 싼 물건은 품질도 그만큼 나쁘게 마련이라는 말.

An expression that means that cheap items are bound to be of low quality.

【영속】 Penny wise and pound foolish.

165 쌀은 쏟고 주워도 말은 하고 못 줍는다.

You can pick up grains of rice that have been poured out, but you cannot pick up words that have been spoken.

한 번 입 밖에 낸 말은 어찌할 수 없으므로 말을 조심해야 함을 비유적으로 이르는 말.

The figurative meaning is that you should be especially careful with your words because they cannot be retracted once spoken.

【영속】When the word is out, it belongs to another.

166 쓰면 뱉고 달면 삼킨다.

One swallows what tastes sweet but spits out what tastes bitter.

옳고 그름을 돌보지 않고 자기의 이익만 꾀함을 비유적으로 이르는 말.

This figuratively refers to pursuing only one's own interests without caring about right or wrong.

【영속】When good cheer is lacking, our friends will be packing.

167 아는 길도 물어 가랬다.

Ask first, then go, even on a road you know.

쉬운 일일지라도 신중을 기하여 실수가 없도록 하여야 한다는 말.

An expression that means that even if the task is easy, one must be careful to avoid mistakes.

【영속】Better sure than sorry.

168 아닌 밤중에 홍두깨.

A wooden roller thrust out in the dark.

❶ **속뜻** 밤중에 누군가가 홍두깨로 공격해오는 것과 같이 전혀 생각지도 않은 사고가 갑자기 발생했을 때 쓰는 표현.

An expression used when an unexpected accident suddenly occurs, such as someone attacking another person with a wooden roller in the middle of the night.

❷ 별안간 상황에 맞지 않는 엉뚱한 말이나 행동을 함을 비유적으로 이르는 말.

The figurative meaning is that someone suddenly says or does something that does not suit the situation.

【영속】 Like a bolt out of the blue.

---

169 약방에 감초.
Licorice in the pharmacy.

❶ 속뜻 한약방에 항상 있는 감초와 같다는 뜻. 한약을 지을 때는 감초를 넣는 경우가 많은 데서 유래되었다.

This means that something is like licorice, which is always available in herbal medicine stores. It originated from the fact that licorice was usually added when making herbal medicine.

❷ 어떤 일에나 빠짐없이 끼어드는 사람 또는 꼭 있어야 할 물건을 비유적으로 이르는 말. (※ 藥房: 약 약, 방 방; 甘草: 달 감, 풀 초).

This figuratively refers to a person who is involved in everything, or an indispensible item that is needed for everything.

【영속】 Jack of all trades.

---

170 얌전한 고양이가 부뚜막에 먼저 올라간다.
The well-behaved cat goes up to the stove first.

겉으로는 얌전하고 아무것도 못 할 것처럼 보이는 사람이 딴짓거나 자기 실속을 다 차리는 경우를 비유적으로 이르는 말.

This figuratively refers to when a person who appears to be docile and incapable of doing anything on the outside does something else or looks out for themselves.

【영속】 A fair face may hide a foul heart.

© Euihwan Cho

171 양지가 음지 되고 음지가 양지 된다.
Sunny spots darken and dark spots get sunny.

모든 일이 늘 좋기만 하는 것이 아니라 어려울 때도 있듯이, 세상사는 늘 돌고 돈다는 말. (※ 陽地: 볕 양, 땅 지; 陰地: 응달 음, 땅 지).

An expression that means that just as things are not always good and there are difficult times, everything in the world has its ups and downs.

【영속】 Joy and sorrow are next-door neighbors.

172 어물전 망신은 꼴뚜기가 시킨다.
It's the baby octopus that brings shame to the fish market.

지지리 못난 사람일수록 같이 있는 동료를 망신시킨다는 말. (※ 亡身: 망할 망, 몸 신).

An expression that means that the more foolish a person is, the more embarrassed they make their colleagues.

【영속】 One ill weed mars a whole pot of pottage.

173 언 발에 오줌 누기.
Urinating onto frozen feet.

❶ **속뜻** 언 발을 녹이려고 오줌을 누어 봤자 효력이 별로 없다는 뜻.
This means that even if one urinates to thaw their frozen feet, it doesn't have much effect.

❷ 임시변통은 효력이 오래가지 못할 뿐만 아니라 결국에는 사태가 더 나빠짐을 비유적으로 이르는 말. (※ 동족방뇨 凍足放尿).
The figurative meaning is that not only is the effect of a makeshift thing short-lived, but it ultimately makes the situation worse.

【영속】 The bungling remedy is worse than the disease.

174 엎드려 절 받기.
Bowing down to receive the other person's bow.

상대편은 마음에 없는데 자기 스스로 요구하여 대접을 받는 경우를 비유적으로 이르는 말.

This figuratively refers to cases where someone demands

compliments from another person and receives favor accordingly, even though the latter has no intention of giving compliments.

【영속】 Fishing for compliments.

175 열 길 물속은 알아도 한 길 사람의 속은 모른다.
You can estimate water three meters deep, but you cannot estimate the human mind thirty centimeters deep.

깊은 물속은 알 수 있어도, 사람의 속마음을 알기란 매우 힘듦을 비유적으로 이르는 말.

The figurative meaning is that although it is possible to know the inside of deep water, it is very difficult to know what a person is really thinking in their mind.

【영속】 The rope has not been made that binds thoughts.

176 열 번 찍어 안 넘어가는 나무 없다.
No tree will stand firm if chopped at ten times.

❶ 【속뜻】 나무에 도끼질을 여러 번 하면 반드시 넘어간다는 뜻.
This means that if you hit a tree with an ax several times, it will definitely fall.

❷ 아무리 뜻이 굳은 사람이라도 여러 번 권하거나 꾀고 달래면 결국은 마음이 변한다는 말.
An expression that means that no matter how determined a person is, if you encourage, cajole, or appease them multiple times, they will eventually change their mind.

❸ 꾸준히 노력하면 이루지 못할 일이 없다는 뜻.
This means that there is nothing one can't achieve if one constantly makes an effort.

【영속】 Little strokes fell great oaks.

177 열 손가락 깨물어 안 아픈 손가락이 없다.
Bite any of the ten fingers and it will hurt the same.

자기 자식들은 다 귀하고 소중함을 비유적으로 이르는 말.

The figurative meaning is that one's children are all precious and valuable.

178 염불에는 맘이 없고 잿밥에만 맘이 있다.
He is not interested in chanting a Buddhist prayer, but only in the rice offered.

❶ **속뜻** 불경을 외는 일은 제대로 하지 않고, 불공할 때 부처 앞에 놓아둔 밥을 먹을 일만 생각한다는 뜻.

This means that one does not properly recite Buddhist sutras, and only thinks about eating the steamed rice put before Buddha's statue as an offering.

❷ 맡은 일에는 정성을 들이지 아니하면서 잇속에만 마음을 두는 경우를 비유적으로 이르는 말. (※ 念佛: 생각 념, 부처 불).

This figuratively refers to cases where one sets their mind only on their own interests without devoting their sincerity to their own work.

【영속】 Don't put the cart before the horse.

179 옛말 그른 데 없다.
Old sayings are without flaws.

예로부터 전하여 오는 말은 잘못된 것이 없으니 잘 새겨 두어야 한다는 말.

An expression that means that because there is nothing wrong with the sayings that have been handed down since ancient times, they should be inscribed well in the memory.

【영속】 A short saying oft contains much wisdom.

180 오뉴월 감기는 개도 아니 걸린다.
Even dogs don't catch colds in May and June.

여름에 감기 앓는 사람을 변변치 못한 사람이라고 놀림조로 이르는 말.

This refers with tongue in cheek to a person who catches a cold in the summertime as being pathetic.

181 오뉴월 댑싸리 밑의 개 팔자.
A destiny of dogs under broom cypress in May and June.

❶ **속뜻** 음력 오뉴월은 무더운 여름철이기 때문에 사람들은 농사일로 힘들 때지만, 개는 시원한 나무 그늘에서 쉬고 있다면 그 개들은 팔자가 좋다고 말할 수 있음.

Since May and June of the lunar calendar is the hot summer season, farmers have a very hard time with their farm work during this time. If dogs are resting under the cool shade of trees during this season, the dogs can be said to be lucky.

❷ 하는 일 없이 놀고먹는 편한 팔자를 비유적으로 이르는 말.
This figuratively refers to a lucky person who lives a comfortable life enjoying playing and eating without doing anything.

182 오르지 못할 나무는 쳐다보지도 마라.
Don't even look at a tree you can't climb.

자기의 능력 밖의 불가능한 일에 대해서는 처음부터 욕심내지 않는 것이 좋다는 말.
An expression that means that it is better not to be greedy about impossible tasks that are beyond one's capabilities from the beginning.
【영속】Don't bother to look at trees you can't climb up.

183 옷이 날개라.
Clothes are wings.

좋은 옷을 입으면 사람이 돋보인다는 말.
An expression that means that wearing good clothes makes a person stand out.
【영속】Fine feathers make fine birds.

184 우는 아이 젖 준다.
A crying baby will be breastfed.

무슨 일에 있어서나 자기가 요구하여야 쉽게 구할 수 있음을 이르는 말.
An expression that means that one can easily get whatever they want only by asking for it by themselves.
【영속】The squeaky wheel gets the grease.

185 우물 안 개구리.
A frog in a well.

❶ 【속뜻】넓은 세상의 형편을 알지 못하는 사람을 비유적으로 이르는 말.

This figuratively refers to a person who knows nothing about the circumstances of the wide world.

❷ 견식이 좁아 자기만 잘난 줄로 아는 사람을 비꼬는 말.

Words that sarcastically refer to a person who has a narrow outlook and thinks he is the only smart person.

【영속】 The frog in the well knows nothing of the great ocean.

186 우물에 가 숭늉 찾는다.
Go to the well and ask for sungnyung.

❶ **속뜻** 숭늉은 밥솥 바닥에 눌어붙은 누룽지에 물을 붓고 끓여 만든 것으로 음료수다. 따라서 물만 있는 우물가에서 숭늉을 찾는다는 것은 너무 성급한 일이라는 뜻.

Sungnyung, scorched-rice water, is a drink made by boiling water in a rice pot that has scorched rice stuck to the bottom. Therefore, this means that seeking sungnyung at the side of a well is too hasty.

❷ 모든 일에는 질서와 차례가 있는 법인데 이러한 일의 원리도 모르고 성급하게 덤비는 것은 옳지 않다는 것을 비유적으로 이르는 말.

The figurative meaning is that there is order and procedure in everything; therefore, it is metaphorically absurd for people to rush into things without knowing this principle.

【영속】 Don't count your chickens before they are hatched.

© Euihwan Cho

187 울며 겨자 먹기.
Crying while eating mustard.

❶ **속뜻** 맵다고 울면서도 겨자를 먹는다는 뜻.
This means that one eats mustard while crying because it is hot.

❷ 싫은 일을 억지로 마지못하여 함을 비유적으로 이르는 말.
The figurative meaning is that someone is forced to do something
they do not want to do with bad grace.

【영속】 Face the music.

188 웃는 낯에 침 뱉으랴.
You cannot spit on a smiling face.

❶ **속뜻** 웃는 낯으로 대하는 사람에게 침을 뱉을 수 없다는 뜻.
This means that no one can spit at someone who is smiling at them.

❷ 좋게 대하는 사람에게 나쁘게 대할 수 없다는 말.
An expression that means that no one can treat someone badly who
treats them well.

【영속】 A soft answer turns away wrath.

189 원님 덕에 나팔 분다.
Thanks to the mayor, I can blow the trumpet.

❶ **속뜻** 원님을 따르면서 원님이 받는 후한 대접을 같이 받는다는 뜻.
This means that by following the mayor, one receives the same
generous treatment that the mayor receives.

❷ 남의 덕으로 분에 넘치게 호강함을 비유적으로 이르는 말.
The figurative meaning is that one lives well beyond their means
thanks to the help of others.

【영관】 Riding the coattails.

190 원수는 외나무다리에서 만난다.
Encounter an enemy on a single log bridge.

❶ **속뜻** 꺼리고 싫어하는 대상을 피할 수 없는 곳에서 공교롭게 만나게 됨을
비유적으로 이르는 말.
The figurative meaning is that one will happen to meet someone

they avoid and dislike in a place where they cannot be avoided.

❷ 남에게 악한 일을 하면 그 죄를 받을 때가 반드시 온다는 말.
(※ 怨讐: 원망할 원, 원수 수).

An expression that means that if someone commits evil toward others, a time when he will be punished for it will come without fail.

【영속】 Evil doing always catches up with you.

191 원숭이도 나무에서 떨어진다.
Monkeys sometimes fall from trees.

어떤 일에 아무리 익숙하고 잘하는 사람이라도 간혹 실수할 때가 있음을 비유적으로 이르는 말.

The figurative meaning is that even a person who is familiar with and good at something still makes mistakes sometimes.

【영속】 Even Homer sometimes nods.

192 윗물이 맑아야 아랫물이 맑다.
Only when the upper water is clear is the lower water clear.

윗사람이 잘하면 아랫사람도 따라서 잘하게 된다는 말.

An expression that means that if the higher person does well, the lower person will follow and also do well.

【영속】 Parents are patterns.

193 이 없으면 잇몸으로 살지.
You can still live with your gums if you do not have teeth.

요긴한 것이 없으면 안 될 것 같지만 없으면 없는 대로 그럭저럭 살아 나갈 수 있음을 이르는 말.

An expression that means that although it may seem like you can't do it without something useful, if you don't have it, you can get along without it.

【영속】 There's more than one way to skin a cat.

194 입은 비뚤어져도 말은 바로 해라.
Even if your mouth is crooked, you must speak correctly.

상황이 어떻든지 말은 언제나 바르게 하여야 함을 이르는 말.

An expression that means that no matter what kind of situation one may be in, they must always speak correctly.

195 입술이 없으면 이가 시리다.
Your teeth will freeze if you do not have lips.

서로 밀접한 관계에 있어서 하나가 망하면 다른 하나도 망하게 되는 경우를 비유적으로 이르는 말.

This figuratively refers to cases where since two things are closely related to each other, if one thing fails, the other one will also fail.
(※ 순망치한 脣亡齒寒)

【영속】 United we stand, divided we fall.

196 자라 보고 놀란 가슴 솥뚜껑 보고 놀란다.
Once startled by a softshell turtle, you will also be startled by a caldron lid.

어떤 사물에 몹시 놀란 사람은 비슷한 사물만 보아도 겁을 냄을 이르는 말.

An expression that means that a person who gets startled by something will feel frightened simply by seeing a similar object.

【영속】 A burnt child dreads the fire.

197 작은 고추가 맵다.
A small pepper is hotter.

❶ 속뜻 일반적으로 길쭉하고 무른 고추보다는 작고 단단한 고추가 더 맵기 때문에 작다고 얕봤다가는 곤란해진다는 뜻.

This means that since small and hard peppers are generally hotter than long and soft peppers, you will be in trouble if you underestimate something small.

❷ 몸집이 작은 사람이 큰 사람보다 재주가 뛰어나고 야무짐을 비유하여 이르는 말.

The figurative meaning is that someone who is small is more

talented and cleverer than someone who is big.

【영속】Good things come in small packages.

---

198 잘되는 밥 가마에 재를 넣는다.
Putting ashes in a well-cooked rice pot.

❶ **속뜻** 거의 다 된 일을 망쳐 버리는 주책없는 행동을 비유적으로
이르는 말.

This figuratively refers to a reckless action that ruins something that
is almost done.

❷ 남의 다 된 일을 악랄한 방법으로 방해하는 것을 비유적으로 이르는 말.

This figuratively refers to interfering with someone else's completed
work in a vicious way.

【영속】Ruining things that are in near success.

---

199 장님 문고리 잡기.
A blind man's finding a doorknob.

❶ **속뜻** 재주나 지식이 없는 사람이 어떤 일을 우연히 성취함을 비유적으로
이르는 말.

The figurative meaning is that a person without talent or knowledge
achieves something by chance.

❷ 가까이 두고도 찾지 못하고 헤맴을 이르는 말.

An expression that means that even though something is close,
one cannot find it and wanders around.

【영속】A blind man shoots sometimes a crow.

---

200 재수가 옴 붙었다.
Fortune is contaminated with scabies.

❶ **속뜻** 재물이 생기거나 좋은 일이 있을 운수를 뜻하는 재수에 전염성이
빠르고 쉽게 낫지 않는 피부병인 옴이 생겼다는 것으로 재수가 전혀
없음을 이르는 말.

An expression that means that fortune, which means making money
or having good luck, was infected with scabies, which is a highly
contagious and difficult-to-cure skin disease, thereby meaning that

the relevant person is absolutely out of luck.

❷ 안 좋은 일이 연이어 일어나거나 일이 쉽사리 풀리지 않는 상황을 가리키는 말.

An expression that means a situation where bad things happen one after another or things don't work easily.

【영속】 Today is not my day.

---

201 재주는 곰이 넘고 돈은 주인이 받는다.
A bear does a handspring, and its owner takes the money.

수고하여 일한 사람은 이익을 보지 못하고, 그 일에 대한 보수는 다른 사람이 받는다는 말.

An expression that means that people who work hard don't benefit, and others get the reward for that work.

【영속】 One man sows and another man reaps.

---

202 저 먹자니 싫고 남 주자니 아깝다.
One dislikes eating it but does not want to give it to others.

❶ 속뜻 남에게 몹시 인색하고 욕심이 많다는 말.

An expression that means being very stingy and greedy towards others.

❷ 이러지도 못하고 저러지도 못하여서 난처해하는 경우를 비유적으로 이르는 말.

This figuratively refers to cases where someone is embarrassed because they cannot decide to do this or that.

【영속】 The dog in the manger.

---

203 정월 초하룻날 먹어 보면 이월 초하룻날 또 먹으려 한다.
If you eat it on the first day of the first month, you will want to eat it again on the first day of the second month.

❶ 속뜻 정월은 음력으로 1월이며, 그 달 첫날은 설 명절이다. 설 명절 잔치에 참석한 사람은 다음 달인 2월 첫날에도 잔치에 가고 싶어한다는 뜻.

Jeongwol means January on the lunar calendar, and the Lunar New Year Festival falls on the first day of that month. This means that people who attended the Lunar New Year's Day feast also want to attend the feast on the first day of February next month.

❷ 한번 재미를 보면 자꾸 하려고 한다는 뜻.

This means that once someone has fun, they will keep doing it.

---

204 제 도끼에 제 발등 찍힌다.
One's own foot is cut with their axe.

❶ **속뜻** 남을 해칠 요량으로 한 일이 도리어 자기에게 해롭게 된 경우를 비유적으로 이르는 말.

This figuratively refers to cases where something done with the intention of harming others ends up harming oneself.

❷ 잘될 것으로 굳게 믿었던 일이 잘못되거나, 믿었던 사람에게 배신을 당해 손해를 볼 때 쓰는 말.

Words used when something that one firmly believed in goes wrong or when one suffers a loss due to being betrayed by someone they trusted.

【영속】 Trust is the mother of deceit.

---

205 종로에서 뺨 맞고 한강에 가서 눈 흘긴다.
Be slapped across the face in Jongno, and give a sidelong scowl at the Hangang River.

❶ **속뜻** 욕을 당한 자리에서는 아무 말도 못하고 뒤에 가서 불평함을 비유적으로 이르는 말.

The figurative meaning is that one can't say anything at the place where they are insulted and then go somewhere else to complain.

❷ 노여움을 애매한 다른 데로 옮김을 비유적으로 이르는 말.

The figurative meaning is that someone vents their anger at an unrelated person.

【영속】 Go home and kick the dog.

---

206 죄 지은 놈 옆에 있다가 벼락 맞는다.
One may be struck by lightning while standing next to someone who committed a crime.

❶ **속뜻** 나쁜 일을 한 사람과 사귀어 가까이하면, 득은커녕 오히려 벌을 받거나 누명을 쓰는 것과 같은 화를 입게 된다는 말.

An expression that means that if a person becomes close to someone who does bad things, instead of benefiting from the relationship, they will suffer harm, such as being punished or being falsely accused.

❷ 사람을 가리어 좋은 사람과 사귀라는 것을 비유적으로 이르는 말.
Words figuratively indicating that one had better choose good people and maintain close relationship with them.

【영속】 Better to be alone than in bad company.

207 주머니 털어 먼지 안 나오는 사람 없다.
Everybody sheds dust when brushing up their pockets.

아무리 깨끗하고 선한 사람이라 하더라도 숨겨진 허점은 있다는 말.
An expression that means that no matter how clean and good a person may be, there are hidden weaknesses.

【영속】 Everyone has a skeleton in his closet.

208 죽어 석 잔 술이 살아 한 잔 술만 못하다.
Three drinks in death is not as good as one drink in life.

죽은 뒤에 아무리 정성스레 제사를 잘 지내도 살아 있을 때 조금 더 잘 해 드리는 것만 못하다는 말.
An expression that means that no matter how heartfully a person performs ancestral rites after death, it is much better for the person to treat ancestors better while they are alive.

【영속】 Time and tide wait for no man.

209 중이 제 머리 못 깎는다.
A Buddhist monk cannot shave his own hair.

자신이 해야 할 일을 스스로 해결하기는 어려울 수도 있기에 남의 손을 빌려야 할 때가 있음을 비유적으로 이르는 말.
The figurative meaning is that it may be difficult to solve tasks on one's own, so there are times when they need a helping hand from others.

【영속】 You cannot scratch your own back.

210 쥐구멍에도 볕 들 날 있다.
The sun will shine into a mouse hole someday.

몹시 고생을 하는 삶도 좋은 운수가 터질 날이 있다는 말.

An expression that means that good days will come someday, even to someone who lives an extremely difficult life.

【영속】Every cloud has a silver lining.

211 지렁이도 밟으면 꿈틀한다.
Even an earthworm will wriggle when stepped on.

아무리 보잘 것 없고 순하기만 한 사람이라도 무시하거나 함부로 대하면 결국 반항한다는 말.

An expression that means that no matter how insignificant and meek a person is, they will eventually rebel if ignored or walked over.

【영속】Even a worm will turn.

212 지성이면 감천.
Sincerity moves heaven.

❶ **속뜻** 정성이 지극하면 하늘도 감동하게 된다는 뜻.
This means that if sincerity is utmost, even heaven will be moved.

❷ 무슨 일에든 정성을 다하면 아주 어려운 일도 순조롭게 풀리어 좋은 결과를 맺는다는 말. (※ 至誠: 지극할 지, 정성 성; 感天: 느낄 감, 하늘 천).
An expression that means that if someone puts their whole heart into anything, even the most difficult tasks will go smoothly, leading to good results.

【영속】Heaven helps those who helf themselves.

213 집에서 새는 바가지, 들에서도 샌다.
A cracked gourd bowl in your home will still leak even if you take it to the field.

원래 행동이 좋지 않은 사람은 어디를 가나 행동을 하는 것이 좋지 않다는 말.

An expression that means that an ill-mannered person tends to behave in such a manner wherever they go.

【영속】Bamboo basket can't carry water.

214 짚신도 짝이 있다.
Even a straw shoe has a mate.

못난 사람이라도 결혼할 짝은 있는 법이라는 말.

An expression that means that even the most insignificant people have partners to marry.

【영속】 For every Jack there is a Jill.

215 찔러도 피 한 방울 안 나겠다.
One will not shed even a drop of blood even if pricked with a needle.

❶ 속뜻 사람이 매우 단단하고 야무지게 생겼음을 나타낸 말.

An expression that means that someone's appearance seems very strong and firm.

❷ 사람의 성격이 융통성이 없고 냉정하여 인정이 전혀 없음을 비유적으로 이르는 말.

The figurative meaning is that someone's personality seems to be inflexible, cold-hearted and thus absolutely unfeeling.

216 참새가 방앗간을 그저 지나랴.
A sparrow cannot just pass a mill.

❶ 속뜻 자기가 좋아하는 곳은 그대로 지나치지 못함을 비유적으로 이르는 말.

The figurative meaning is that one can't pass by a place they like.

❷ 욕심 많은 사람은 이익을 보면 가만히 두거나 지나가게 하지 않음을 비유적으로 이르는 말.

The figurative meaning is that greedy people cannot sit still when they find profits or let go of what benefits them.

【영속】 No man goes carelessly by a place where profit lips.

217 천릿길도 한 걸음부터.
A journey of a thousand miles begins with a single step.

무슨 일이나 시작이 중요함을 이르는 말.

(※ 千里: 일천 천, 마을 리).

An expression that means that the beginning of everything is important.

【영속】 The greatest step is that out of doors.

---

218 천석꾼에 천 가지 걱정, 만석꾼에 만 가지 걱정.

A person with a crop of thousand bags of rice has a thousand worries, while a person with a crop of ten thousand bags has ten thousand worries.

재산이 많으면 그만큼 걱정도 많음을 비유적으로 이르는 말.

The figurative meaning is that the more wealth one has, the more worries they have.

【영속】 Riches breed care, poverty is safe.

---

219 첫 술에 배 부르랴.

You can never be full with the first bite.

어떤 일이든지 처음부터 단번에 만족할 수는 없으며, 따라서 서둘러 판단하거나 쉽게 포기해서는 안된다는 말.

An expression that means that one cannot be satisfied with anything at once from the beginning, so one should not rush to judgement or give up too easily.

【영속】 Rome was not built in a day.

---

220 콩 났네 팥 났네 한다.

People say that beans were produced or red beans were produced.

대수롭지 않은 일을 가지고 서로 시비를 다투는 경우를 비유적으로 이르는 말.

This figuratively refers to cases where people are arguing over the right or wrong of trivial things.

【영속】 Make a mountain out of molehill.

---

221 콩 볶아 먹다가 가마솥 깨뜨린다.

While frying the beans, one breaks the cauldron.

작은 재미를 보려고 어떤 일을 하다가 큰일을 저지름을 비유적으로 이르는 말.

The figurative meaning is that one causes serious trouble while pursuing a little fun.

【영속】 Penny wise, pound foolish.

222 콩 심은 데 콩 나고 팥 심은 데 팥 난다.
Beans come from where beans are planted, and red beans come from where red beans are planted.

모든 일은 원인에 따라 거기에 걸맞은 결과가 나타나는 것임을 비유적으로 이르는 말.

The figurative meaning is that everything produces results that are commensurate with the causes.

223 콩밭에 가서 두부 찾는다.
Go to the soybean field and look for bean curd.

❶ **속뜻** 콩으로 두부를 만드는 과정은 장시간의 여러 단계를 거쳐야 하는데, 콩을 보면서 곧바로 두부를 찾는다는 것은 너무 성급한 일이라는 뜻.

This means that the process of making bean curd from soybeans requires a long time and many steps, so it is too hasty to seek bean curd immediately while seeing beans.

❷ 모든 일에는 질서와 차례가 있는 법인데 이러한 일의 원리도 모르고 성급하게 덤비는 것은 옳지 않다는 것을 비유적으로 이르는 말.

© Euihwan Cho

The figurative meaning is that since there is an order and procedures for everything, it is wrong for people to rush into things without knowing this principle.

【영속】Don't count your chickens before they are hatched.

224 티끌 모아 태산.
Dust gathers to make a big mountain.

아무리 작은 것이라도 모으고 모으면 나중에 큰 덩어리가 됨을 비유적으로 이르는 말. (※ 泰山: 클 태, 메 산).

The figurative meaning is that if one keeps saving up even the smallest amount at a time, it will later grow into something bigger.

【영속】Many drops make a shower.

225 팔은 안으로 굽는다.
Arms bend inwardly.

❶ **속뜻** 혈연 관계에 있거나 자신에게 가까운 사람의 편을 든다는 말.

An expression that means that one takes the side of a blood relative or someone who is close to them.

❷ 자기와 가까운 사람일수록 더 정다움을 느끼게 된다는 말.

An expression that means that one feels more affectionate toward people closer to them.

【영속】Charity begins at home.

226 팥으로 메주를 쑨대도 곧이듣는다.
Believe someone's claim that a fermented soybean lump can be made from red beans.

❶ **속뜻** 한국의 전통 식품인 메주는 일반적으로 발효된 콩으로 만든다. 평소에 믿음을 주는 사람이 팥으로 메주를 쑨다고 하면 다른 사람들이 그 말을 참말로 믿는다는 뜻.

Meju, a traditional Korean food, is generally made from fermented soybeans. This means that if a person who is known for their honesty claims to make meju with red beans, others tend to believe it.

❷ 지나치게 남의 말을 무조건 믿는 사람을 놀림조로 이르는 말.

This refers with tongue in cheek to someone who trusts what

another person says unconditionally.

【영속】 I have a bridge to sell you.

227 평안 감사도 저 싫으면 그만.
It can't be helped if someone does not want to become the ruler of Pyeongan.

아무리 좋은 일이라도 당사자의 마음이 내키지 않으면 억지로 시킬 수 없음을 비유적으로 이르는 말. (※ 監司: 볼 감, 벼슬 사).

The figurative meaning is that no matter how good something is, a person cannot be forced to do it if they are unwilling.

【영속】 You may lead a horse to the water, but you cannot make him drink.

228 품 안의 자식.
A child in one's bosom.

❶ **속뜻** 자식이 어렸을 때는 부모의 뜻을 따르지만 자라서는 제 뜻대로 행동하려 함을 비유적으로 이르는 말.

The figurative meaning is that when children are young, they follow their parents' wishes, but when they grow up, they try to act according to their own wishes.

❷ 성장한 자식의 일에 간섭해서는 안되고, 자식을 독립된 인격체로 대해주어야 한다는 말.

An expression that means that one should not interfere in the affairs of one's grown children and should treat them as independent individuals.

229 핑계 없는 무덤이 없다.
There is no grave without an excuse.

❶ **속뜻** 무슨 일이라도 반드시 둘러댈 핑계가 있음을 이르는 말.

An expression that means that no matter what happens, there is always an excuse.

❷ 잘못을 하고도 그것을 인정하지 않고 변명할 때 쓰는 말.

Words used when someone makes a mistake, but does not acknowledge it and makes excuses.

【영속】 Every man has his reason.

---

230 하나를 듣고 열을 안다.
Know ten things after listening to one thing.

한마디 말을 듣고도 여러 가지 사실을 미루어 알아낼 정도로 매우 총기가 있다는 말.

An expression that means that one is so intelligent that he is able to know many facts even after only hearing a single word.

【영속】 A word to the wise is enough.

---

231 하늘의 별 따기.
Catching a star in the sky.

무엇을 얻거나 성취하기가 매우 어려운 경우를 비유적으로 이르는 말.

This figuratively refers to cases where it is very difficult to obtain or achieve something.

【영속】 Reach for the moon.

---

232 하늘이 무너져도 솟아날 구멍이 있다.
Even if the sky falls, there is a hole to spring through.

아무리 어려운 경우에 처하더라도 살아 나갈 방도가 생긴다는 말.

An expression that means that no matter how difficult a situation is, there is always a way to survive it.

【영속】 Every cloud has a silver lining.

---

233 하룻강아지 범 무서운 줄 모른다.
A day-old puppy does not fear a tiger.

아무 경험이 없는 사람이 겁없이 함부로 덤비는 경우를 비유적으로 이르는 말.

This figuratively refers to cases where someone without any experience fearlessly and carelessly rushes into something.

【영속】 Fools rush in where angels fear to tread.

234 한식에 죽으나 청명에 죽으나.

There is no difference whether you die on *Hansik* or on *Cheongmyeong*.

한국의 전통 절기인 청명과 한식은 같은 날 또는 하루 사이이므로 하루 먼저 죽으나 뒤에 죽으나 같다는 말.
(※淸明: 맑을 청, 밝을 명; 寒食: 찰 한, 먹을 식).

An expression that means that since *Cheongmyeong* and *Hansik*, traditional Korean subdivisions of the seasons, occur either on the same day or one day apart, there is almost no difference whether someone dies a day earlier or later.

【영속】A miss is as good as a mile.

235 형만 한 아우 없다.

No younger brother matches his older brother.

모든 일에 있어 아우가 형만 못하다는 말.

This means that no younger brother is as good as his older brother at anything.

236 호랑이 없는 골에 토끼가 왕 노릇 한다.

In a valley without a tiger, a rabbit plays the role of a king.

뛰어난 사람이 없는 곳에서 보잘것없는 사람이 잘난 체 함을 비유적으로 이르는 말.

The figurative meaning is that where there are no outstanding people, insignificant people show off.

【영속】In the kingdom of the blind, the one-eyed man is king.

237 호랑이는 죽어서 가죽을 남기고, 사람은 죽어서 이름을 남긴다.

Tigers leave their skins behind after death, and people leave their names behind after death.

❶ 속뜻 호랑이가 죽은 다음에 귀한 가죽을 남기듯이 사람은 죽은 다음에 생전에 쌓은 공적으로 명성을 남기게 된다는 뜻.

This means that just as a tiger leaves behind its precious skin after death, a person leaves behind a reputation after death through the achievements they made during their lifetime.

❷ 인생에서 가장 중요한 것은 생전에 보람 있는 일을 해놓아 후세에 명성을 떨치는 것임을 비유적으로 이르는 말.

The figurative meaning is that the most important thing in life for a person is to do something worthwhile during their lifetime and leave fame for future generations.

【영속】 A good name will shine forever.

---

238 호박이 넝쿨째로 굴러 떨어졌다.
The pumpkin with vines fell into my yard.

❶ **속뜻** 이웃집에서 심은 호박이 뻗어서 담을 넘어와 우리 쪽 마당으로 호박과 넝쿨이 함께 떨어졌다는 것을 말함.

This means that the pumpkins that my neighbor had planted grew, spread over the wall, and fell into our yard along with their vines.

❷ 뜻밖에 좋은 물건을 얻거나 행운을 만났다는 말.

An expression that means that someone unexpectedly gains something good or fortune beyond their imagination.

© Euihwan Cho

239 효성이 지극하면 돌 위에 풀이 난다.
When filial piety is at its peak, grass grows on stones.

자식의 효성이 극진하면 하늘도 감동하여 기적이 일어나 어떤 조건에서도 자식 된 도리를 다할 수 있다는 말.

(※ 孝誠: 효도 효, 정성 성; 至極: 이를 지, 다할 극).

An expression that means that when one's filial piety is extreme, heaven is moved to perform miracles and they can fulfill their duty as a child under any circumstances.

【영속】 Faith can move mountains.

240 흘러가는 물도 떠 주면 공이다.
If you scoop up flowing water and give it to others, it becomes a merit.

물이 필요한 사람에게 흘러가는 물을 떠주는 것은 쉬운 일이지만, 이러한 쉽고 간단한 일이라도 남을 도와주면 은혜를 베푸는 셈이라는 뜻.

(※ 功: 공로 공)

This means that it is easy to give flowing water to someone who needs it, but this kind of easy and simple help can be a virtuous deed for others.

【영속】 Virtue is its own reward.

부록 I
Appendix

사자성어는 언어의 품격을 올려주며 간단명료한 표현력의 상징이다. 본문 제1부에서는 424개 사자성어를 종합적으로 해설해 놓았다. 이러한 풀이는 각 성어의 함축적인 의미를 상세하게 이해하는 데 큰 도움을 준다. 그러나 그것을 모두 다 외울 수는 없다. 반드시 알아두고 꼭꼭 기억해야 할 것은 바로 '속뜻 훈음'이다. 그래서 전체를 읽고 외우기 쉽도록 가장 중요한 내용만 남겨서 〈사자성어 요약표〉를 편집하였다. 이 자료는 제1부와 똑같이 배열되어 있다(일련번호 동일). 차례대로 "십중팔구: 열 십, 가운데 중, 여덟 팔, 아홉 구"라고 001부터 424까지 여러 번 반복해서 읽다 보면 어렵지 않게 외울 수 있다. 전통 〈천자문〉(千字文)을 공부할 때, "천지현황(天地玄黃): 하늘 천, 땅 지, 검을 현, 누를 황" 이런 방식으로 읽는 것과 동일한 원리이다. 이렇게 여러 번 읽다 보면 어휘력은 물론 한자력도 저절로 향상된다. 나아가 고품격 한국어의 기초가 확고해질 것이다.

Four-character idioms elevate the quality of language and are a symbol of simple and clear expression. In Part 1 of the text, 424 idioms are comprehensively explained. This explanation is a great help in understanding the implied meaning of each idiom in detail. But you can't memorize it all. What you must know and remember is the inner meaning and its pronunciation. So, to make it easy to read and memorize the whole idioms, we have edited <Summary of Four Character Idioms>. This data is arranged exactly as in Part 1 (same serial numbers). If you read in order *sibjungpalgu: yeol sib, gaunde jung, yeodeolb pal, ahob gu*" several times, you can memorize it more easily. When studying the traditional <Thousand Character Classic>, people read with the same principle as *cheonjihyeonhwang: haneul cheon, ttang ji, geom-eul hyeon, nuleul hwang."* If you read it summary so many times that you memorize it all, your vocabulary knowledge and *Hanja* skill will naturally improve. In this way, the foundation for high-quality Korean will be solid.

사자성어 요약표
Summary of Four Character Idioms

001 **十中八九**
열 십, 가운데 중, 여덟 팔, 아홉 구

002 **東問西答**
동녘 동, 물을 문, 서녘 서, 답할 답

003 **安心立命**
편안할 안, 마음 심, 설 립, 목숨 명

004 **一日三秋**
한 일, 날 일, 석 삼, 가을 추

005 **樂山樂水**
좋아할 요, 메 산, 좋아할 요, 물 수

006 **百年大計**
일백 백, 해 년, 큰 대, 꾀 계

007 **白面書生**
흰 백, 낯 면, 글 서, 사람 생

008 **作心三日**
지을 작, 마음 심, 석 삼, 날 일

009 **九死一生**
아홉 구, 죽을 사, 한 일, 날 생

010 **同苦同樂**
함께 동, 쓸 고, 함께 동, 즐길 락

011 **門前成市**
대문 문, 앞 전, 이룰 성, 시장 시

012 **百戰百勝**
일백 백, 싸울 전, 일백 백, 이길 승

013 **不遠千里**
아니 불, 멀 원, 일천 천, 거리 리

014 **人命在天**
사람 인, 목숨 명, 있을 재, 하늘 천

015 **電光石火**
번개 전, 빛 광, 돌 석, 불 화

016 **八方美人**
여덟 팔, 모 방, 아름다울 미, 사람 인

017 **花朝月夕**
꽃 화, 아침 조, 달 월, 저녁 석

018 **見物生心**
볼 견, 만물 물, 날 생, 마음 심

019 **敬天愛人**
공경할 경, 하늘 천, 사랑 애, 사람 인

020 **多才多能**
많을 다, 재주 재, 많을 다, 능할 능

021 **良藥苦口**
좋을 량, 약 약, 쓸 고, 입 구

022 **萬古不變**
일만 만, 옛 고, 아니 불, 변할 변

023 **無不通知**
없을 무, 아닐 불, 통할 통, 알 지

024 **聞一知十**
들을 문, 한 일, 알 지, 열 십

025 **北窓三友**
북녘 북, 창문 창, 석 삼, 벗 우

026 **安分知足**
편안할 안, 나눌 분, 알 지, 넉넉할 족

027 **語不成說**
말씀 어, 아닐 불, 이룰 성, 말씀 설

028 **雨順風調**
비 우, 따를 순, 바람 풍, 고를 조

029 **有名無實**
있을 유, 이름 명, 없을 무, 실제 실

030 **以心傳心**
써 이, 마음 심, 전할 전, 마음 심

031 **主客一體**
주인 주, 손 객, 한 일, 몸 체

032 **格物致知**
바로잡을 격, 만물 물, 이를 치, 알 지

033 **教學相長**
가르칠 교, 배울 학, 서로 상, 자랄 장

034 **今始初聞**
이제 금, 비로소 시, 처음 초, 들을 문

035 **落木寒天**
떨어질 락, 나무 목, 찰 한, 하늘 천

036 **落花流水**
떨어질 락, 꽃 화, 흐를 류, 물 수

037 **能小能大**
능할 능, 작을 소, 능할 능, 큰 대

038 **馬耳東風**
말 마, 귀 이, 동녘 동, 바람 풍

039 **百年河清**
일백 백, 해 년, 물 하, 맑을 청

040 **不問可知**
아니 불, 물을 문, 가히 가, 알 지

041 **不問曲直**
아니 불, 물을 문, 굽을 곡, 곧을 직

042 **有口無言**
있을 유, 입 구, 없을 무, 말씀 언

043 **前無後無**
앞 전, 없을 무, 뒤 후, 없을 무

044 **朝變夕改**
아침 조, 변할 변, 저녁 석, 고칠 개

045 **秋風落葉**
가을 추, 바람 풍, 떨어질 락, 잎 엽

046 **角者無齒**
뿔 각, 사람 자, 없을 무, 이 치

047 **江湖煙波**
강 강, 호수 호, 연기 연, 물결 파

048 **見利思義**
볼 견, 이로울 리, 생각할 사, 옳을 의

049 **結草報恩**
맺을 결, 풀 초, 갚을 보, 은혜 은

050 **經世濟民**
다스릴 경, 세상 세, 건질 제, 백성 민

051 **空前絶後**
빌 공, 앞 전, 끊을 절, 뒤 후

052 **九牛一毛**
아홉 구, 소 우, 한 일, 털 모

053 **權謀術數**
권세 권, 꾀할 모, 꾀 술, 셀 수

054 **權不十年**
권세 권, 아닐 불, 열 십, 해 년

055	**極惡無道** 다할 극, 악할 악, 없을 무, 길 도	071	**貧者一燈** 가난할 빈, 사람 자, 한 일, 등불 등
056	**起死回生** 일어날 기, 죽을 사, 돌아올 회, 살 생	072	**死生決斷** 죽을 사, 살 생, 결정할 결, 끊을 단
057	**難兄難弟** 어려울 난, 맏 형, 어려울 난, 아우 제	073	**生不如死** 날 생, 아닐 불, 같을 여, 죽을 사
058	**怒發大發** 성낼 노, 일으킬 발, 큰 대, 일으킬 발	074	**說往說來** 말씀 설, 갈 왕, 말씀 설, 올 래
059	**論功行賞** 논할 론, 공로 공, 행할 행, 상줄 상	075	**是是非非** 옳을 시, 옳을 시, 아닐 비, 아닐 비
060	**多多益善** 많을 다, 많을 다, 더할 익, 좋을 선	076	**始終如一** 처음 시, 끝 종, 같을 여, 한 일
061	**獨不將軍** 홀로 독, 아닐 불, 장수 장, 군사 군	077	**信賞必罰** 믿을 신, 상줄 상, 반드시 필, 벌줄 벌
062	**燈下不明** 등불 등, 아래 하, 아닐 불, 밝을 명	078	**實事求是** 실제 실, 일 사, 구할 구, 옳을 시
063	**燈火可親** 등불 등, 불 화, 가히 가, 친할 친	079	**安貧樂道** 편안할 안, 가난할 빈, 즐길 락, 길 도
064	**無所不爲** 없을 무, 것 소, 아닐 불, 할 위	080	**眼下無人** 눈 안, 아래 하, 없을 무, 사람 인
065	**博學多識** 넓을 박, 배울 학, 많을 다, 알 식	081	**弱肉強食** 약할 약, 고기 육, 굳셀 강, 먹을 식
066	**百戰老將** 일백 백, 싸울 전, 늙을 노, 장수 장	082	**魚東肉西** 물고기 어, 동녘 동, 고기 육, 서녘 서
067	**伯仲之勢** 맏 백, 버금 중, 어조사 지, 기세 세	083	**言語道斷** 말씀 언, 말씀 어, 길 도, 끊을 단
068	**富貴在天** 넉넉할 부, 귀할 귀, 있을 재, 하늘 천	084	**如出一口** 같을 여, 날 출, 한 일, 입 구
069	**夫婦有別** 남편 부, 아내 부, 있을 유, 나눌 별	085	**連戰連勝** 이을 련, 싸움 전, 이을 련, 이길 승
070	**非一非再** 아닐 비, 한 일, 아닐 비, 두 재	086	**溫故知新** 익힐 온, 옛 고, 알 지, 새 신

087	**右往左往** 오른 우, 갈 왕, 왼 좌, 갈 왕	103	**鳥足之血** 새 조, 발 족, 어조사 지, 피 혈
088	**牛耳讀經** 소 우, 귀 이, 읽을 독, 책 경	104	**種豆得豆** 심을 종, 콩 두, 얻을 득, 콩 두
089	**有備無患** 있을 유, 갖출 비, 없을 무, 근심 환	105	**竹馬故友** 대나무 죽, 말 마, 옛 고, 벗 우
090	**以熱治熱** 써 이, 더울 열, 다스릴 치, 더울 열	106	**衆口難防** 무리 중, 입 구, 어려울 난, 막을 방
091	**因果應報** 까닭 인, 열매 과, 응할 응, 갚을 보	107	**至誠感天** 이를 지, 진심 성, 느낄 감, 하늘 천
092	**人死留名** 사람 인, 죽을 사, 머무를 류, 이름 명	108	**進退兩難** 나아갈 진, 물러날 퇴, 두 량, 어려울 난
093	**一擧兩得** 한 일, 들 거, 둘 량, 얻을 득	109	**天人共怒** 하늘 천, 사람 인, 함께 공, 성낼 노
094	**一脈相通** 한 일, 맥 맥, 서로 상, 통할 통	110	**寸鐵殺人** 마디 촌, 쇠 철, 죽일 살, 사람 인
095	**一石二鳥** 한 일, 돌 석, 두 이, 새 조	111	**出將入相** 날 출, 장수 장, 들 입, 재상 상
096	**一言半句** 한 일, 말씀 언, 반 반, 글귀 구	112	**忠言逆耳** 충성 충, 말씀 언, 거스를 역, 귀 이
097	**一衣帶水** 한 일, 옷 의, 띠 대, 물 수	113	**卓上空論** 탁자 탁, 위 상, 빌 공, 논할 론
098	**日就月將** 날 일, 이룰 취, 달 월, 나아갈 장	114	**風前燈火** 바람 풍, 앞 전, 등불 등, 불 화
099	**一波萬波** 한 일, 물결 파, 일만 만, 물결 파	115	**好衣好食** 좋을 호, 옷 의, 좋을 호, 밥 식
100	**自業自得** 스스로 자, 일 업, 스스로 자, 얻을 득	116	**刻骨痛恨** 새길 각, 뼈 골, 아플 통, 한할 한
101	**自初至終** 부터 자, 처음 초, 이를 지, 끝 종	117	**敢不生心** 감히 감, 아닐 불, 날 생, 마음 심
102	**自強不息** 스스로 자, 굳셀 강, 아니 불, 쉴 식	118	**甘言利說** 달 감, 말씀 언, 이로울 리, 말씀 설

119	**居安思危** 살 거, 편안할 안, 생각 사, 두려울 위	135	**大同小異** 큰 대, 같을 동, 작을 소, 다를 이
120	**敬天勤民** 공경할 경, 하늘 천, 부지런할 근, 백성 민	136	**晚時之歎** 늦을 만, 때 시, 어조사 지, 한숨지을 탄
121	**驚天動地** 놀랄 경, 하늘 천, 움직일 동, 땅 지	137	**明鏡止水** 밝을 명, 거울 경, 그칠 지, 물 수
122	**鷄卵有骨** 닭 계, 알 란, 있을 유, 뼈 골	138	**目不識丁** 눈 목, 아닐 불, 알 식, 고무래 정
123	**孤立無援** 외로울 고, 설 립, 없을 무, 도울 원	139	**無爲徒食** 없을 무, 할 위, 헛될 도, 먹을 식
124	**苦盡甘來** 쓸 고, 다할 진, 달 감, 올 래	140	**美辭麗句** 아름다울 미, 말 사, 고울 려, 글귀 구
125	**骨肉相殘** 뼈 골, 고기 육, 서로 상, 해칠 잔	141	**博覽強記** 넓을 박, 볼 람, 굳셀 강, 기록할 기
126	**九折羊腸** 아홉 구, 꺾일 절, 양 양, 창자 장	142	**百家爭鳴** 일백 백, 사람 가, 다툴 쟁, 울 명
127	**君臣有義** 임금 군, 신하 신, 있을 유, 옳을 의	143	**百折不屈** 일백 백, 꺾을 절, 아닐 불, 굽을 굴
128	**近朱者赤** 가까울 근, 붉을 주, 사람 자, 붉을 적	144	**事必歸正** 일 사, 반드시 필, 돌아갈 귀, 바를 정
129	**金科玉條** 쇠 금, 법 과, 구슬 옥, 조목 조	145	**殺身成仁** 죽일 살, 몸 신, 이룰 성, 어질 인
130	**奇想天外** 이상할 기, 생각할 상, 하늘 천, 밖 외	146	**先公後私** 먼저 선, 여럿 공, 뒤 후, 사사로울 사
131	**落落長松** 떨어질 락, 떨어질 락, 길 장, 소나무 송	147	**送舊迎新** 보낼 송, 옛 구, 맞이할 영, 새 신
132	**難攻不落** 어려울 난, 칠 공, 아닐 불, 떨어질 락	148	**身言書判** 몸 신, 말씀 언, 쓸 서, 판가름할 판
133	**亂臣賊子** 어지러울 란, 신하 신, 해칠 적, 아들 자	149	**惡戰苦鬪** 나쁠 악, 싸울 전, 쓸 고, 싸울 투
134	**大驚失色** 큰 대, 놀랄 경, 잃을 실, 빛 색	150	**藥房甘草** 약 약, 방 방, 달 감, 풀 초

151 **言中有骨** 말씀 언, 가운데 중, 있을 유, 뼈 골	167 **張三李四** 성씨 장, 석 삼, 성씨 리, 넉 사
152 **女必從夫** 여자 녀, 반드시 필, 좇을 종, 지아비 부	168 **適材適所** 알맞을 적, 재목 재, 알맞을 적, 곳 소
153 **緣木求魚** 좇을 연, 나무 목, 구할 구, 고기 어	169 **走馬看山** 달릴 주, 말 마, 볼 간, 메 산
154 **五穀百果** 다섯 오, 곡식 곡, 일백 백, 열매 과	170 **盡忠報國** 다할 진, 충성 충, 갚을 보, 나라 국
155 **玉骨仙風** 옥 옥, 뼈 골, 신선 선, 모습 풍	171 **千慮一得** 일천 천, 생각할 려, 한 일, 얻을 득
156 **危機一髮** 위태할 위, 때 기, 한 일, 터럭 발	172 **千慮一失** 일천 천, 생각할 려, 한 일, 잃을 실
157 **類類相從** 비슷할 류, 무리 류, 서로 상, 좇을 종	173 **天生緣分** 하늘 천, 날 생, 인연 연, 나눌 분
158 **異口同聲** 다를 이, 입 구, 같을 동, 소리 성	174 **千載一遇** 일천 천, 실을 재, 한 일, 만날 우
159 **以卵擊石** 으로 이, 알 란, 칠 격, 돌 석	175 **千差萬別** 일천 천, 어긋날 차, 일만 만, 나눌 별
160 **利用厚生** 이로울 리, 쓸 용, 두터울 후, 살 생	176 **千篇一律** 일천 천, 책 편, 한 일, 가락 률
161 **離合集散** 떨어질 리, 합할 합, 모일 집, 흩어질 산	177 **虛張聲勢** 빌 허, 베풀 장, 소리 성, 기세 세
162 **一刻千金** 한 일, 시각 각, 일천 천, 쇠 금	178 **會者定離** 모일 회, 사람 자, 반드시 정, 떨어질 리
163 **一罰百戒** 한 일, 벌할 벌, 일백 백, 주의할 계	179 **興盡悲來** 일어날 흥, 다할 진, 슬플 비, 올 래
164 **一絲不亂** 한 일, 실 사, 아니 불, 어지러울 란	180 **佳人薄命** 아름다울 가, 사람 인, 엷을 박, 운명 명
165 **一喜一悲** 한 일, 기쁠 희, 한 일, 슬플 비	181 **刻骨銘心** 새길 각, 뼈 골, 새길 명, 마음 심
166 **自畵自讚** 스스로 자, 그림 화, 스스로 자, 기릴 찬	182 **感之德之** 느낄 감, 어조사 지, 베풀 덕, 어조사 지

183 **甲男乙女**
천간 갑, 사내 남, 천간 을, 여자 녀

184 **改過遷善**
고칠 개, 지나칠 과, 바뀔 천, 착할 선

185 **蓋世之才**
덮을 개, 세상 세, 어조사 지, 재주 재

186 **隔世之感**
사이 뜰 격, 세대 세, 어조사 지, 느낄 감

187 **犬馬之勞**
개 견, 말 마, 어조사 지, 일할 로

188 **堅忍不拔**
굳을 견, 참을 인, 아닐 불, 뽑을 발

189 **結者解之**
맺을 결, 사람 자, 풀 해, 그것 지

190 **兼人之勇**
겸할 겸, 사람 인, 어조사 지, 날쌜 용

191 **輕擧妄動**
가벼울 경, 들 거, 헛될 망, 움직일 동

192 **傾國之色**
기울 경, 나라 국, 어조사 지, 빛 색

193 **孤軍奮鬪**
외로울 고, 군사 군, 떨칠 분, 싸울 투

194 **高臺廣室**
높을 고, 돈대 대, 넓을 광, 집 실

195 **姑息之計**
잠시 고, 숨쉴 식, 어조사 지, 꾀 계

196 **苦肉之策**
괴로울 고, 고기 육, 어조사 지, 꾀 책

197 **孤掌難鳴**
홀로 고, 손바닥 장, 어려울 난, 울 명

198 **曲學阿世**
굽을 곡, 배울 학, 아첨할 아, 세상 세

199 **過猶不及**
지날 과, 같을 유, 아닐 불, 미칠 급

200 **巧言令色**
꾸밀 교, 말씀 언, 좋을 령, 빛 색

201 **九曲肝腸**
아홉 구, 굽을 곡, 간 간, 창자 장

202 **國泰民安**
나라 국, 침착할 태, 백성 민, 편안할 안

203 **群鷄一鶴**
무리 군, 닭 계, 한 일, 학 학

204 **群雄割據**
무리 군, 뛰어날 웅, 나눌 할, 의거할 거

205 **君爲臣綱**
임금 군, 할 위, 신하 신, 벼리 강

206 **窮餘之策**
궁할 궁, 남을 여, 어조사 지, 꾀 책

207 **克己復禮**
이길 극, 자기 기, 되돌릴 복, 예도 례

208 **近墨者黑**
가까울 근, 먹 묵, 사람 자, 검을 흑

209 **金蘭之契**
쇠 금, 난초 란, 어조사 지, 맺을 계

210 **金石之交**
쇠 금, 돌 석, 어조사 지, 사귈 교

211 **金城湯池**
쇠 금, 성 성, 끓을 탕, 못 지

212 **錦衣夜行**
비단 금, 옷 의, 밤 야, 갈 행

213 **錦衣玉食**
비단 금, 옷 의, 옥 옥, 밥 식

214 **錦衣還鄕**
비단 금, 옷 의, 돌아올 환, 시골 향

215 **金枝玉葉**
쇠금, 가지 지, 옥 옥, 잎 엽

216 **氣高萬丈**
기운 기, 높을 고, 일만 만, 길이 장

217 **吉凶禍福**
길할 길, 흉할 흉, 재화 화, 복 복

218 **內憂外患**
안 내, 근심할 우, 밖 외, 근심 환

219 **內柔外剛**
안 내, 부드러울 유, 밖 외, 굳셀 강

220 **怒甲移乙**
성낼 노, 천간 갑, 옮길 이, 천간 을

221 **怒氣衝天**
성낼 노, 기운 기, 찌를 충, 하늘 천

222 **累卵之危**
포갤 루, 알 란, 어조사 지, 위태할 위

223 **斷機之戒**
끊을 단, 베틀 기, 어조사 지, 경계할 계

224 **單刀直入**
홑 단, 칼 도, 곧을 직, 들 입

225 **大器晩成**
큰 대, 그릇 기, 늦을 만, 이룰 성

226 **大聲痛哭**
큰 대, 소리 성, 아플 통, 울 곡

227 **同價紅裳**
같을 동, 값 가, 붉을 홍, 치마 상

228 **東奔西走**
동녘 동, 달릴 분, 서녘 서, 달릴 주

229 **同床異夢**
한가지 동, 평상 상, 다를 이, 꿈 몽

230 **登高自卑**
오를 등, 높을 고, 부터 자, 낮을 비

231 **莫上莫下**
없을 막, 위 상, 없을 막, 아래 하

232 **莫逆之友**
없을 막, 거스를 역, 어조사 지, 벗 우

233 **萬頃蒼波**
일만 만, 넓을 경, 푸를 창, 물결 파

234 **亡羊之歎**
잃을 망, 양 양, 어조사 지, 한숨지을 탄

235 **面從腹背**
낯 면, 좇을 종, 배 복, 등 배

236 **滅私奉公**
없앨 멸, 사사로울 사, 받들 봉, 여럿 공

237 **名實相符**
이름 명, 실제 실, 서로 상, 맞을 부

238 **明若觀火**
밝을 명, 같을 약, 볼 관, 불 화

239 **命在頃刻**
목숨 명, 있을 재, 잠깐 경, 시각 각

240 **目不忍見**
눈 목, 아닐 불, 참을 인, 볼 견

241 **武陵桃源**
굳셀 무, 언덕 릉, 복숭아나무 도, 수원 원

242 **勿失好機**
말 물, 잃을 실, 좋을 호, 기회 기

243 **拍掌大笑**
칠 박, 손바닥 장, 큰 대, 웃을 소

244 **拔本塞源**
뽑을 발, 뿌리 본, 막힐 색, 근원 원

245 **百計無策**
일백 백, 꾀 계, 없을 무, 꾀 책

246 **夫爲婦綱**
지아비 부, 할 위, 부인 부, 벼리 강

247 **父爲子綱**
부모 부, 할 위, 자식 자, 벼리 강

248 **不知其數**
아닐 부, 알 지, 그 기, 셀 수

249 **附和雷同**
붙을 부, 화할 화, 천둥 뢰, 한가지 동

250 **不恥下問**
아니 불, 부끄러울 치, 아래 하, 물을 문

251 **不偏不黨**
아니 불, 치우칠 편, 아닐 부, 무리 당

252 **氷炭之間**
얼음 빙, 숯 탄, 어조사 지, 사이 간

253 **四分五裂**
넉 사, 나눌 분, 다섯 오, 찢어질 렬

254 **沙上樓閣**
모래 사, 위 상, 다락 루, 집 각

255 **山紫水明**
메 산, 자주빛 자, 물 수, 밝을 명

256 **森羅萬象**
수풀 삼, 늘어설 라, 일만 만, 모양 상

257 **三旬九食**
석 삼, 열흘 순, 아홉 구, 먹을 식

258 **三從之道**
석 삼, 따를 종, 어조사 지, 길 도

259 **桑田碧海**
뽕나무 상, 밭 전, 푸를 벽, 바다 해

260 **先見之明**
먼저 선, 볼 견, 어조사 지, 밝을 명

261 **雪上加霜**
눈 설, 위 상, 더할 가, 서리 상

262 **束手無策**
묶을 속, 손 수, 없을 무, 꾀 책

263 **首丘初心**
머리 수, 언덕 구, 처음 초, 마음 심

264 **壽福康寧**
목숨 수, 복 복, 편안할 강, 편안할 녕

265 **手不釋卷**
손 수, 아닐 불, 놓을 석, 책 권

266 **修身齊家**
닦을 수, 몸 신, 다스릴 제, 집 가

267 **水魚之交**
물 수, 고기 어, 어조사 지, 사귈 교

268 **守株待兎**
지킬 수, 그루 주, 기다릴 대, 토끼 토

269 **宿虎衝鼻**
잘 숙, 범 호, 찌를 충, 코 비

270 **始終一貫**
처음 시, 끝 종, 한 일, 꿸 관

271 **識字憂患**
알 식, 글자 자, 근심할 우, 근심 환

272 **神出鬼沒**
귀신 신, 날 출, 귀신 귀, 없어질 몰

273 **深思熟考**
깊을 심, 생각 사, 익을 숙, 생각할 고

274 **深山幽谷**
깊을 심, 메 산, 그윽할 유, 골짜기 곡

275 **我田引水**
나 아, 밭 전, 끌 인, 물 수

276 **梁上君子**
들보 량, 위 상, 임금 군, 접미사 자

277 **魚頭肉尾**
물고기 어, 머리 두, 고기 육, 꼬리 미

278 **漁父之利**
고기잡을 어, 아버지 부, 어조사 지, 이로울 리

279 億兆蒼生
억 억, 조 조, 푸를 창, 날 생

280 抑強扶弱
누를 억, 굳셀 강, 도울 부, 약할 약

281 嚴妻侍下
엄할 엄, 아내 처, 모실 시, 아래 하

282 如履薄氷
같을 여, 밟을 리, 엷을 박, 얼음 빙

283 易地思之
바꿀 역, 땅 지, 생각 사, 그것 지

284 五車之書
다섯 오, 수레 거, 어조사 지, 책 서

285 烏合之卒
까마귀 오, 만날 합, 어조사 지, 군사 졸

286 龍頭蛇尾
용 룡, 머리 두, 뱀 사, 꼬리 미

287 龍尾鳳湯
용 룡, 꼬리 미, 봉새 봉, 국 탕

288 優柔不斷
넉넉할 우, 부드러울 유, 아닐 부, 끊을 단

289 流芳百世
흐를 류, 꽃다울 방, 일백 백, 세대 세

290 悠悠自適
멀 유, 멀 유, 스스로 자, 다닐 적

291 隱忍自重
숨길 은, 참을 인, 스스로 자, 무거울 중

292 人面獸心
사람 인, 낯 면, 짐승 수, 마음 심

293 日久月深
해 일, 오랠 구, 달 월, 깊을 심

294 一刀兩斷
한 일, 칼 도, 두 량, 끊을 단

295 一以貫之
한 일, 부터 이, 꿸 관, 그것 지

296 一日之長
한 일, 날 일, 어조사 지, 어른 장

297 一場春夢
한 일, 마당 장, 봄 춘, 꿈 몽

298 一觸即發
한 일, 닿을 촉, 곧 즉, 일어날 발

299 一片丹心
한 일, 조각 편, 붉을 단, 마음 심

300 一筆揮之
한 일, 붓 필, 휘두를 휘, 어조사 지

301 臨機應變
임할 림, 때 기, 응할 응, 변할 변

302 立身揚名
설 립, 몸 신, 드러낼 양, 이름 명

303 自激之心
스스로 자, 격할 격, 어조사 지, 마음 심

304 自中之亂
스스로 자, 가운데 중, 어조사 지, 어지러울 란

305 轉禍爲福
옮길 전, 재화 화, 할 위, 복 복

306 切齒腐心
벨 절, 이 치, 썩을 부, 마음 심

307 漸入佳境
점점 점, 들 입, 아름다울 가, 지경 경

308 足脫不及
발 족, 벗을 탈, 아닐 불, 미칠 급

309 存亡之秋
있을 존, 망할 망, 어조사 지, 때 추

310 縱橫無盡
세로 종, 가로 횡, 없을 무, 다할 진

311 **坐不安席**
앉을 좌, 아니 불, 편안할 안, 자리 석

312 **坐井觀天**
앉을 좌, 우물 정, 볼 관, 하늘 천

313 **左之右之**
왼 좌, 갈 지, 오른쪽 우, 갈 지

314 **左衝右突**
왼 좌, 부딪힐 충, 오른쪽 우, 부딪힐 돌

315 **晝耕夜讀**
낮 주, 밭갈 경, 밤 야, 읽을 독

316 **酒池肉林**
술 주, 못 지, 고기 육, 수풀 림

317 **衆寡不敵**
무리 중, 적을 과, 아닐 불, 대적할 적

318 **支離滅裂**
가를 지, 떼놓을 리, 없앨 멸, 찢을 렬

319 **知命之年**
알 지, 목숨 명, 어조사 지, 해 년

320 **進退維谷**
나아갈 진, 물러날 퇴, 오직 유, 골 곡

321 **此日彼日**
이 차, 날 일, 저 피, 날 일

322 **天高馬肥**
하늘 천, 높을 고, 말 마, 살찔 비

323 **天壤之差**
하늘 천, 땅 양, 어조사 지, 다를 차

324 **徹頭徹尾**
통할 철, 머리 두, 통할 철, 꼬리 미

325 **醉生夢死**
취할 취, 살 생, 꿈 몽, 죽을 사

326 **置之度外**
둘 치, 그것 지, 법도 도, 밖 외

327 **七去之惡**
일곱 칠, 물리칠 거, 어조사 지, 나쁠 악

328 **他山之石**
다를 타, 뫼 산, 어조사 지, 돌 석

329 **泰山北斗**
클 태, 메 산, 북녘 북, 말 두

330 **破邪顯正**
깨뜨릴 파, 간사할 사, 드러낼 현, 바를 정

331 **破顏大笑**
깨뜨릴 파, 얼굴 안, 큰 대, 웃을 소

332 **破竹之勢**
쪼갤 파, 대나무 죽, 어조사 지, 형세 세

333 **表裏不同**
겉 표, 속 리, 아니 불, 같을 동

334 **皮骨相接**
가죽 피, 뼈 골, 서로 상, 닿을 접

335 **彼此一般**
저 피, 이 차, 한 일, 모두 반

336 **下石上臺**
아래 하, 돌 석, 위 상, 돈대 대

337 **鶴首苦待**
학 학, 머리 수, 괴로울 고, 기다릴 대

338 **恒茶飯事**
늘 항, 차 다, 밥 반, 일 사

339 **賢母良妻**
어질 현, 어머니 모, 좋을 량, 아내 처

340 **浩然之氣**
클 호, 그러할 연, 어조사 지, 기운 기

341 **紅爐點雪**
붉을 홍, 화로 로, 점 점, 눈 설

342 **興亡盛衰**
일어날 흥, 망할 망, 가득할 성, 쇠할 쇠

343	喜怒哀樂 기쁠 희, 성낼 노, 슬플 애, 즐거울 락	359	堂狗風月 집 당, 개 구, 바람 풍, 달 월
344	街談巷說 거리 가, 말씀 담, 골목 항, 말씀 설	360	塗炭之苦 진흙 도, 숯 탄, 어조사 지, 괴로울 고
345	刻骨難忘 새길 각, 뼈 골, 어려울 난, 잊을 망	361	獨也靑靑 홀로 독, 어조사 야, 푸를 청, 푸를 청
346	刻舟求劍 새길 각, 배 주, 구할 구, 칼 검	362	同病相憐 같을 동, 병 병, 서로 상, 가엾을 련
347	感慨無量 느낄 감, 슬퍼할 개, 없을 무, 헤아릴 량	363	罔極之恩 없을 망, 다할 극, 어조사 지, 은혜 은
348	擧案齊眉 들 거, 책상 안, 가지런할 제, 눈썹 미	364	茫然自失 아득할 망, 그러할 연, 스스로 자, 잃을 실
349	乞人憐天 빌 걸, 사람 인, 가엾을 련, 하늘 천	365	門前乞食 문 문, 앞 전, 빌 걸, 먹을 식
350	牽強附會 끌 견, 굳셀 강, 붙을 부, 모일 회	366	傍若無人 곁 방, 같을 약, 없을 무, 사람 인
351	鷄鳴狗盜 닭 계, 울 명, 개 구, 훔칠 도	367	背恩忘德 등질 배, 은혜 은, 잊을 망, 베풀 덕
352	高枕安眠 높을 고, 베개 침, 편안할 안, 잠잘 면	368	白骨難忘 흰 백, 뼈 골, 어려울 난, 잊을 망
353	矯角殺牛 바로잡을 교, 뿔 각, 죽일 살, 소 우	369	百八煩惱 일백 백, 여덟 팔, 답답할 번, 괴로울 뇌
354	口蜜腹劍 입 구, 꿀 밀, 배 복, 칼 검	370	朋友有信 벗 붕, 벗 우, 있을 유, 믿을 신
355	口尙乳臭 입 구, 아직 상, 젖 유, 냄새 취	371	四顧無親 넉 사, 돌아볼 고, 없을 무, 친할 친
356	勸善懲惡 권할 권, 착할 선, 혼낼 징, 악할 악	372	塞翁之馬 변방 새, 늙은이 옹, 어조사 지, 말 마
357	錦上添花 비단 금, 위 상, 더할 첨, 꽃 화	373	騷人墨客 떠들 소, 사람 인, 먹 묵, 손 객
358	綠楊芳草 초록빛 록, 버들 양, 꽃다울 방, 풀 초	374	小貪大失 작을 소, 탐낼 탐, 큰 대, 잃을 실

375 脣亡齒寒
입술 순, 잃을 망, 이 치, 찰 한

376 乘勝長驅
탈 승, 이길 승, 길 장, 말 몰 구

377 食少事煩
먹을 식, 적을 소, 일 사, 번거로울 번

378 哀乞伏乞
슬플 애, 빌 걸, 엎드릴 복, 빌 걸

379 羊頭狗肉
양 양, 머리 두, 개 구, 고기 육

380 榮枯盛衰
꽃필 영, 쇠할 고, 번성할 성, 쇠퇴할 쇠

381 五里霧中
다섯 오, 거리 리, 안개 무, 가운데 중

382 吾鼻三尺
나 오, 코 비, 석 삼, 자 척

383 烏飛梨落
까마귀 오, 날 비, 배 리, 떨어질 락

384 傲霜孤節
오만할 오, 서리 상, 외로울 고, 지조 절

385 曰可曰否
가로 왈, 옳을 가. 가로 왈, 아닐 부

386 搖之不動
흔들 요, 어조사 지, 아닐 부, 움직일 동

387 遠禍召福
멀 원, 재앙 화, 부를 소, 복 복

388 唯我獨尊
오직 유, 나 아, 홀로 독, 높을 존

389 吟風弄月
읊을 음, 바람 풍, 놀 농, 달 월

390 泥田鬪狗
진흙 니, 밭 전, 싸울 투, 개 구

391 一蓮托生
한 일, 연꽃 련, 맡길 탁, 날 생

392 一魚濁水
한 일, 물고기 어, 흐릴 탁, 물 수

393 自暴自棄
스스로 자, 사나울 포, 스스로 자, 버릴 기

394 朝令暮改
아침 조, 명령 령, 저녁 모, 고칠 개

395 朝三暮四
아침 조, 석 삼, 저녁 모, 넉 사

396 指鹿爲馬
가리킬 지, 사슴 록, 할 위, 말 마

397 千辛萬苦
일천 천, 매울 신, 일만 만, 괴로울 고

398 取捨選擇
가질 취, 버릴 사, 가릴 선, 고를 택

399 貪官汚吏
탐할 탐, 벼슬 관, 더러울 오, 벼슬아치 리

400 抱腹絶倒
안을 포, 배 복, 끊을 절, 넘어질 도

401 飽食暖衣
배부를 포, 먹을 식, 따뜻할 난, 옷 의

402 匹夫匹婦
하나 필, 사나이 부, 하나 필, 여자 부

403 咸興差使
다 함, 일 흥, 보낼 차, 보낼 사

404 軒軒丈夫
처마 헌, 처마 헌, 어른 장, 사내 부

405 螢雪之功
반딧불 형, 눈 설, 어조사 지, 공로 공

406 昏定晨省
어두울 혼, 정할 정, 새벽 신, 살필 성

407 弘益人間
넓을 홍, 더할 익, 사람 인, 사이 간

408 畵蛇添足
그릴 화, 뱀 사, 더할 첨, 발 족

409 肝膽相照
간 간, 쓸개 담, 서로 상, 비칠 조

410 瓜田李下
오이 과, 밭 전, 오얏 리, 아래 하

411 男負女戴
사내 남, 질 부, 여자 녀, 일 대

412 南柯一夢
남녘 남, 나뭇가지 가, 한 일, 꿈 몽

413 勞心焦思
일할 로, 마음 심, 태울 초, 생각 사

414 丹脣皓齒
붉을 단, 입술 순, 흴 호, 이 치

415 杜門不出
막을 두, 문 문, 아니 불, 날 출

416 不俱戴天
아닐 불, 함께 구, 일 대, 하늘 천

417 不撤晝夜
아니 불, 거둘 철, 낮 주, 밤 야

418 鵬程萬里
붕새 붕, 거리 정, 일만 만, 거리 리

419 三顧草廬
석 삼, 돌아볼 고, 풀 초, 초막 려

420 雪膚花容
눈 설, 살갗 부, 꽃 화, 얼굴 용

421 纖纖玉手
가늘 섬, 가늘 섬, 옥 옥, 손 수

422 身體髮膚
몸 신, 몸 체, 터럭 발, 살갗 부

423 滄海一粟
큰바다 창, 바다 해, 한 일, 조 속

424 靑出於藍
푸를 청, 날 출, 어조사 어, 쪽 람

부록 II
Appendix

사자성어를 쉽게 외울 수 있도록 424개를 세 가지 유형으로 짝짓기 해놓았다: ❶ 첫말이 똑같은 것(유형 A: 196개), ❷ 끝말이 똑같은 것(유형 B: 226개), ❸ 끝말과 첫말이 서로 같아서 '끝말잇기'를 할 수 있는 것(유형 C: 94개). 각 유형의 특징을 쉽게 확인할 수 있도록 특정 글자를 빨간색으로 표기하였다. 〈사자성어 짝짓기〉는 이 책에서 처음 시도한 것이고, 대단히 창의적이고 효과적인 방안이다. 고품격 한국어의 상징인 사자성어를 독자 여러분이 쉽게 이해하고 오래오래 기억하는 데 도움이 되길 바란다.

To help you remember, 424 idioms have been paired into four types: ❶ Every idiom starts with the same sound, making 'alliteration'(TYPE A: 196). ❷ Every idiom shares the same final sound, making 'end rhyme'(TYPE B: 226). ❸ The letter starts with the last letter of the prior idiom, making 'word chain'(TYPE C: 94). To make the four types recognized quickly and visually, the identified letters are colored. 〈Pairing idioms〉 is attempted for the first time in this book and it is a very creative and effective method. We hope this idea will help readers easily understand and well remember these idioms, which are symbols of high-quality Korean.

사자성어 짝짓기
Pairing of Four Character Idioms

(2) 끝말 짝짓기 226 / TYPE B

(3) 끝말잇기 94 / TYPE C

부록 III
Appendix

일러두기
Introduction

한자어 중에는, 특별히 '4글자[四字]로 짜여있는 기성(既成)의 말[語]'이란 뜻인 '사자성어'가 있다. 그것을 많이 알면 매우 유식하다는 대접을 받고, 모르면 무식한 사람으로 무시당할 수도 있다. 이러한 것 가운데 특히 옛날이야기, 즉 고사(故事, 옛 고, 일 사)에서 유래된 것을 '고사성어'라고 한다. 네 글자 모두 가급적 교육용 기초한자 900자 범위 내에 속하는 쉬운 한자들로 이루어진 것 50개를 선정하여 만화 형식으로 풀이함으로써 매우 쉽고 재미있게 익힐 수 있도록 하였다. 찾기 쉽도록 가나다순으로 실어 놓았다. 읽다 보면 재미를 느끼게 되고, 자기도 모르는 사이에 어문 품격이 한 단계 오르게 될 것이다.

Among the *Hanja* words, there is especially a 'four-character idiom' which means 'a ready-made[既成] word [語] composed of four characters [四字]'. If you know a lot of these words, you may be treated as very knowledgeable, but if you don't know them, you may be looked down upon as ignorant. Among these, those derived from old stories are called 'old-story idioms'(故事成語). We selected 50 old-story idioms, all four letters of which are made up of basic 900 *Hanja* characters for educational use. We also explained the idioms in cartoon format to make learning them very easy and fun. To make it easier to find, they are listed in Korean alphabetical order. As you read it, you will have fun, and your literary quality will rise to a higher level.

만화 고사성어
Cartoon Idioms

01 죽어 혼령이 되어도 은혜를…

옛날 진나라에 젊고 예쁜 첩을 둔 대감이 있었는데 늙어서 병이 들자 본처의 아들을 불렀다.

아버지—!

내가 죽거든 서모를 친정에 보내거라.

흑

하지만 거의 죽을 지경에 이르자

나 죽으면 서모도 내 무덤에 묻어라!!

예에?!

헉 헉 헉

아버지가 죽자 아들은 골똘히 생각했다.

정신이 맑았을 때 하신 말씀을 따르는 게 좋겠지?

흑흑흑…

아들은 서모를 살려주어 친정으로 돌려보냈다.

행복하게 사세요.

살았다!

몇 년 후 전쟁이 일어나 아들은 진나라 장수로 임명되어 싸움터에 나갔다.

적국의 장수와의 싸움에서 아들은 큰 위험에 빠지게 되었는데….

헉!!

결초보은

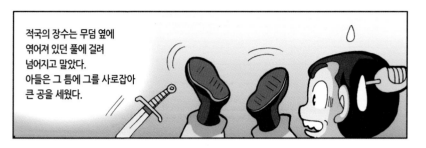

적국의 장수는 무덤 옆에 엮어져 있던 풀에 걸려 넘어지고 말았다.
아들은 그 틈에 그를 사로잡아 큰 공을 세웠다.

그날 밤

뭉게 뭉게

운이 좋은 날이야!

나는 당신이 살려준 서모의 아비 되는 사람이오.
당신의 은혜[恩]에 보답[報]하고자 내 무덤의 풀[草]을 엮어[結] 놓았던 것이요.

역시 그랬었구

結草報恩 결초보은
맺을 결, 풀 초, 갚을 보, 은혜 은

속뜻 풀[草]을 엮어서[結]라도 은혜[恩]를 갚음[報].
▶ 죽어 혼령이 되어도 은혜를 잊지 않고 갚음.

예문 죽어 저승에 가서라도 반드시 결초보은을 하겠습니다.

02 닭의 주둥이가 될지언정…

전국시대 때
말 잘 하기로 소문난
소진이란 사람이 있었다.

내가
소진이라네.

그는 당시 최강국인 진나라에
위협을 느낀 여섯 나라를
방문하였다.

이들 나라가
연합하여
진나라에
대항해야 해.

그중 한나라 선혜왕에게 이렇게 말했다.

전하! 한나라는 군대도 강하다고 알려져
있사옵니다. 그런데도 싸우지 아니한다면
천하의 웃음거리가 될 것이옵니다.

계구우후

강대국인 진나라에 빌붙어 있지 말고, 대항해 싸우게 하기 위하여 또 이렇게 말했다.

차라리 '닭[鷄]의 부리[口]가 될지언정 소[牛]의 뒤에[後] 붙어있는 꼬리는 되지 말라'는 옛말도 있지 않사옵니까?

부디 여섯 나라가 연합하여 진나라와 대항하소서!

옳은 말이로다!

자네 말대로 진나라에 대항해 싸우는 데 동참하겠네!!

이렇게 6국의 국왕을 설득 하는 데 성공한 소진은 마침내 혼자서 여섯 나라의 재상을 겸하는 대 정치가가 되었다.

鷄口牛後 계구우후

닭 계, 입 구, 소 우, 뒤 후

속뜻 닭[鷄]의 부리[口]가 될지언정 소[牛]의 뒤[後]에 붙어 있는 꼬리는 되지 않겠음.

▶ 큰 집단의 말석보다는 작은 집단의 우두머리가 나음.

예문 계구우후란 말이 있듯이, 차라리 작은 단체의 장이 되는 것이 낫겠다.

03 재수가 없는 사람은…

지금의 국무 총리에 해당되는 정승 황희는 검소하기로 유명했다.

황희

너무 검소하여 옷을 빨면 갈아입을 여벌이 없을 정도였다.

큰일이군. 어서 말라야 할 텐데….

오돌 오돌

그러한 사정을 잘 알고 있는 세종대왕께서는

내일 아침부터 저녁까지 남대문 안으로 들어오는 모든 물건을 황정승에게 갖다 주어라!

예~!

세종대왕

그러나 그 날은 하루종일 폭우가 몰아쳐서 남대문을 드나드는 장사꾼이 없었다.

뎅-

뎅-

뎅-

뎅-

| 계란유골 |

그러다 문을 닫으려 할 즈음
한 영감이 달걀 한 꾸러미를 들고 들어왔다.

휴
다행이다!!

이것밖에
사들이지
못했습니다.

이거면
충분하네.

…허허

황 정승이 아 달걀을 받아 삶아
먹으려고 하니, 달걀[鷄卵]이
모두 다 곯아[骨] 있어서[有]
한 알도 먹지 못하였다고 한다.

鷄卵有骨 계란유골

닭 계, 알 란, 있을 유, 뼈 골

속뜻 계란(鷄卵)이 모두 곯아[骨] 있음[有].

▶ 재수가 없는 사람은 모처럼 좋은 기회를 만나도 역시 일이 잘 안될 때 쓴다.

예문 계란유골이라더니, 오늘 따라 왜 이렇게 재수가 없지.

04 자신의 살을 오려내는…

위나라의 조조와 오나라의 주유가 전쟁을 앞두고 있었다.

조조의 배를 불살라야 하는데 무슨 좋은 수가 없을까?

주유

장군! 조조를 이길 수 있겠습니까?

!!!

황개

음...조조의 군사는 너무나 강하오!! 항복하는 게 좋을 것 같소!!

뭐?!

반역자를 매우 쳐랏!

조조님께 이 사실을 알려야지!

척썩

그러나 사실은 주유와 황개가 조조를 속이기 위해 벌인 연극이었다.

그 소식을 전해 들은 제갈량은

그렇지! 자신의 살[肉]을 오려내는 고통[苦]을 무릅쓰는 계책[策]을 쓰지 않고는 조조를 속일 수 없었겠지….

피식

제갈량

고육지계

얼마 후 황개는 심복 부하를 시켜 항복 편지를 조조에게 전했다.

첩자의 말과 일치하잖아?

그렇게 곤장을 맞았다는데. 의심할 여지가 없지….

조조

조조는 거짓 귀순한 황개를 대대적으로 환영했다.

어서 오시오. 얼마나 고생이 많으셨소.

황공할 따름입니다.

속았지롱

조조를 속인 황개는 몰래 배에다 불을 질렀다. 위나라 배는 모조리 불타버렸다. 그래서 큰 성공을 거두었던 것이다.

으악

불이야

苦肉之計 고육지계

괴로울 고, 고기 육, 어조사 지, 꾀할 계

속뜻 자신의 살[肉]을 오려내는 괴로움[苦]을 무릅쓰는 계책(計策).
▶ 자신의 희생까지도 무릅씀.

예문 고육지계를 썼기 때문에 적군을 이길 수 있었다.

05 지나침은 미치지 못함과···

공자에게는 자공이라는 호기심 많은 제자가 있었다.

아~ 살 거면 빨리 사요!!

생각 좀 해봅시다.

감자가 좋을까 호박이 좋을까? 이런···.

공자

스승님ㅡ!

스승님! 자장과 자하 그 두 제자 가운데 누가 더 낫습니까?

자장은 다소 지나친 점이 있고 자하는 다소 미치지 못하는 점이 있지.

그렇다면 자장이 자하보다 낫겠습니다.

과유불급

그렇지 않아! 자공아!
지나친[過] 것은 미치지[及] 못함[不]과 같다[猶]네!
뭐… 그럼 역시 넘치지도 모자라지도 않는 제가 제일이라는 말씀이시로군요.
하핫
중병이야…
요즘에는 너무 지나침을 경계하는 뜻으로 많이 쓰이지.
뭐든지 알맞은 것이 좋은 것 같아요.

過猶不及 과유불급

지날 과, 같을 유, 아닐 불, 미칠 급

속뜻 지나침[過]은 미치지[及] 못함[不]과 같음[猶].

▶ 적당한 중용(中庸)이 중요함.

예문 과유불급이라 했으니, 더 이상 하지 말고 이쯤에서 그만둡시다.

06 아홉 마리 소 가운데서…

한나라 때 한 장수가 흉노족에게 항복하여 잘 살고 있다는 말을 전해 들은 임금은 크게 노하여 장수의 일가족을 모두 죽여버리라고 명하였다.
이때 그 장수를 변호하고 나선 이가 사마천이다.

그는 나라를 위해서 거짓으로 항복하였을 따름이옵니다.

뭣!

사마천

반역자를 변호하는 것이냐!!

저놈을 옥에 가두어라! 그리고 궁형(宮刑)에 처하라!

궁형(宮刑)이란 남성의 생식기를 없애는 가장 수치스런 형벌이었다.

으악

그런 수치스러움을 참으면서도 살아가는 이유와 참담한 심정을 친구인 임안에게 쓴 편지에 이렇게 써놓았다.

구우일모

내가 법에 따라 사형을 받는다 해도
그것은 한낱 아홉[九] 마리의 소[牛] 중에서
터럭[毛] 하나[一] 없어지는 것 같은
하찮은 일이겠지만, 죽지 못하고 이렇게….

당시 사마천은 아버지의 유언에 따라 쓴
역사책 '사기'의 탈고를 눈앞에 두고 있었다.
그래서 그 책을 완성하기 전에는 죽고
싶어도 죽을 수도 없었다.
그로부터 2년 후 중국 최초의
역사책으로서 불후의 명저로 손꼽히는
『사기』130여 권이 완성되어
오늘에 전해지고 있다.

九牛一毛 구우일모

아홉 구, 소 우, 한 일, 털 모

뜻풀이 아홉[九] 마리의 소[牛] 가운데 박힌
하나[一]의 털[毛].

▶ 매우 많은 것 가운데 극히 적은 수를 이르는 말.

예문 구우일모에 불과할 만큼 극히 적은 것이지만 그렇다고 무시해선 안 된다.

07 함정에 빠진 사람에게 돌을…

당나라 때 문인이었던
유종원은 정치개혁에
적극 가담한 사람이다.

하지만 그의 개혁은
많은 반대로 성공하지 못하였다.

개혁!

개혁!

웃기지 마라!

꺼져!!

혼나 볼래?!

그 바람에 귀양살이를 하다
47세에 세상을 떠났다.

친구인 한유가
그의 죽음을 슬퍼하며…

선비는 자신이
어려움에 처했을 때
비로소 그의 지조를 알게 되노라!
그런데 함정[穽]에 빠진[落]
사람을 구해 주기는커녕,
오히려 돌[石]을 던지는[下]
사람도 있다니….

흑!흑!흑!
친구야!!!

엉엉

누가
저리 서글피
우는가?

날 애도하는
한유일세.

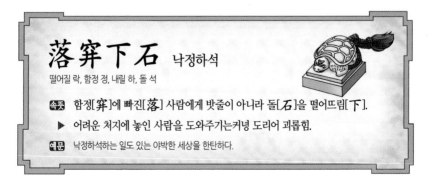

落穽下石 낙정하석

떨어질 락, 함정 정, 내릴 하, 돌 석

속뜻 함정[穽]에 빠진[落] 사람에게 밧줄이 아니라 돌[石]을 떨어뜨림[下].

▶ 어려운 처지에 놓인 사람을 도와주기는커녕 도리어 괴롭힘.

예문 낙정하석하는 일도 있는 야박한 세상을 한탄하다.

08 누구를 형이라 하고 누구를…

후한 말 때 진식이란
사람이 있었다.
그에게는 덕망이 높은
진기와 진심이라는
두 아들이 있었는데
그들에게는 각각
군과 충이라는 아들이
하나씩 있었다.

진군　진기　진식　진심　진충

뭣이라?! 네 아버지가
우리 아버지보다
훌륭하시다고?!

그야
당연한 거지!
말이라고 해!

진군　진충

그러면 우리
할아버지에게
물어보자.

할아버지!
우리 두 사람의
아버지 가운데
누가 더
훌륭해요?

당연히
우리 아버지지!

난형난제

둘 다 내 아들인데…
그 참! 곤란하네!
첫째 아들인 형[兄]이 낫다고
하기도 어렵고[難],
둘째 아들인 동생[弟]이라고
하기도 어렵고[難]! 어쩐담….

오늘날에는 양 쪽의
우열을 가리기가
어려울 때에
많이 쓰입니다.

難兄難弟 난형난제
어려울 난, 맏 형, 어려울 난, 아우 제

속뜻 형[兄]이 낫다고 하기도 어렵고[難],
　　　동생[弟]이 낫다고 하기도 어려움[難].

▶ 우열을 가리기 힘듦.

예문 난형난제가 요즘은 막상막하(莫上莫下)와 같은 뜻으로 많이 쓰인다.

09 애는 썼으나 고생한 보람이…

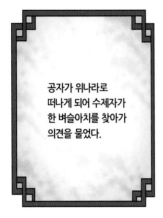

공자가 위나라로 떠나게 되어 수제자가 한 벼슬아치를 찾아가 의견을 물었다.

우리 선생님의 이번 여행길은 어떻겠습니까?

안타깝지만 당신 선생은 큰 고생을 하실 겁니다.

어째서 그렇습니까?

당신 선생은 전에도 여러 번 곤욕을 치렀지요. 송나라에서는 나무에 깔릴 뻔했고, 위나라에서는 쫓겨났습니다.

물길을 가려면 배를 타야하고 육지를 가기 위해서는 수레를 타야 합니다.

물길을 가야할 배를 육지에서 밀고 가려고 한다면 한 평생이 걸려도 얼마 가지 못하겠지요.

노이무공

당신 선생이 하려고 하는 정치는 이와 같습니다.

마치 배를 육지에서 미는 것과 같지요.

갖은 애[勞]를 다 쓰더라도[而] 공[功]을 이룰 수 없을[無] 뿐 아니라 도리어 화를 당할 것입니다.

그러니 안타깝지만 당신 선생은 곤란을 당할 것입니다.

勞而無功 노이무공

일할 로, 말이을 이, 없을 무, 공로 공.

속뜻 애[勞]는 많이 썼는데[而] 공(功)은 하나도 없음[無].

▶ 애는 썼으나 고생한 보람이 없음. 수고만 하고 아무런 공이 없음.

예문 그렇게 하면 노이무공이니 다른 방법을 생각해 보자.

10 많으면 많을수록…

한나라를 세운 유방은 천하를 통일한 후에도 마음이 늘 불안했다. 일등공신인 한신이 자신을 위협할 존재로 여겼기 때문이었다.

유방

한신

과인은 얼마나 많은 군대를 다룰 수 있을 것 같소?

아뢰기 황송하오나 폐하께서는 10만쯤 거느릴 수 있을 것 같습니다.

그래? 그렇다면 그대는?

겨우 10만?!

저는 많으면[多] 많을[多]수록 더욱[益] 좋습니다[善].

감히 날 무시해?

다다익선

많을수록 좋다는 그대가 왜 10만의 장수감밖에 안 되는 나의 부하가 되었는가?

피식

하오나 폐하! 그것은 별개 문제 이옵니다.

폐하께서는 병사의 장수가 아니오라 장수의 장수이시옵니다.

그렇지! 그렇지!

多多益善 다다익선

많을 다, 많을 다, 더할 익, 좋을 선

뜻 많으면[多] 많을수록[多] 더욱[益] 좋음[善].

예문 용돈을 얼마나 줄까? 다다익선 입니다.

11 일 처리가 매우 공정하고…

춘추시대 진나라 평공이 기황양에게 물었다.

남양현에 원님 자리가 비어 있는데 누구를 보내는 것이 좋겠는가?

해호를 보내면 반드시 훌륭하게 해낼 것입니다.

평공

기황양

아니 해호라면 자네 원수 아닌가? 어째서 해호를 추천하는 것인가?

공께서는 누가 적임자인지 물으셨지, 해호가 저와 원수지간인지를 물으신 것은 아니지 않습니까?

이렇게 하여 원님이 된 해호는 일을 잘 하였다.

이번 원님이 최고야!

그러게나 말이네!

얼마 후 평공이 다시 물었다.

지금 조정에 법관이 필요한데 누가 적당하겠소?

기오가 적임자일 듯 합니다.

316

기오는 그대의 아들이 아니오! 어찌 아들을 추천한단 말이요?

공께서는 적당한 사람을 물으신 것이지, 기오가 제 아들인지를 물은 것은 아닙니다.

결국 기오는 일을 매우 [大] 공평[公]하고 사사로움[私]이 없게[無] 처리함으로써 많은 사람들의 칭송을 한 몸에 받았다고 한다.

기오

大公無私 대공무사

큰 대, 공평 공, 없을 무, 사사로울 사

속뜻 매우[大] 공평[公]하고 사사로움[私]이 없음[無].

▶ 일 처리가 매우 공정하고 공평함. 사리사욕을 취하지 아니함.

예문 대공무사한 공무원으로 남들의 추앙을 받았다.

12 마음을 같이 하고…

상나라의 주왕은 포악무도한 정치로
여러 제후와 백성들의 원성을 불러 일으켰다.
주나라 문왕의 아들인 희발은 군사를 일으켜
주왕을 정벌하려고 하였다.

주나라 무왕은 군대를 이끌고 맹진이라는 곳을 통해 황하를 건너
상나라의 서울인 조가로 진격해 들어갔다

황하

朝歌

孟津

희발은 병사들에게 말했다.

저 잔학한 주왕은
수많은 무리를
거느리고 있으나

인심을 잃어
백성에게
욕을 먹고 있소!

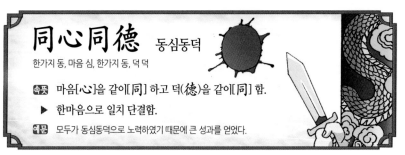

13 뜻한 바를 이루어 우쭐거리니…

춘추시대
제나라의 재상에게는
한 마부가 있었다.

일찍 들어
오세요.

다녀
오리다.

재상의 마부면
나도 꽤 성공한
인생이지. 암!

#득의양양

다녀
왔소.

기다리고 있었어요.
우리 그만 헤어져요.

아니 갑자기
그게 무슨
소리요?

당신은 마치
뜻한[意] 바를 모두 다
이룬[得]양 우쭐거리며
뽐내[揚揚]고
있습니다.

재상께서도 겸손하신데
마부인 당신은 뭡니까?

그런 사람과 함께 살아서 무슨 희망이 있겠습니까!

여보~

당신 말이 맞소. 앞으론 당신에게 부끄럽지 않도록 겸손하게 살겠소.

자기야~ 앞으로 안 그럴께

그런 일이 있고 난 뒤 마부는 늘 겸손한 태도를 지니게 되었습니다.

마부로 두기에 아까운 인품이야!!

재상은 훗날 그에게 큰 벼슬을 주었습니다.

당신 덕분이오.

당신이 더 훌륭합니다.

得意揚揚 득의양양

얻을 득, 뜻 의, 오를 양, 오를 양

속뜻 뜻[意]한 바를 이루어[得] 우쭐거리며 뽐냄[揚揚].

▶ 만족스런 듯 매우 기뻐함.

예문 복권에 당첨되어 득의양양해 하는 그를 사람들이 손가락질했다.

14 귀중한 것을 손에 넣기 위해…

춘추시대 어떤 왕이 천리마를 구하려고 온갖 노력을 기울이고 있었다.

아.. 천리마여….

전하! 제가 천리마를 구해 드리겠습니다.

오! 그래 주겠소?

며칠 후

전하! 천리마를 구해왔습니다.

그래?!

아니… 죽은 말이지 않소!!

어찌된 일이오? 천리마가 오는 도중에 죽은 것이오?

아닙니다. 처음부터 죽은[死] 말[馬]의 뼈[骨]를 샀습니다[買].

뭣이??

매사마골

전하! 천리마는 귀한 말이라 주인들이 쉽사리 팔려하지 않습니다.

그런데 대왕께서 죽은 천리마까지 거금을 줬다는 소문이 난다면, 앞을 다투어 살아있는 천리마를 갖고 달려 올 것입니다.

이 소문이 전해지자 과연 천리마를 가진 사람들이 하나 둘씩 나타났고 왕은 많은 천리마를 쉽게 손에 넣을 수 있었다.

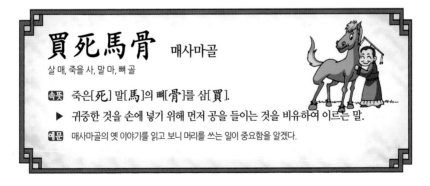

買死馬骨 매사마골
살 매, 죽을 사, 말 마, 뼈 골

속뜻 죽은[死] 말[馬]의 뼈[骨]를 삼[買].

▶ 귀중한 것을 손에 넣기 위해 먼저 공을 들이는 것을 비유하여 이르는 말.

예문 매사마골의 옛 이야기를 읽고 보니 머리를 쓰는 일이 중요함을 알겠다.

15 하나를 들으면 열을…

공자에게는 수제자 자공과 안회가 있었다.
안회는 총명했고 자공은 수완이 좋았다.

자공이 자만할까 걱정이 된 공자는 어느 날

부르셨습니까?
스승님.

오, 왔느냐?
자공!

오늘은 내가 너에게
물어볼 게 있느니라.

앗
시
험
인
가?!

네?

슬슬

자네와 안회 중
누가 더 낫다고
생각하는고?

안회

저를 어찌 안회와 비교할 수
있겠습니까?
안회는 하나[一]를 들으면[聞]
열[十]을 아는[知]
사람입니다만 저는 하나 들으면
겨우 둘을 알 뿐입니다.

울적

문일지십

공자는
자공의 겸손함에
크게 만족했다고
한다.

허허허….

'문일지십'은
이렇게 총명하고
이해력 높은 사람을
가리킬 때 쓰는 말이다.

聞一知十 문일지십

들을 문, 한 일, 알 지, 열 십

속뜻 하나[一]를 들으면[聞] 열[十]을 알다[知]

▶ 지극히 총명함.

예문 그는 문일지십할 만큼 매우 총명한 사람이다.

16 대문 앞에 시장이…

전한시대 애제란 왕은 방탕하여 나랏일을 돌보지 않았다. 충신 정숭은 왕에게 말하였다.

폐하―! 어이하여 나라는 돌보지 아니하시옵니까?!

부디 통촉하여 주시옵소서! 폐하!

정숭

그러나 정숭을 미워한 조창은

이번 기회에 저놈을 모함하여 없애버려야 겠다!

폐하! 아뢰옵기 황공하오나 정숭 집의 문[門] 앞[前]에 시장[市]이 생길[成] 정도로 사람들이 많이 몰려든다고 합니다. 아무래도 수상합니다!

소근소근

멋?!

딱 걸렸어!

정숭―! 듣자니 그대의 집에 매일 사람들이 들락거린다는데 사실이오?

예에?

폐하! 그렇지 않사옵니다! 통촉하여 주시옵소서!

문전성시

듣기 싫소!
여봐라ㅡ!
어서 저놈을
감옥에
가두어라!

억울하옵니다!
폐하!

그리하여 정승은
결국 옥에서
세상을 떠나고 말았다.

오늘날에는
찾아오는 이가
매우 많음을
이릅니다.

門前成市　문전성시

대문 문, 앞 전, 이룰 성, 시장 시

속뜻 대문[門] 앞[前]에 시장[市]이 생길[成] 정도로 사람이 붐빔.

▶ 찾아오는 사람이 많음.

예문 구경 오는 사람들로 하루 종일 문전성시를 이루었다.

17 다리 밑에서 애인을 기다리다가…

춘추시대 노나라에 미생이란 사람이 있었다. 그는 어떤 일이 있더라도 약속을 어기는 법이 없는 사나이였다.

편지요-!

미생씨!
오늘 오후 2시에
시냇가 다리 아래
에서 만나용~!

오! 순이 편지구나!

미생

미생은 정시에 약속 장소에 도착했다.

하필이면 다리 밑이라니 순이씨도 참...

두근 두근

어? 빗방울이 떨어지기 시작하네.

쏴-아!

순이씨네

비가 많이 와서 미생씨 만나러 가긴 틀렸는걸.

결국은 미생은 약속을 지키려다 물에 빠져 죽고 말았습니다.
전국시대 말 잘하기로 소문난 소진은 연나라 소왕을 설득할 때 신의(信義)를 가장 잘 지키는
사나이의 본보기로 미생(尾生)의 이야기를 예로 들었다고 합니다.

尾生之信 미생지신

꼬리 미, 날 생, 어조사 지, 믿을 신

속뜻 미생(尾生)의 굳은 신의(信義).

▶ 약속을 굳게 지킴. 또는 고지식하여 융통성이
전혀 없음을 비유하여 이르는 말.

예문 미생지신의 옛 이야기를 방불케 할 정도로 고지식한 사람!

18 백년을 기다린다 해도…

춘추시대 정나라는 초나라의 속국을 공격했다가 강대한 초나라의 보복 공격을 받을 지경에 처해 있었다.

와아아아아아~

임금은 대신들을 불러 들여 대책을 논의하게 하였다.

초나라와 맞서 싸우면 이길 수가 없으니 항복해야 합니다.

아닙니다. 이웃에 있는 진나라의 도움을 받아야 합니다.

두 의견이 팽팽히 맞서자 대부인 자사가 말했다.

전하, "일백[百]년[年]이 지난들 황하[河]의 물이 맑아지리오[淸]"라는 말이 있습니다.

지금 진나라의 도움을
얻는 것은 이와 같습니다.
가망이 없사옵니다.
일단 초나라와 화친을 맺는
것이 상책일 것 같습니다.

정나라는 그 신하의 말대로 초나라와
화친을 맺어 큰 위기를 모면하였다.

와 와 와

百年河淸 백년하청

일백 백, 해 년, 황하 하, 맑을 청

속뜻 백(百) 년(年)이 지난들 황하[河]의 물이 맑아[淸] 지리오.

▶ 아무리 오랜 시일이 지나도 어떤 일이
이루어지기 어려움을 비유하여 이르는 말.

예문 그렇게 되기란 백년하청입니다. 전혀 가망이 없습니다.

19 세상 물정에 어두운…

남북조시대 송나라에 심경지라는 사람이 있었다.
그는 불과 10세의 나이로 반란군과 싸워 승리하였고
40세 때엔 장군이 되었다.

어느 날 왕은 신하들을 불러
북위를 치기 위한 논의를 하고
있었다.

몰래
끼어야지!

짐이 생각하기에 지금이
북위를 공격할 절호의
기회 같은데 그대들의 뜻은
어떠한가?

난 지금까지
책만 읽었는데….

난 칼 한번
잡아 본 일이
없다오.

픽!

뭣

흠…

백면서생

폐하! 밭갈이는 농부에게 맡기고 바느질은 아낙에게 맡겨야 하옵니다. 어찌 전투에 관한 일을 세상물정에 어두운 백면서생(白面書生)들과 논의하려 하시나이까?

그러나 왕은 심경지의 말을 무시하고 백면서생들의 의견을 받아들여 전쟁을 일으켰다가 크게 패하고 말았다.

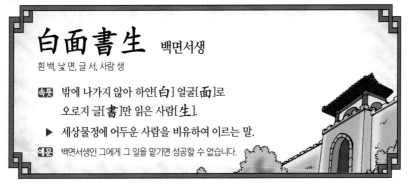

白面書生 백면서생

흰 백, 낯 면, 글 서, 사람 생

속뜻 밖에 나가지 않아 하얀[白] 얼굴[面]로 오로지 글[書]만 읽은 사람[生].

▶ 세상물정에 어두운 사람을 비유하여 이르는 말.

예문 백면서생인 그에게 그 일을 맡기면 성공할 수 없습니다.

20 백 번을 쏘면 백 번 다…

초나라에 양유기라는 활을 잘 쏘는 사람이 있었다.

흠…, 가소로운 것들!

보아하니 활솜씨가 있는 것 같은데 백 보쯤 떨어져 쏘아봄이 어떤가?

대단하군!

누구시오?

저기 버드나무 잎 정도면 되겠네.

백발백중

양유기는 백[百] 번을 쏘아[發] 백[百] 번을 다 맞췄대[中].

다 맞혔당!

우~아!

신궁이야!

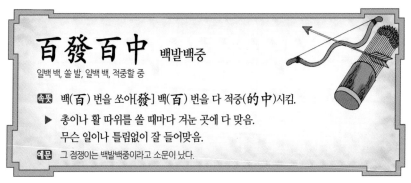

百發百中 백발백중
일백 백, 쏠 발, 일백 백, 적중할 중

속뜻 백(百) 번을 쏘아[發] 백(百) 번을 다 적중(的中)시킴.

▶ 총이나 활 따위를 쏠 때마다 겨눈 곳에 다 맞음.
무슨 일이나 틀림없이 잘 들어맞음.

예문 그 점쟁이는 백발백중이라고 소문이 났다.

21 백 번 싸우면 백 번 이기는…

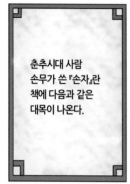

춘추시대 사람 손무가 쓴 『손자』란 책에 다음과 같은 대목이 나온다.

승리는 두 가지, 적과 싸워서 얻는 승리와 싸우지 않고 얻는 승리가 있다.

백(百) 번 싸워[戰] 백(百) 번 이겼다[勝] 해도 그것은 최상의 승리가 아니다. 싸우지 않고 상대를 굴복시키는 것이 최상의 승리이다!

오오옷!

그런 병법이 있습니까?

최선책은 적이 꾀하는 바를 알아내어 미리 막아 꼼짝 못하게 하는 것이다.

그 다음은 적의 동맹 관계를 끊어 고립시키는 것이고

| 백전백승 |

세 번째는 적과 싸우는 것이며

성을 함락시켜라!

최하책은 모든 수단을 다 동원하여 성을 공격하는 것이다.

와 아 아

싸울 때마다 이기는 것을 '백전백승'이라 한다. 그러나 아무나 할 수 있는 것은 아니다.

百戰百勝 백전백승
일백 백, 싸울 전, 일백 백, 이길 승

속뜻 백(百) 번 싸워[戰] 백(百) 번을 다 이김[勝].

▶ 싸울 때마다 이김.

예문 백전백승의 무적함대가 바다를 누비다.

22 원수는 덕으로 갚아야…

도가사상의 창시자인
중국의 노자는
다음과 같이 말하였다.

큰 것은
작은 것에서 생겨나고
많은 것은
적은 것에서 일어난다.
원수[怨]는
은덕[德]으로[以]
갚아라[報]!

돈을 좀
빌려주게.
내 꼭 갚으리다.

싫소.

그땐 미안했네.
좀 도와주게…

지난날의
원한은 잊고
같이 잘
살아보세!!

보원이덕

원한을 원한으로 갚는 일은
누구나 할 수 있다.

그러나 원한을
덕으로 갚는 것은
보통 사람에게는
쉽지 않은 것이다.

어려운 일도
시작은 간단한 것이니
마음먹기 따라서는
얼마든지 쉬울 수 있다는 게
노자의 생각이다.

報怨以德 보원이덕

갚을 보, 원수 원, 써 이, 은덕 덕

속뜻 원수[怨]를 은덕[德]으로[以] 갚음[報].

▶ 원한을 덕으로 갚음.

예문 보원이덕의 본보기를 보여 많은 칭찬을 받았다.

23 대단한 인재를 알아보지…

나무공예의 장인인 노반에게는 '태산'이라는 제자가 있었다.

새로 들어온 놈이 내 맘에 쏙 드는군.

얼마 뒤

태산이는 틈만 나면 대나무 숲으로 갑니다. 벌써 배우려는 의욕이 떨어진 듯합니다.

내가 진정 태산이를 잘못 보았단 말인가?

5년이 지나고…

너희들의 실력을 보기 위해 탁자 만드는 시험을 치르겠다.

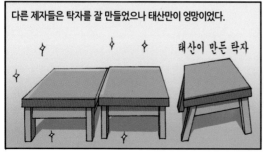

다른 제자들은 탁자를 잘 만들었으나 태산만이 엉망이었다.

태산이 만든 탁자

탁자도 제대로 못 만들다니! 당장 나가거라!

불식태산

5년 후...

이 좋은 대나무 가구를 만든 사람이 누구요?

노반님의 제자라던데 모르시나?

후에 태산은 대나무 공예의 창시자가 되었다.

스승님, 저 태산이옵니다. 그동안 대나무 숲에서 기술을 연마했사옵니다.

태산...!!

내가 태산(泰山)을 제대로 알아보지[識] 못하였구나[不]!

심히 부끄럽도다!

不識泰山 불식태산

아닐 불, 알 식, 클 태, 뫼 산

속뜻 태산(泰山)을 제대로 알아보기[識] 못함[不].

▶ 인재를 알아보지 못함을 비유하여 이르는 말.

예문 불식태산이라더니 그런 훌륭한 인물을 몰라 보았다.

24 스스로를 몸을 죽여서…

공자께서 제자들에게 말씀하셨다.

높은 뜻을 지닌 선비와 어진 사람은 삶을 구하기 위하여 인을 저버리지 않고 스스로 몸[身]을 죽여서[殺] 어진 일[仁]을 이룬다[成].

인을 이루려면 어찌해야 합니까?

좋은 질문이다.

살신성인

장인이 일을 하려면 먼저 연장을 잘 갈아야 하듯이,

인을 이룩하려면 훌륭한 스승과 좋은 벗을 사귀어야 하느니라!

현대에는 살신성인이 옳은 일을 위해 자신을 희생하는 사람을 일컫는 것으로 많이 쓰인다.

殺身成仁 살신성인

죽일 살, 몸 신, 이룰 성, 어질 인

속뜻 스스로 몸[身]을 죽여[殺] 어진 일[仁]을 이룸[成].

▶ 다른 사람 또는 대의를 위해 목숨을 버림.
　또는 큰 일을 위해 자기 희생을 감수함.

예문 그의 살신성인이 많은 사람들을 감동시켰다.

25 세 사람이 짜면 길거리에…

위나라 혜왕의 신임을 받던 신하 방총은 다른 나라로 떠나게 되자 왕의 사랑을 잃을까 걱정이었다.

전하! 지금 누가 저잣거리에 호랑이가 나타났다고 한다면 믿으시겠나이까?

누가 그런 말을 믿겠소!

혜 왕

방 총

하오면 두 사람이 함께 아뢴다면 그때도 믿지 않으시겠나이까?

역시 믿지 않을 것이오.

만약 세 사람이 똑같이 아뢴다면 그때도 믿지 않으시겠나이까?

그땐 믿을 것이오.

전하! 이처럼 세[三] 사람[人]이 똑같이 짜면 저잣거리에 호랑이[虎]가 나타났다는 거짓도 꾸밀 수 있습니다[成].

삼인성호

신이 이곳을 떠난다면 저에 대해서 모함하는 자가 한두 명이 아닐 것이옵니다.

전하! 바라옵건대 그들의 헛된 말을 귀담아 듣지 마시옵소서!

알겠으니 걱정 놓으시오!

하지만 그가 떠나자 많은 사람들이 그를 모함했고, 결국 그는 다시는 돌아 올 수 없었다고 한다.

전하가 날 버렸어...

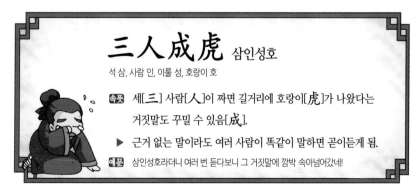

三人成虎 삼인성호

석 삼, 사람 인, 이룰 성, 호랑이 호

속뜻 세[三] 사람[人]이 짜면 길거리에 호랑이[虎]가 나왔다는 거짓말도 꾸밀 수 있음[成].

▶ 근거 없는 말이라도 여러 사람이 똑같이 말하면 곧이듣게 됨.

예문 삼인성호라더니 여러 번 듣다보니 그 거짓말에 깜박 속아넘어갔네!

26 한 번 화살에 맞은 새는…

전국시대 위가는 초나라에 사신으로 가게 되었다.

초나라 승상과 군사문제를 협의해 주시오.

예! 폐하!

귀하의 나라에는 쓸 만한 장군이 있습니까?

물론이오.

임무군이란 사람이 총지휘관을 맡을 예정입니다.

그 만한 장수가 없지요

뭐? 그 장수는 진나라와의 전투에서 패배한 사람인데….

제가 활쏘기에 비유해서 한 말씀 드리지요.

?

옛날에 활을 잘 쏘기로 유명한 사람이 있었지요.

제가 화살을 매지 않고 날아가는 새 한 마리를 떨어 뜨리겠습니다.

피룩 피룩

장난 하냐?!

상궁지조

떨어진 놈은 예전에 제가 쏜 화살[弓]에 다친[傷] 적이 있는 기러기[鳥]라서 제가 시위만 당겼는데도 놀라 떨어진 것입니다.

그러니 예전에 진나라와의 전투에서 패배한 임무군을 총사령관에 명하는 것은 적절하지 않습니다.

傷弓之鳥 상궁지조

상할 상, 활 궁, 어조사 지, 새 조

속뜻 한 번 화살[弓]에 맞아 다친[傷] 적이 있는 새[鳥]는 구부러진 나무만 보아도 놀람.

▶ 한 번 혼이 난 일로 늘 의심과 두려운 마음을 품는 것을 이르는 말.

예문 상궁지조란 성어를 보면 '자라보고 놀란 가슴 솥뚜껑보고 놀란다'는 속담이 생각난다.

27 숨겨져 있던 진상이 훤히…

북송 때 신종 임금은
흐트러진 나라의 기강을
바로잡을 생각으로
왕안석을 등용하여
과감한 개혁 정책을 폈다.

왕안석
신종

이에 반대를 한 사람은
구양수와 소동파였다.
소동파는 왕안석에
대항하여 보았지만
역부족이었다.

소동파
구양수

결국 그는 억울한 누명을 쓰고 귀양을 가고 말았다.

| 수락석출 |

그는 그곳에서 시름을 달랠 겸 해서 틈만 나면 주위의 경치 좋은 곳을 찾아다니고 시를 지었다.

산은 높고 달은 기울었으며
물[水]이 빠지니[落]
돌[石]이 드러나는[出] 구나!

물이 빠지면 감추어져 있던 돌이 드러나듯, 가려진 진상이 드러나 자신의 억울함을 밝혀주길 바라는 소동파의 마음이 담겨 있다.

水落石出 수락석출

물 수, 떨어질 락, 돌 석, 날 출

속뜻 물[水]이 빠지니[落] 바닥의 돌[石]이 드러남[出].

▶ 숨겨져 있던 진상이 훤히 밝혀짐.

예문 사건의 진상이 밝혀졌으니, 수락석출이란 옛말이 증명이 된 셈이다.

28 아주 친밀하여 떨어질 수 없는…

삼국지의 이야기이다.
유비는 지혜로운
제갈량을 얻은 후
전적으로
그를 신임했다.

나와 제갈량은 마치
물[水]과 물고기[魚]의
관계와 같은 사이[交]라네.
앞으로는 불평들
마시게.

그렇군요.

알겠수다.

이처럼 아주
친밀한 관계를 일컬어
수어지교라고 한다.

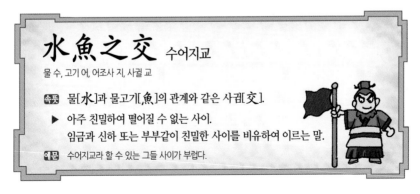

水魚之交 수어지교

물 수, 고기 어, 어조사 지, 사귈 교

속뜻 물[水]과 물고기[魚]의 관계와 같은 사귐[交].

▶ 아주 친밀하여 떨어질 수 없는 사이.
임금과 신하 또는 부부같이 친밀한 사이를 비유하여 이르는 말.

예문 수어지교라 할 수 있는 그들 사이가 부럽다.

29 적절한 때를 잃어서는…

주나라 문왕이 병세가 깊어지자 아들 희발을 불렀다.

아들아 부디 그 잔악하고 나쁜 상나라 주왕을 정벌하여야 한다.

걱정 마십시오.

문왕

희발

그럼… 부탁한다!

아버지ー!!

꿀꺽

아버지가 돌아가시자 희발은 나쁜 상나라 주왕을 정벌하기 위하여 군사들을 모아놓고 다음과 같이 말하였다.

나는 돌아가신 문왕의 명을 받았다!

하느님에게 제사를 지내고 땅에도 제사를 지냈도다!

그대들과 함께 하늘의 명에 따라 주왕을 멸하려 한다.

시불가실

때는 한번 가면
다시 돌아오지 않소!!

때[時]가 되었으니
잃어서는 [失]
아니[不] 되오[可]!!

희발은 주왕을 물리치고 중국 땅을 다스리게 되었으니 그가 바로 주나라 무왕이다.

와 와-아

時不可失 시불가실

때 시, 아닐 불, 가히 가, 잃을 실

속뜻 적절한 때[時]를 잃어서는[失] 아니[不] 됨[可].

▶ 때를 놓쳐서는 안 됨.

예문 시불가실이라 했다. 이번 기회를 꼭 살려야 한다.

30 서투른 지식 때문에 도리어…

유비가 제갈량을 얻기 전에는
서서가 유비를 잘 보필하였다.

유비

서서

총명한 서서 때문에
조조가 난처해지는
일이 많았다.

음… 서서 놈을
없애버릴 묘책이
없을까…?

그렇지!
서서의 어머니에게
편지를 쓰라고
해야겠다.

서서만 없으면
유비는 내 밥이지…

서서에게 집으로
돌아오라는 편지를
써주시오.

그러나 그의 어머니는 학식이 높고 명필인 데다가
의리가 있는 사람이었다.

어미 걱정하지 말고
유비님만 잘 섬기거라

후후…
그럴 줄 알았지!

흥!

식자우환

이 필체를 본떠 가짜 편지를 만들어라!!

예!

서서야!! 돌아와서 이 어미와 함께 살자꾸나...

어머니... ᄋᄋ.

서 서

조조가 보낸 가짜 편지에 속아 서서는 어머니에게 돌아오고 말았다.

아니 서서야 유비님은 어쩌고 여긴 웬일이냐?

옛?!

내가 글자[字]를 안다[識]는 것부터가 걱정[憂患]을 낳게 한 근본 원인이었구나!

그때서야 그 편지가 가짜임을 안 어머니는 크게 탄식하였다.

識字憂患 식자우환

알 식, 글자 자, 근심 우, 근심 환

속뜻 글자[字]를 안다[識]는 것이 오히려 걱정[憂患]을 낳게 한 근본 원인이 됨.

▶ 학식이 있는 것이 오히려 근심을 얻게 함.

예문 식자우환이란 성어를 보면 "아는 것이 병"이란 말이 생각난다.

31 사실을 바탕으로 진리를…

한나라 때 경제란
임금에게는 유덕이라는
아들이 있었다.

그는 학문 탐구를 즐기고
책을 수집하여 정리하기를
좋아하였다.
그는 옛날 책이라면
아무리 비싼 값이라도
무조건 사들였다.

유덕이 학문을
좋아하고 옛날 책
수집이라면 돈을
아끼지 않는다는
이야기를 전해 들은
백성들은 앞다투어
그에게 책을 바쳤다.

이렇게 학문연구에
힘쓴 유덕을
당시 여러 학자들이
존경하여 다음과 같이
말했다고 한다.

그는 실제[實]의 사실[事]로부터
옳은[是] 결론을 얻어낸다[求].

實事求是 실사구시

실제 실, 일 사, 구할 구, 옳을 시

속뜻 실제[實]의 사실[事]로부터 옳은[是] 결론을 찾아냄[求].

▶ 사실을 바탕으로 진리를 탐구하는 일.
확실한 고증을 바탕으로 하는
과학적 · 객관적 학문 태도.

예문 실사구시 정신으로 학문을 탐구하다.

32 몸에 좋은 약은 입에…

유방이 진나라를 꺾고
수도 함양에 입성했을
때의 일이다.
호화찬란한 궁중에는
온갖 재물이 가득했고
아름다운 궁녀들이 많았다.
유방은 그곳이 마음에
들었다.

과연
이곳이야말로
천국이로구나!!

멋지당!!

이곳을
떠나지 않고
계속 머물리라!

잠깐만!!

짠~!

아직 천하는
통일 되지 않았습니다.
안전한 곳을 찾아
진을 치도록
하옵소서!

장군! 잠시만
이곳에서 좀 더
쉬고 싶소!

양약고구

유방오빠 더 놀아요!

오! 그래 그래~

아니 되오!!

절대 아니 됩니다!

너까지!!

진나라가 망한 이유는 포악한 폭정을 했기 때문입니다. 그런데 전하께서 이러시면 그와 무엇이 다르겠습니까?

원래 충성스러운 말은 귀에 거슬리나 행실에 이롭고 몸에 좋은 [良] 약[藥]은 입[口]에 쓰나[苦] 병에 이롭다 하였나이다.

良藥苦口 양약고구
좋을 량, 약 약, 쓸 고, 입 구

속뜻 몸에 좋은[良] 약(藥)은 입[口]에는 씀[苦].

▶ 충성스런 말은 귀에 거슬리나 이로움이 있음.

예문 양약고구란 말이 있듯이 그 말이 당장은 귀에 거슬리지만 앞으로 큰 도움이 될 것이다.

33 엉뚱한 딴 사람이 이득을…

전국시대,
조나라가 연나라를
침략하려 하자
연나라 왕은 소대라는
신하를 보내
협상해 보라고 하였다.

전하, 소인이
해변에서 이런
광경을 보았습니다.

뭔가?

소대

아 항!
햇살도
따스하여라!

거기엔 무명조개가 입을 벌리고 햇빛을 쬐고 있었지요.

콕!

앗!

털!

에 잇!

빨리 입을 벌리지
않으면 너는
말라 죽을걸!

흥! 너야말로
도망가지 않으면
굶어 죽고 말걸?

어서 놔!

흥!

360

漁父之利 어부지리

어부 어, 아버지 부, 어조사 지, 이로울 리

속뜻 도요새와 무명조개가 싸우는 틈에
고기잡이[漁父]가 이득[利]을 봄.

▶ 두 사람이 이해관계로 다투는 사이에
엉뚱한 딴 사람이 이득을 봄.

예문 둘이 싸우는 바람에 어부지리를 얻었다.

34 산수 자연을 즐기고…

공자님이 〈논어〉에서 말씀하셨다.

어진[仁] 사람[者]은 산(山)을 좋아하고[樂],

지혜로운[知] 사람[者]은 물[水]을 좋아한다[樂].

이처럼
지혜로운 사람과
어진 사람을 표현했던
요산요수가 오늘날에는
산수자연을 즐기고 좋아함을
비유하는 말로
사용한다.

樂山樂水 요산요수

좋아할 요, 뫼 산, 좋아할 요, 물 수

속뜻 산(山)을 좋아하고[樂] 물[水]을 좋아함[樂].

▶ 산수 자연을 즐기고 좋아함.

예문 산과 들로 놀러 갈 때면 으레 요산요수란 말이 생각난다.

35 평생의 짝을 찾아준다는…

당나라 때에 위고라는
노총각이 있었다.

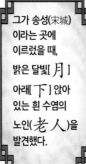

그가 송성(宋城)
이라는 곳에
이르렀을 때,
밝은 달빛[月]
아래[下] 앉아
있는 흰 수염의
노인(老人)을
발견했다.

팔락
팔락

월하노인

어…?

할아버지!
무엇을 하고
계신지요?

달빛에
글이 보이
신니까?

이승에서의
혼인에 대해
조사하는 중
이라네.

이 붉은 줄은
부부를 맺어주는
것이네.

이것으로 남녀를 매어 놓으면
원수지간도 부부가 된다네.

자네의 배필은
송성 땅의 북쪽에
살고 있구만!

예-예?!

잘 가게나!

설마 그럴리가 …?

난 늙었다구요

지금도

14년 뒤 그는 태수의 딸과 결혼하였다.

그게 정말이요?

사실 저는 태수님의 양딸로 송성 땅의 북쪽에서 자랐습니다.

그때 만난 월하노인의 말이 맞네!

거참 희한할세!

그는 그 노인의 말이 맞는 걸 알고 크게 놀라 부인과 더 잘살았다고 한다.

月下老人 월하노인

달 월, 아래 하, 늙을 로, 사람 인

속뜻 밝은 달빛[月] 아래[下] 앉아 있던 흰 수염의 노인(老人).

▶ 부부의 인연을 맺어 준다는 전설상의 늙은이. '중매인'을 비유하여 이르는 말이다.

예문 월하노인 역할을 해준 그 중매인을 깍듯이 대접하였다.

36 미리 대비가 되어 있으면…

춘추시대 때 큰 위기에 처한 정나라는 진나라의 도움을 받았다. 이에 정나라는 감사의 표시로 많은 보물과 미녀들을 바쳤다.

그동안 많은 공을 세운 위강에게 이것을 나누어 줘야겠군!!

반은 너무 많은가?

전하의 선물입니다.

!

난 그 선물을 받을 수 없으니 가져 가시오! 그리고 전하께 이 말을 전하시오!

| 유비무환 |

이 말을 전해들은 진나라 국왕은 크게 깨달은 바 있어 보물과 미녀들을 모두 정나라로 돌려보냈다고 한다.

평안할 때에도 위태로움을 생각하라고 하였습니다! 미리미리 생각하면 대비가 있게 되고 대비[備]가 되어 있으면[有] 근심거리[患]가 생기지 아니할 것입니다[無].

가자 가자 가자

그래 마음이 해이해지면 안 되지! 암~.

有備無患 유비무환

있을 유, 갖출 비, 없을 무, 근심 환

속뜻 미리 대비[備]가 되어 있으면[有] 근심거리[患]가 없게[無] 됨.

▶ 사전에 미리 대비하는 것이 최상책임.

예문 유비무환이라 했듯이 미리미리 대비하는 것이 상책이다.

37 남모르게 덕을 베풀면…

초나라 장왕이 어느 날
여러 신하들에게 잔치를
베풀고 있었다.
갑자기 부는 바람에
등불이 모두 꺼져버렸는데….

그 때 술에 취한 신하 한 명이 왕에게
큰 실수를 하여 바들바들 떨었다.

전하가 나를
죽이면 어쩌지?

술자리에서 실수를
한 것인데 그것 가지고
벌을 줄 수 있겠는가!

장왕

잔치를 계속하라!

장왕은 그 신하를
벌하지 않고
그냥 술잔치를
계속하였다.

예!!

음덕양보

2년 후에 큰 전쟁이 벌어졌는데
한 신하가 자신의 목숨을 돌보지 않고
공을 세웠다.

그대는 어찌하여
죽음을 무릅쓰고
싸웠는가?

신은 예전에 술에 취해 실수했던 장본인입니다.
그때 왕께서 신의 실수를 덮어주신 고마움을
세상이 다 알게 보답하고 싶었던 것입니다.

남모르게[陰]
덕을 베풀면[德] 반드시
크게 드러나는[陽]
보답[報]이 주어진다.

陰德陽報 음덕양보

그늘 음, 은덕 덕, 양지 양, 보답할 보

속뜻 남모르게[陰] 은덕[德]을 베풀면
크게 드러나는[陽] 보답[報]이 주어짐.

▶ 남모르게 덕을 쌓은 사람은 후에 보답을 받게 됨.

예문 음덕양보의 결과를 바라고 한 일은 아니었다.

38 약속을 실행하여 믿음을…

진나라에 상상이란 유명한 정치인이 있었다.

내가 바로 상상 이로소이다!!

한번은 이런 일이 있었다.

법률을 만들었는데 백성들이 내 말을 믿어 줄지가 걱정이군.

까딱
까딱

내가 약속을 얼마나 잘 지키는 사람인지 보여 주면 되겠군.

간단한 걸…

탁

이 나무를 북문으로 옮겨 놓는 사람에게는 열 냥을 주리라.
— 상상

웅성
웅성

애개개? 겨우 열 냥?

설마 정말 주겠어?

별 것도 아닌 일이잖아

액수가 적으니 의심들을 하는군 그렇다면….

┃ 이목지신 ┃

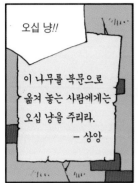

移木之信 이목지신

옮길 이, 나무 목, 어조사 지, 믿을 신

속뜻 나무[木]를 옮기는[移] 간단한 것으로
백성들을 믿게 함[信].
▶ 남을 속이지 아니한 것을 밝힘. 약속을 실행하여 믿음을 얻음.

예문 이목지신의 이야기를 통하여 믿음을 얻는 일이 매우 소중함을 알 수 있다.

39 마음에서 마음으로…

어느 날 석가가 제자들을 영산으로 모이게 하였다.

빙긋

석가는 제자들 앞에서 연꽃을 비틀어 보았다.

스윽

이보게, 자네들 저게 무슨 뜻인 줄 아나?

모르겠는 걸.

글쎄…

소근 소근

그때 가섭은 엷은 미소를 지었다.

가섭! 네가 마음[心]으로[以] 마음[心]을 전해[傳] 받았구나!

내가 가진 여러 묘법을 모두 너에게 가르쳐 주리라!

오늘날에는 말하지 않아도 마음과 마음으로 뜻이 잘 통한다는 뜻으로 '이심전심'을 사용합니다.

以心傳心 이심전심

써 이, 마음 심, 전할 전, 마음 심

속뜻 마음[心]으로[以] 마음[心]을 전함[傳].

▶ 마음에서 마음으로 전해져 서로 뜻이 통함.

예문 이심전심으로 서로 마음이 통하였다.

40 한 가지 일로 두 가지…

진나라가 어느 지역으로 영토를 확장해 가야 하는지를 두고 재상 장의와 중신 사마조는 서로 다른 주장을 폈다.

사마조

장의

장의, 그대의 생각은 어떻소?

혜문왕

장의

마땅히 넓은 중원으로 나가기 위해서는 먼저 한나라를 공격해야 합니다.

전하, 저의 생각은 다르옵니다.

사삭

우리 진나라는 땅도 좁고 백성들은 빈곤에 빠져 있습니다. 이 두 가지 문제를 한꺼번에 해결하려면 촉나라를 정벌해야 합니다.

일거양득

이야말로 한 가지[一]를 들어[擧] 두 가지[兩] 이득[得]을 챙기는 일이 되옵니다.

혜문왕은 사마조의 진언에 따라 촉 땅의 오랑캐를 정벌하고 국토를 크게 넓혔다고 한다. '일석이조(一石二鳥)', '마당쓸고 돈도 줍고', '도랑 치고 가재 잡고', '꿩 먹고 알 먹고' 이상 네 가지 말도 모두 이와 같은 뜻이다.

一擧兩得 일거양득

한 일, 들 거, 둘 량, 얻을 득

속뜻 한[一] 가지를 들어[擧] 두[兩] 가지를 얻음[得].

▶ 한 가지 일을 하여 두 가지 이익을 얻음.

예문 뜻밖에 일거양득의 결과를 얻었다.

41 아주 훌륭한 글씨나…

전국시대에는 재력가들이 개인 재산을 털어 책을 저술하는 일이 유행이었다. 진나라의 재상이 된 여불위도 그중 하나였다.

여불위

그는 막대한 사재를 풀어 3000여 명의 학자를 집으로 불러 들였다.

아―아! 학자 여러분―!
지금 당장 본채 마당으로 다들 모여 주십시오!

이번에 선비들의 학문에 대한 소견을 담아놓은 책을 편찬해 볼까 합니다.

몇 년 후

드디어 책이 완성 되었습니다!

그렇소?!

하하하! 이 책들에는 정치, 경제, 사상, 문화, 역사 등 모든 것이 망라되어 있소!

이 책의 이름을 여씨춘추라 지을 것이오.

누구든지 한[一] 글자[字]라도 더하거나 뺀다면 천금(千金)을 주겠소!

오늘날에는 매우 빼어난 글씨나 문장을 비유하는 말로 많이 쓰인다.

一字千金 일자천금

한 일, 글자 자, 일천 천, 쇠 금

속뜻 한[一] 글자[字]에 천금(千金)의 가치가 있음.

▶ 글씨나 문장이 아주 훌륭함.

예문 일자천금에 상당하는 상금을 주었다.

42 이랬다저랬다…

전한 시기에 조조라는 사람이 있었다.

이것만은 제발….

세금이야!

그는 백성들이 과중한 세금 때문에 고생하는 것을 안타까워했다.

안되겠군.

……

아버지 배고파요.

폐하! 홍수와 가뭄을 당하여 농가에서는 먹을 것도 없는 판에도 나라는 과중한 세금을 징수하고 있습니다.

응?

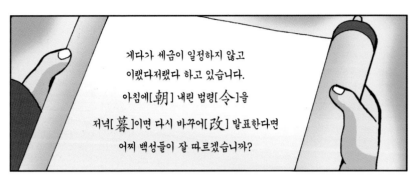

게다가 세금이 일정하지 않고
이랬다저랬다 하고 있습니다.

아침에[朝] 내린 법령[令]을

저녁[暮]이면 다시 바꾸어[改] 발표한다면

어찌 백성들이 잘 따르겠습니까?

조조는 왕의 신임을 얻기는커녕 귀족의 시기를 샀다.

폐하에 대한
불충이옵니다!!

그놈을 당장
잡아다 죽여라!

조조는 결국
죽임을 당하고 말았다.

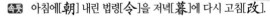

朝令暮改 조령모개

아침 조, 명령 령, 저녁 모, 고칠 개

속뜻 아침에[朝] 내린 법령[令]을 저녁[暮]에 다시 고침[改].

▶ 법령을 자꾸 고쳐서 갈피를 잡기가 어려움.
이랬다저랬다 변덕이 심할 때 즐겨 쓰는 말이다.

예문 조령모개로 자주 바뀌는 우리나라 대학 입시 제도.

43 무슨 일이든 알맞은 곳에서…

진나라가 천하를 통일하기
훨씬 이전인 혜문왕 때의 일이다
왕은 영토를 확장하기 위해
재상 장의와 중신 사마조를 불렀다.

그대들의
의견을 듣고
싶소.

어느 지역으로 영토를 확장할 것인지를 두고
둘은 서로 다른 주장을 폈다.

변방의 오랑캐를
정벌하면 국토도
넓어지고 백성들의
재물도 쌓일 것입니다.
폐하!

폐하! 중원으로
진출하셔야 합니다.

우선 한나라를 공격하여
천하의 종실인 주나라의
외곽을 위협하면 주나라는
반드시 천자의 보물을
내놓을 것이 옵니다.

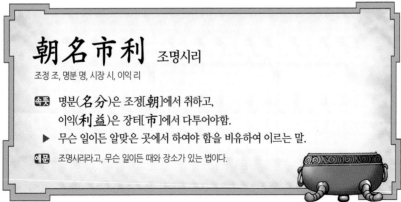

朝名市利 조명시리

조정 조, 명분 명, 시장 시, 이익 리

속뜻 명분(名分)은 조정[朝]에서 취하고,
이익(利益)은 장터[市]에서 다투어야함.

▶ 무슨 일이든 알맞은 곳에서 하여야 함을 비유하여 이르는 말.

예문 조명시리라고, 무슨 일이든 때와 장소가 있는 법이다.

44 간교한 잔꾀로 남을…

송나라 때 원숭이를 좋아하는
저공이라는 사람이 있었다.
그는 자기 가족의 양식까지
퍼다가 먹일 정도로
원숭이를 좋아했다.

엣! 이번 달도
적자네!!

이보시오!
원숭이님들 이리 좀
모여보시요!

아시다시피 요즘 가세가
기울어 부득이하게
여러분의 도토리를
아침[朝]에 세[三] 개,
저녁[暮]에 네[四] 개씩
줄 생각인데 어떻습니까?

뭐요-?!
그렇게는 못하오!

조삼모사

그 정도로는 간에 기별도 안 간다구!

으...음

그럼 아침에 네 개 저녁에 세 개는 어떻소?

앗! 아침에 한 개 늘어났다.

후훗-! 투쟁의 성과야!

좋소! 그 선에서 타협하지요.

아이구! 그게 그건데!

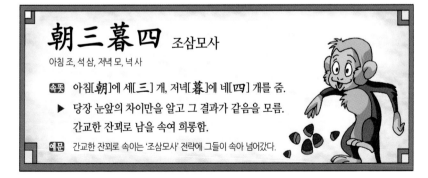

朝三暮四 조삼모사

아침 조, 석 삼, 저녁 모, 넉 사

속뜻 아침[朝]에 세[三] 개, 저녁[暮]에 네[四] 개를 줌.

▶ 당장 눈앞의 차이만을 알고 그 결과가 같음을 모름. 간교한 잔꾀로 남을 속여 희롱함.

예문 간교한 잔꾀로 속이는 '조삼모사' 전략에 그들이 속아 넘어갔다.

45 어렸을 때부터 함께 놀던…

동진의 간문제란 임금이 있었는데, 신하인 환온의 세력이 날로 커지자 내심 불안해졌다.

흠…환온을 견제하기 위한 좋은 묘책이 없을까…?

그래! 환온에게는 은호라는 절친한 친구가 있었지! 그를 발탁하면 환온을 견제할 수 있겠어.

아울러 질투심도 이용해야지!

임금의 예상대로 은호가 벼슬길에 오르자 둘은 서로 다투는 사이가 되었다.

젯!

메롱이닷!

그 무렵 중원 지역에 내란이 일어나자 임금은 은호를 중원 장군에 임명하였다.

그대가 가서 평정해 주시오.

예! 알겠습니다. 폐하!

자-! 나를 따르라!!

예~!

왜 나를 제치고 은호가 중원 장군에 임명이 된 거야?

중원을 향해 어서 가자.

가자!

어허헝

384

죽마고우

말에서 떨어진 은호는 제대로 싸워보지도 못하고 돌아왔다.

전하! 패하고 돌아온 은호를 당장 귀양을 보내시옵소서!!

들었나? 환온이 나서서 은호를 귀양 보냈다지?

은호는 그의 둘도 없는 친구였지 않나?

그래! 그 두 사람은 어릴 때 대나무[竹]로 만든 말[馬]을 함께 타며 놀던 옛[故] 친구[友]였는데 안타깝게도 그만 원수사이가 되었다니….

무서운 세상이야…

竹馬故友 죽마고우

대나무 죽, 말 마, 옛 고, 벗 우

속뜻 (어렸을 때) 대나무[竹]로 만든 말[馬]을 타며 놀던 옛[故] 친구[友].

▶ 어렸을 때부터 친하게 지낸 친구. 소꿉동무. 고향친구.

예문 그 두 사람은 죽마고우로 평생을 친하게 지냈다.

환온   은호

46 여러 사람의 입은…

주나라 때 폭군 정치로 유명한
왕이 있었다.

나라를 비방하는 자는 처형하고,
그런 사람을 밀고하는 사람에게는 상을 주었다.

어떻소, 정치하는
나의 솜씨가?
나를 비방하는 자가
아무도 없지 않소!

음
하
하

그렇지
않습니다.

겨우 한두 사람
입을 막은 것에
불과합니다.

소공

여러 사람[衆]의 입[口]을
막는 것은 둑을 쌓아
물을 막는[防] 것보다
더 어렵습니다[難].
언젠가는 둑이 무너지고
백성들이 일어날
것입니다.

그딴 소리는
듣기 싫소!

그러나 그 신하가 우려했던 대로 백성들이 들고 일어나
왕은 달아나고 말았다.

衆口難防 중구난방

무리 중, 입 구, 어려울 난, 막을 방

속뜻 여러 사람[衆]의 입[口]을
막기[防] 어려움[難].

▶ 막기 어려울 정도로 여럿이 마구 지껄임.

예문 중구난방으로 떠들어서 나는 말 한마디도 못했다.

47 맑게 갠 하늘에 밝은…

당나라 대문호 한유에게는 절친한 친구 최군이라는 사람이 있었다.

최군이 관직을 받아 다른 지역으로 떠나자 한유는 걱정이 되었다.

아무래도 최군에게 돌아오라는 편지를 써야겠어.

편지요!

오호! 내 친구 한유가 보낸 편지로군…

그대는 인품이 빼어나 어떤 일에도 근심하는 법이 없소.

그렇지만 강남이라는 곳과 지금 당신이 맡고 있는 관직은 당신에게 어울리지 않는 것 같소.

그대 역시 푸른 하늘의 밝은 태양이라네.

자네는 가장 마음이 순수하고 맑아 반짝이는 해와 같네. 푸른[靑] 하늘[天]의 밝은[白] 태양[日]은 모든 사람들이 다 그 맑음과 밝음을 잘 알고 있소.

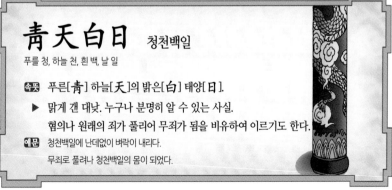

오늘날에는 '누구나 분명히 알 수 있는 사실'을 이르는 말로 쓰이고 있다.

靑天白日 청천백일
푸를 청, 하늘 천, 흰 백, 날 일

속뜻 푸른[靑] 하늘[天]의 밝은[白] 태양[日].
▶ 맑게 갠 대낮. 누구나 분명히 알 수 있는 사실.
혐의나 원래의 죄가 풀리어 무죄가 됨을 비유하여 이르기도 한다.
예문 청천백일에 난데없이 벼락이 내리다.
무죄로 풀려나 청천백일의 몸이 되었다.

48 한두 마디 말이나 글로…

남송 때 나대경이라는 학자가 있었다.

그는 자기 집으로 찾아온 손님들과 함께 나눈 이야기를 책으로 엮었다.

鶴林玉露

나는 한 치[寸]의 쇠붙이[鐵]만으로도 사람[人]을 죽일[殺] 일 수 있다네!

그 책에 어느 선사가 선에 대해서 말한 이런 대목이 있다. 어떤 사람이 무기를 한 수레 가득 싣고 왔다고 해서 살인할 수 있는 것은 아니다.

촌철살인

이 말은 선의 요체를 두고 한 말입니다.

여기서의 '살인'이란 사람을 죽인다는 것이 아니라,

'마음속의 속된 생각을 없애고 깨달음에 이르게 함'을 의미합니다.

오늘날에는 '간단한 말 한마디로 상대편을 크게 감동시키는 것'을 뜻하기도 합니다.

寸鐵殺人 촌철살인

마디 촌, 쇠 철, 죽일 살, 사람 인

속뜻 한 치[寸]의 쇠붙이[鐵]만으로도 사람[人]을 죽일[殺] 수 있음.

▶ 남을 크게 감동시키는 한 마디 말을 비유하여 이르는 말.

예문 촌철살인의 한 마디 말에 모두들 크게 감동하였다.

49 다른 산의 쓸모없는 돌이라도…

지금으로부터 약 3,000년 전
중국 최초로 시 300여 수를
모은 책이 발간되었으니
이름하여 『시경』이라 한다.

이 시집의 소아편에
'학이 울다'란 제목의 시에
이런 구절이 있다.

즐거운 저 동산에는
박달나무 심겨있고
그 밑에는 닥나무 있네.
다른 산의 돌이라도
옥을 가는데 쓸 수 있네.

다른[他] 산[山]에 있는 하찮은 돌[石]이라도
옥을 가는 데 필요하다는 뜻으로

즉, '보잘것없는 것이라 할지라도
때에 따라 유용하게 쓰일 수 있다'는
것을 뜻합니다.

타인의 단점도 나에겐
타산지석으로 삼을
수 있겠네요.

그럼!

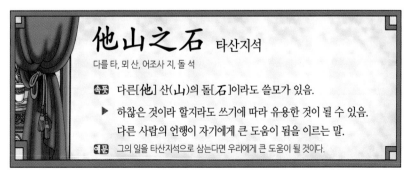

他山之石 타산지석

다를 타, 뫼 산, 어조사 지, 돌 석

속뜻 다른[他] 산(山)의 돌[石]이라도 쓸모가 있음.

▶ 하찮은 것이라 할지라도 쓰기에 따라 유용한 것이 될 수 있음.
다른 사람의 언행이 자기에게 큰 도움이 됨을 이르는 말.

예문 그의 일을 타산지석으로 삼는다면 우리에게 큰 도움이 될 것이다.

50 대나무를 쪼개는 듯한…

위나라의 대장군이었던 사마염은 임금을 폐위시키고 스스로 황제의 자리에 올라 국호를 진이라 고쳤다.

자, 이제 오(吳)나라만 멸하면 될 것이오.

두예 장군! 그대에게 오나라 정벌을 맡기겠소!

예! 폐하!

진나라 진지

장군님! 지금은 장마철이고 더위가 몰려와 오나라를 치기는 어렵습니다.

흠…

맞습니다! 일단 철군했다가 겨울에 다시 공격하는 것이 어떻겠습니까?

파죽지세

안되오!! 지금 우리 군사의 사기는 마치 대나무[竹]가 쪼개지는[破] 것 같은 기세[勢]요. 대나무란 처음 두세 마디만 쪼개면 그 다음부터는 칼날이 닿기만 해도 저절로 쪼개지는 법인데 이 같은 절호의 기회를 어찌 버린단 말이오!

두예는 곧바로 전군을 휘몰아 오나라로 진격하였다. 이에 오나라 왕 손호가 항복하고 마침내 진나라는 천하를 통일하였다.

破竹之勢 파죽지세

쪼갤 파, 대나무 죽, 어조사 지, 기세 세

속뜻 대나무[竹]가 단번에 쭉 쪼개지는[破] 것 같은 형세(形勢).

▶ 어떤 일이 거침없이 쭉 계속됨.

예문 아군은 파죽지세로 적군을 무찔렀다.